Réflexe

Term STMG

Nouveau programme 2019

MANAGEMENT, SCIENCES DE GESTION ET NUMÉRIQUE

Sous la direction
de Xavier Le Ven

Caroline Bayle
Christine Lagorce
Xavier Le Ven
Emmanuelle Marsot
Sophie Ortolan
Zoé Pleis

Nathan
TECHNIQUE

Sommaire

Fiches méthode

Cette rubrique permet d'introduire le cours par une question portant sur une vidéo ou par une recherche Internet.

Faites le point !

Possibilité pour l'élève de rédiger sa propre synthèse à partir des questions de cette rubrique.

Ce pictogramme permet de repérer les applications qui font appel à l'utilisation d'Internet.

Ce pictogramme permet de repérer les applications qui peuvent être réalisées en groupe.

Ce pictogramme indique le niveau de difficulté des applications.

Avec ce livre, une licence i-MANUEL 2.0

Le i-Manuel 2.0, un outil simple d'utilisation qui reprend l'ensemble des contenus de ce livre sous forme numérique et interactive.

Il permet d'accéder au contenu de ce manuel à tout moment et en tout lieu sur un ordinateur ou une tablette. L'utilisateur peut donc passer du papier au numérique et choisir le support qui lui convient le mieux selon le travail à faire et le lieu où il se trouve.

Une véritable interactivité entre l'enseignant et sa classe

- Piloter la classe : assurer le suivi du travail des élèves à distance et en cours (recevoir et envoyer du travail, faire des commentaires, intervenir en temps réel)
- Intégrer et envoyer à la classe, à un ou plusieurs élèves, des documents personnels
- Afficher les corrigés ou la correction individuelle du travail de l'élève
- Vidéoprojeter en classe les activités, les documents et les corrections pour animer les cours et travailler collectivement
- Télécharger la version papier pour une utilisation sans connexion
- Imprimer des documents pour mettre les élèves en situation d'examen

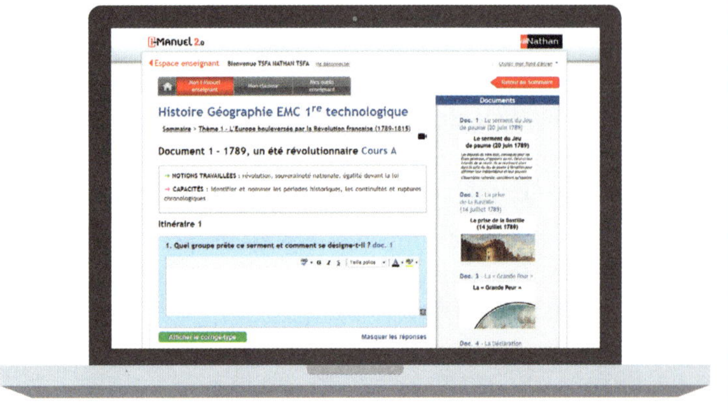

Des fonctionnalités innovantes pour favoriser l'intérêt, la motivation et l'implication des élèves

- Saisir les réponses en travaillant sur ordinateur ou tablette
- Faire les activités et les exercices, préparer ou réviser le cours en classe ou à la maison
- Accéder directement aux ressources numériques, vidéos, logiciels professionnels, fichiers élèves…
- Sauvegarder le travail effectué dans un dossier (classeur)
- Envoyer le travail à son professeur
- S'enregistrer, s'auto-évaluer et se former aux outils numériques

Toutes les infos et les tutos sur www.nathan.fr/i-manuel2

Des ressources numériques en accès direct

Flashez les QR Codes avec votre smartphone ou saisissez les mini-liens associés pour accéder à des vidéos, animations, QCM…

1 Quels produits ou quels services pour quels besoins ?

Capacité

- Présenter les caractéristiques du marché et les modalités par lesquelles l'entreprise détecte les tendances et besoins

Avant la classe

Vidéo : « Ikea : The book that will change your life »
liennathan.fr/v899wf

Quel est le message qu'Ikea souhaite faire passer à travers cette publicité ?

Situation

Ikea a été créée en 1943 en Suède par Ingvar Kamprad. La PME familiale qui vendait des produits par correspondance est devenue une des enseignes de l'ameublement de la maison les plus connues dans le monde.
Le concept d'Ikea est de proposer en libre-service des meubles et des objets de décoration présentés en ambiance. Le client emporte immédiatement ses achats et monte lui-même ses meubles. La culture d'Ikea se base sur l'enthousiasme, le sens de la communauté et une attitude pro-active.
Avec une attention particulière aux besoins des clients, l'enseigne suédoise est constamment à la recherche de nouvelles manières de faire les choses, que ce soit pour concevoir un fauteuil à bascule qui entre dans un paquet plat ou pour créer des ampoules LED abordables pour tous. L'ambition de l'entreprise est d'inventer un meilleur quotidien pour le plus grand nombre.
Ikea compte aujourd'hui 422 magasins dans le monde et réalise un chiffre d'affaires de 38,8 milliards d'euros.

1 Présenter les modalités de détection des tendances et des besoins

DOC. 1 Ikea s'inspire du quotidien de ses clients

En pratique, comment suivez-vous l'évolution du quotidien de vos clients ?

Vicente Cubells, directeur de la relation client d'Ikea France : « Nous avons un concept, et une ambition : améliorer le quotidien du plus grand nombre. Il est donc vital pour Ikea de mieux connaître la réalité du marché. Chaque année, nous effectuons des visites au sein de l'habitat des Français, afin de comprendre leurs modes de vie à la maison et leurs habitudes. Nous regardons comment les individus – célibataires, jeunes couples, familles ou autres – interagissent avec leur environnement et quels sont leurs besoins, afin, *in fine*, d'adapter nos solutions en conséquence. Il appartient à chaque magasin de réaliser des visites sur sa zone de chalandise, car les besoins d'une personne habitant dans le Nord de la France seront forcément différents de ceux d'une personne vivant à Paris ou dans le Sud. [...]

En complément des visites de foyers, Ikea mène des études. La dernière en date conduite par Opinion Way analyse ainsi [...] [l'art de recevoir pour les Français], et ce, en fonction des régions. »

Floriane Salgues, « "Ikea s'inspire du quotidien des clients" : Vicente Cubells, Ikea », www.relationclientmag.fr, 29 juin 2017.

DOC. 2 Les études de marché et la veille commerciale

L'**étude de marché** consiste à collecter et analyser des informations sur les consommateurs, les usagers, les concurrents. Elle peut consister à analyser les caractéristiques d'un marché : ses concurrents (l'offre) ; ses consommateurs actuels ou potentiels (la demande) ; son environnement (PESTEL). Elle peut également être utilisée pour évaluer le potentiel des ventes lors du lancement d'un produit ou d'un futur point de vente.

À côté des études de marché menées ponctuellement, les entreprises mettent en place une **veille commerciale** (intelligence marketing ou veille marketing) qui désigne l'ensemble des moyens qui permettent à une entreprise de se tenir informée en permanence sur l'évolution de son marché.

En se tenant informée, l'entreprise gagne en réactivité pour adapter son offre, voire en pro-activité lorsqu'elle est la première à proposer une nouvelle offre.

Les sources d'information : vendeurs, distributeurs, enquêtes clients, presse, rapports d'information, évolution de la réglementation, innovations technologiques, données démographiques et économiques, Internet...

DOC. 3 Le big data

Le **big data** [...] fait référence à l'explosion du volume des données dans l'entreprise et des nouveaux moyens technologiques qui existent pour les traiter. Ces informations – qu'il s'agisse de données collectées sur les sites web des entreprises, lors du parcours d'achat en magasins, d'études de marché ou d'informations internes – présentent, en effet, un fort enjeu commercial et marketing dont les marques commencent à prendre la mesure. [...] Dans son magasin vitrine aux Pays-Bas, Ikea a ainsi utilisé récemment les données mobiles de ses clients afin d'étudier leur parcours et d'évaluer leur temps d'attente aux caisses. Cela a permis de réduire les files d'attente de 30 % en périodes d'affluence.

Karen Lentschner, « Comment les marques veulent exploiter le filon du "big data" », www.lefigaro.fr, 1er juillet 2016.

Encore une campagne digitale réussie pour Ikea !

À partir d'une analyse des requêtes Google les plus fréquentes sur les questions de famille et de couple, Ikea a renommé une partie de ses produits destinés aux marchés anglophones. Le canapé Hemnes est ainsi devenu (en français) « mon mari ronfle » ; le four Nutid « ma mère ne sait pas cuisiner »... Résultats : un meilleur référencement d'Ikea lors des recherches Internet, + 25 % de ventes pour certains produits, et une marque qui prouve avec humour qu'elle répond aux besoins quotidiens des clients.

Campagne : ikearetailtherapy.com
liennathan.fr/tm96k6

Situation Pour rester un acteur incontournable sur le marché de l'ameublement, la firme Ikea a mis en place des moyens qui lui permettent de connaître les tendances du marché.

1 Quels sont les moyens utilisés par Ikea pour connaître le quotidien de ses clients ? ▶ Doc. 1

2 Quelles sont les trois composantes du marché d'Ikea ? ▶ Doc. 2

3 Quelle partie du diagnostic stratégique permet de mieux connaître l'environnement et la concurrence d'une organisation ? ▶ Doc. 2

4 Outre l'observation chez les gens et les études thématiques, par quels moyens Ikea peut-elle se renseigner sur l'évolution de la demande ? ▶ Doc. 2

5 Comment le big data permet-il à Ikea de mieux connaître les besoins de ses clients et d'améliorer son offre ? ▶ Doc. 3

6 Pourquoi le big data est-il devenu un enjeu majeur pour les entreprises ? ▶ Doc. 3

Faites le point ! STMG_Management_Term_ch01_point_partie1.pdf

2 Décrire la démarche marketing des organisations

DOC. 4 Ikea lance un meuble robotique pour les petits espaces

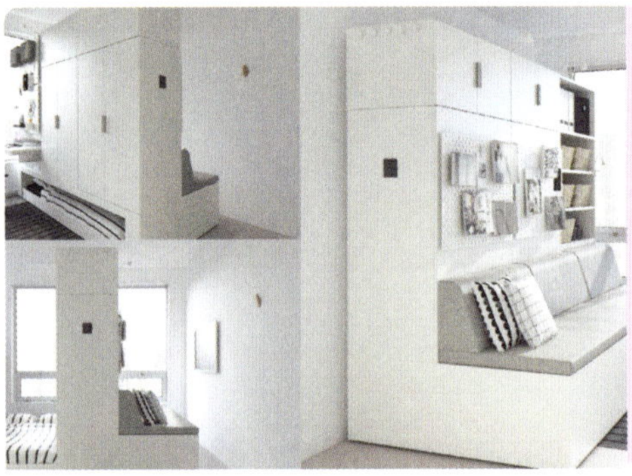

La population se concentre de plus en plus dans les villes, où les logements sont généralement plus petits. En 2020, Ikea lance en collaboration avec la jeune entreprise Ori, le meuble robotique Rognan, qui permettra de condenser dans dix mètres carrés les fonctionnalités de lit, de bureau, de canapé et d'espace de rangement. L'idée du groupe suédois est de permettre à de nombreuses personnes de créer le logement de leur rêve en optimisant la place dans des espaces de plus en plus réduits. Le prix de ce meuble révolutionnaire qui va intéresser de nombreux étudiants au budget limité n'a pas été communiqué. Partenaire d'Ikea dans cette création, Ori commercialise une solution similaire à partir de 17 000 $. Ikea devra faire baisser la note.

DOC. 5 La démarche marketing et ses différentes approches

[La démarche] marketing consiste à identifier les besoins humains et sociaux, puis à y répondre. Une des définitions les plus courtes consiste à énoncer qu'[elle] « répond aux besoins de manière rentable ».

Ph. Kotler, K. Keller, D. Manceau, *Marketing Management*, Pearson France, 15e édition, 2015.

Dans cette recherche de réponse aux besoins, plusieurs types d'approches peuvent être distinguées :

Types d'approche	Caractéristiques
Approche réactive	L'entreprise propose une offre qui satisfait un besoin existant et déjà exprimé. L'entreprise dispose d'outils pour observer le marché et détecter les besoins.
Approche anticipatrice	L'entreprise propose une offre qui répond à un besoin non encore exprimé. Cette approche implique de disposer de nombreuses informations sur les consommateurs (*big data*) pour pouvoir appréhender les futures tendances du marché.
Approche médiatrice	L'entreprise associe les clients à la création de la valeur de l'offre soit en les impliquant directement dans cette création (chez Subway, le client compose lui-même son sandwich), soit en prenant en compte leurs avis (Danone fait choisir aux consommateurs de nouveaux parfums de crèmes dessert).
Approche créative	L'entreprise propose une solution innovante qui crée un nouveau besoin. Cette approche suppose que l'entreprise dispose d'une capacité à innover.

DOC 6 Les secrets d'Ikea

Ikea vend des canapés, des fauteuils et des tables pour environ la moitié de ce que font ses concurrents. Mais compte tenu du prix [...], la qualité est étonnamment élevée. [...] Ikea choisit le prix auquel il veut vendre un produit avant de le concevoir et de le fabriquer, et les designers et fournisseurs travaillent ensemble pour s'assurer que le produit final corresponde à ce prix. Ikea est également en mesure de réduire les coûts et de maintenir les prix bas en raison de la façon dont sont vendus les produits. [...] Assembler des meubles vous-même peut sembler pénible, mais cela permet à Ikea de facturer moins cher.

Jessica Tyler, « Voici les secrets d'Ikea pour proposer des prix aussi bas », www.businessinsider.fr, 15 octobre 2018.

DOC. 7 La dimension stratégique des choix marketing

Les choix marketing déterminent l'offre de l'entreprise et engagent l'ensemble de l'organisation pour produire et commercialiser l'offre définie. Du fait de leur importance et de leur influence sur l'organisation, ces choix doivent être cohérents avec les finalités de l'entreprise et avec ses orientations stratégiques, en particulier avec ses avantages concurrentiels.

Situation Pour répondre aux attentes des clients qui réclamaient des meubles de style et de qualité, à un prix raisonnable et aisément disponibles, Ikea a développé un concept innovant qui incite les clients à participer eux-mêmes à la création de leurs meubles, en leur confiant des tâches traditionnellement dévolues au fabricant ou au distributeur, comme l'assemblage et la livraison des produits.

7 À quel besoin répond le nouveau meuble robotique Rognan d'Ikea ? Doc. 4

....

....

....

....

8 Montrez que le nouveau meuble robotique Rognan est le résultat d'une démarche marketing. Doc. 4 Doc. 5

....

....

....

....

9 Identifiez la ou les approches marketing mises en œuvre par Ikea. Justifiez. Docs 4 et 5

....

....

....

....

10 Identifiez l'avantage concurrentiel d'Ikea. Doc. 6

....

....

....

....

11 Quelles sont les finalités de l'entreprise Ikea ? Doc. 1 Doc. 6

....

....

....

....

12 La nouvelle offre d'Ikea est-elle cohérente avec ses finalités et son avantage concurrentiel ? Justifiez votre réponse. Doc. 7

....

....

....

Faites le point ! STMG_Management_Term_ch01_point_partie2.pdf

Applications

1 Testez vos connaissances

Répondez par vrai ou faux aux propositions suivantes.

1. Une étude de marché a pour but de surveiller le marché de manière permanente.
   ☐ Vrai ☐ Faux
2. La veille marketing consiste à surveiller les concurrents.
   ☐ Vrai ☐ Faux
3. Le big data correspond à l'ensemble des données récoltées par les entreprises.
   ☐ Vrai ☐ Faux
4. La démarche marketing a pour but d'identifier les besoins des clients.
   ☐ Vrai ☐ Faux
5. L'approche réactive répond à un besoin existant.
   ☐ Vrai ☐ Faux
6. L'approche créative associe le client à la création de l'offre.
   ☐ Vrai ☐ Faux

2 Identifier les approches marketing

★

Identifiez les approches marketing mises en œuvre par Apple et Dyson. Justifiez vos réponses.

DOC. **Apple et Dyson**

Cas Apple

« Les gens ne savent pas ce qu'ils veulent avant qu'on leur présente » : cette phrase du célèbre patron-fondateur d'Apple, Steve Jobs, disparu en 2011, résume la recette qui a fait le succès de la marque à la pomme : des produits technologiques innovants, au design aussi minimaliste qu'ultra soigné, simples à utiliser, que sont prêts à s'arracher des millions de clients malgré des prix élevés.

AFP, « Apple : 40 ans de succès et de polémiques », www.lepoint.fr, 2 août 2018.

Cas Dyson

Quelle est votre conception de l'innovation ?

Virginie Rescourio, directrice marketing Europe du Sud de Dyson : L'innovation doit avant tout répondre à un problème, selon James Dyson, fondateur de la société. Ainsi, l'aspirateur sans sac est né de la frustration de voir les aspirateurs avec sac se boucher et perdre de l'aspiration. Le ventilateur sans pâles est né de la frustration d'avoir un air haché et des pâles difficiles à nettoyer. Quant au sèche-mains à air pulsé, il répond à un besoin d'efficacité que n'apportaient pas les modèles classiques. Les appareils Dyson ne sont pas conçus pour être beaux, ils sont avant tout conçus pour être utiles.

Floriane Salgues, « Dyson : "L'innovation doit répondre à un problème" », www.e-marketing.fr, 22 mai 2015.

3 Étudier la démarche marketing des musées

1. Quelles sont les attentes des visiteurs des musées ?
2. Identifiez les moyens utilisés par le musée du Louvre et le Dallas Museum of Art pour recueillir des informations sur les visiteurs.
3. Quelle est l'utilité pour les musées de recueillir des informations sur leurs visiteurs ?
4. Montrez que le musée du Louvre et le Dallas Museum of Art mettent en œuvre une démarche marketing.

DOC. 1 Les nouvelles attentes des visiteurs

Jean-Sébastien Bélanger, chef du service aux membres et à la clientèle au musée des Beaux-Arts de Montréal : « La digitalisation et la tendance à placer le client au centre de sa stratégie marketing ont fait évoluer le monde des services, les musées n'y font pas exception ! Les clients s'attendent à une approche personnalisée, un dialogue continu et une véritable interaction avec les institutions, et cela est rendu possible grâce aux canaux digitaux tels que les réseaux sociaux, les sites web, les applications [...]. »

Stéphanie Marius, « La relation client fait son entrée dans le secteur de la culture », www.relationclientmag.fr, 8 janvier 2019.

DOC. 2 Le Louvre relève le défi de l'expérience visiteurs

Le record de 10,2 millions de visiteurs enregistré en 2018 (+ 25 % en un an) est certes un motif de satisfaction pour le Louvre. Pourtant, le but du musée n'est pas tant d'accueillir toujours plus de monde, mais d'améliorer la qualité de l'accueil dans des espaces conçus, il y a trente ans, pour accueillir 4,5 millions de personnes par an. [...]
La relation client, dans le musée et à distance, est entièrement gérée en interne. Elle s'appuie, entre autres, sur le Baromètre des publics, une étude quantitative réalisée sur place en continu. « L'e-questionnaire proposé depuis trois ans sur le site Internet a permis de faire remonter beaucoup d'informations sur l'expérience des visites », précise Alban Lionnet. Un travail interne et collaboratif, mené à partir de 2016-2017, a scénarisé l'expérience musée de cinq « persona » : un père de famille francilienne, un touriste chinois en groupe, une personne à mobilité réduite, un visiteur américain et l'agent du musée. « Une quarantaine de problématiques ont été identifiées, qui se sont traduites en 16 concepts de services et 117 projets, intégrés dans la feuille de route à 2020. Cela a, par exemple, confirmé l'opportunité de positionner, à différents endroits, des espaces de repos et des points d'accueil avec une offre de médiation et quelques services », ajoute-t-il.

Christine Monfort, « Le Louvre relève le défi de l'expérience visiteurs », www.relationclientmag.fr, 18 avril 2019.

DOC. 3 Le Dallas Museum of Art utilise les données numériques

Le DMA a lancé en 2013 un programme qui propose à ses visiteurs un abonnement « amis du musée », gratuit quand ils acceptent de fournir des données personnelles. Plusieurs privilèges sont offerts aux amis du DMA, dont celui de cumuler des points en participant à diverses activités. Ensuite, en échangeant leurs points, ceux-ci ont droit à des récompenses telles que le stationnement gratuit ou un laissez-passer pour une exposition spéciale. Selon le directeur du DMA, la valeur des informations personnelles fournies par sa clientèle est plus élevée que les frais d'abonnement ou les autres gratuités offertes en échange. Les données recueillies permettent aux gestionnaires du musée de mieux comprendre les préférences et le comportement de ses visiteurs, de créer des expériences basées sur leurs centres d'intérêt et de mesurer la performance de diverses tactiques déployées.

Amélie Racine, « 4 tactiques pour augmenter les revenus de votre musée », veilletourisme.ca, 21 décembre 2015.

4 Répondre aux opportunités sur un marché

★★

1. Identifiez les opportunités et les menaces sur le marché alimentaire bio en France.
2. Expliquez la volonté de Danone de se développer sur le marché du bio.
3. Montrez que la décision de Danone s'inscrit dans une démarche marketing.
4. Identifiez l'approche marketing de Danone. Justifiez votre réponse.
5. Montrez que la décision de Danone est une décision stratégique.

DOC. 1 Le bio a le vent en poupe

« La consommation bio a le vent en poupe », affirme ainsi l'Agence Bio qui a présenté les chiffres 2018 du secteur. [...] En 2018, près de neuf Français sur dix (88 %) déclarent avoir consommé des produits biologiques, rapporte l'étude. Un score très élevé qui, pour la première fois depuis quatre ans, connaît quelques nuances estime l'Agence Bio, à savoir une diminution des consommateurs réguliers et par conséquent une hausse des non-consommateurs. Ainsi, la part de consommateurs « quotidiens » perd quatre points, soit 12 % des interrogés *versus* 16 % en 2017. La part de non-consommateurs de produits alimentaires biologiques augmente à 12 % *versus* 8 % en 2017. Et près d'un Français sur cinq déclare ne pas en acheter, retrouvant son score le plus bas de 2015.

Céline Agromedia, « Le bio en voie de s'installer durablement dans l'agroalimentaire », www.agro-media.fr, 11 juillet 2019.

En plus de partager l'idée selon laquelle les produits bio sont bons pour la planète, 89 % des Français estiment qu'ils sont aussi plus naturels – car cultivés sans produits chimiques de synthèse –, meilleurs pour la santé (88 %) et que leurs qualités nutritionnelles sont mieux préservées (80 %).

Biocoop, « Le marché de la bio en France », www.biocoop.fr.

DOC. 2 Le bio : toujours plus, mais pas forcément mieux

La France peine à suivre cette demande en constante progression : les importations de produits bio sont en progression, 31,2 % de taux d'approvisionnement en 2017 contre 28,7 % en 2016. À ce rythme dans dix ans, le bio *made in France* sera minoritaire. Cela révèle des manques dans la production de la filière française ou des rendements trop faibles en France par rapport à d'autres pays. La contradiction entre l'exigence de qualité et produire davantage peut devenir problématique.

T. L., « Le bio, toujours plus... mais plus forcément mieux ? », www.leprogres.fr, 7 janvier 2019.

DOC. 3 Danone élargit son offre de produits bio

Face à la forte demande des consommateurs, l'offre de produits bio n'arrête pas de grandir ! Voici que Danone, qui ne possède aujourd'hui qu'une seule marque de yaourts labellisée bio, Les 2 Vaches, qui représente 4 % du chiffre d'affaires du groupe, vient d'annoncer qu'il voulait conquérir le marché en développant de nouvelles gammes bio pour porter ses ventes bio à 15 % de ses ventes de produits laitiers frais en 2022. Et les autres marques du groupe, dans le secteur des boissons, sont également concernées. « [...] les marques Danone, Danonino, Alpro, Blédina, Evian, Volvic [proposent] des gammes bio, qui [viennent] s'ajouter aux marques Les 2 Vaches et Provamel, marque bio d'origine végétale. »

Bioaddict, « Danone va considérablement élargir son offre de produits bio dès 2018 », www.bioaddict.fr, 21 février 2018.

Le géant français de l'agroalimentaire amorce une refonte de son modèle de production en France. D'ici 2020, Danone proposera une offre bio sur l'ensemble de ses marques infantiles et il s'engage à ce que d'ici 2025, 100 % des produits cultivés dans l'Hexagone soient issus d'une agriculture « régénératrice » qui préserve les sols. Pour cela, cinq millions d'euros sont mis sur la table cette année pour accompagner les agriculteurs.

Novethic, « Le géant Danone part à l'assaut du bio et débourse 5 millions d'euros pour aider les agriculteurs », www.novethic.fr, 23 février 2018.

5 Se préparer au bac

Analyser le rôle du big data dans les décisions marketing

Zara est une marque de prêt-à-porter espagnole présente à l'international dans plus de 33 pays. Sa réussite repose sur sa capacité à détecter les tendances de la mode et à proposer rapidement de nouveaux articles en magasin pour satisfaire ses clients en recherche de nouveautés dans « l'air du temps ».

1. Identifiez les flux d'informations qui alimentent le big data du groupe Zara.
2. Expliquez pourquoi le succès de Zara repose sur l'analyse des données.
3. Montrez que les choix marketing de Zara ont un fort impact sur l'organisation de sa production.
4. Expliquez comment le groupe Zara pratique un marketing en temps réel.
5. Identifiez l'approche marketing de Zara. Justifiez votre réponse.

DOC. L'analyse des données : la base du système Zara

Dans une industrie où le délai de production standard – conception, production et livraison de nouveaux vêtements – est d'environ neuf mois, Zara montre l'exemple en seulement deux ou trois semaines. Cependant, le moteur de cette chaîne logistique efficace réside dans son utilisation des données et des analyses pour une prévision et une prise de décision précises. Il est activé par le biais de processus et de systèmes conçus pour rassembler des données, des analyses, des outils de première ligne et des personnes afin de créer de la valeur commerciale. […]

Les équipes de conception multifonctionnelles de Zara étudient les rapports quotidiens sur les ventes et les stocks, pour voir ce qui se vend et ce qui ne [se vend] pas, et mettent constamment à jour leur vision du marché. Les commandes bimensuelles des directeurs de magasin fournissent des informations supplémentaires en temps réel sur les produits susceptibles de se vendre. […] Les responsables de vente au détail habilités envoient régulièrement des commentaires de bouche à oreille sur les souhaits et les préférences des clients – rien ne va de « la longueur de cette jupe est trop longue » à « nos clients n'aiment pas le tissu de cette robe ». Les responsables peuvent également suggérer des modifications à un style existant ou proposer des articles ou des conceptions entièrement nouveaux. [Zara] entretient des liens étroits avec ses 1 400 fournisseurs externes, qui travaillent en étroite collaboration avec ses concepteurs et ses spécialistes du marketing. Sur la base des données du marché, Zara expérimente une grande variété de produits en petites quantités. S'ils s'avèrent être un succès, la production augmente en fonction des conditions locales tout en maintenant des stocks maigres et un faible niveau de démarques. […]

L'analyse des données est à la base du modèle de Zara et son utilisation pour la prise de décision est encouragée, car les mauvaises décisions ne sont pas strictement sanctionnées. Le taux d'échec des nouveaux produits de Zara n'est que de 1 %, contre une moyenne de 10 % dans l'industrie.

Il y a quelques années, Zara est entré sur le marché virtuel du commerce électronique aux États-Unis, en Europe et au Japon. Avec ce changement, il est entré dans la prochaine génération d'analyses d'utilisation pour la prise de décision et le marketing en temps réel : suivi du comportement de clients individuels à partir de flux de clics Internet, mise à jour de leurs préférences et modélisation de leur comportement probable en temps réel, en plus du suivi social – conversations de réseau et interactions de smartphone spécifiques à un emplacement.

Dans 5 ans, « Zara – L'utilisation de big data ; créer de la valeur commerciale », dans5ans.com.

« Chaque matin, au siège social d'Arteixo, en Espagne, les équipes sont capables de prédire les prochaines tendances en analysant les chiffres de vente et en scrutant les centaines de commentaires et retours des clients, managers de boutique et responsables régionaux, venus aussi bien de Taipei, Moscou ou New York. »

www.digitalforallnow.com

Synthèse

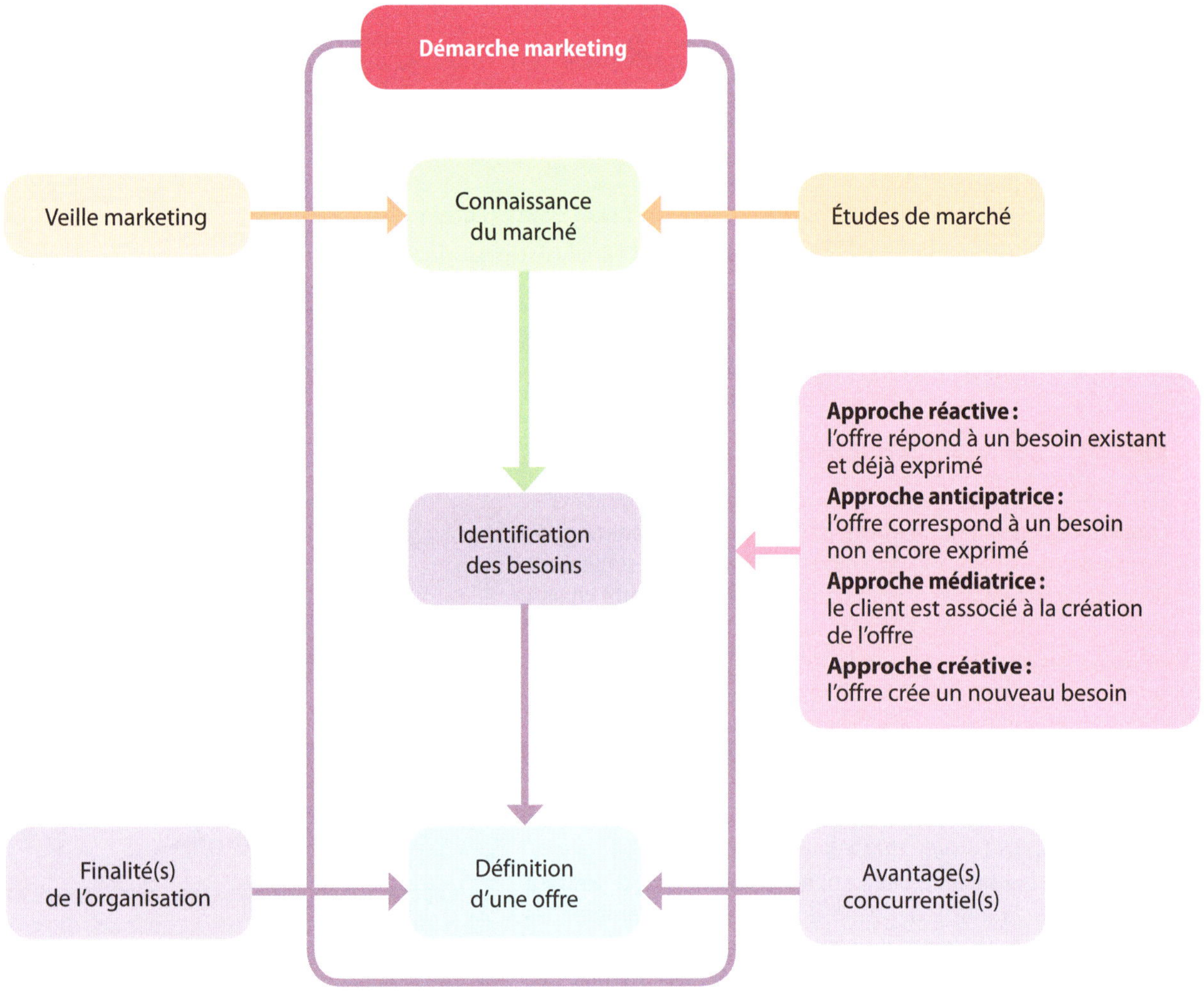

Lexique

- **Approche marketing anticipatrice :** consiste à définir une offre qui répond à un besoin non encore identifié.
- **Approche marketing créative :** consiste à proposer une offre qui crée un nouveau besoin non encore exprimé.
- **Approche marketing médiatrice :** consiste à faire participer le consommateur à l'élaboration de l'offre.
- **Approche marketing réactive :** consiste à proposer une offre qui répond à un besoin exprimé et existant.
- **Big data :** ensemble des données récoltées par les organisations.
- **Démarche marketing :** consiste à concevoir une offre qui répond aux besoins exprimés ou non des clients ou usagers.
- **Étude de marché :** menée ponctuellement, l'étude de marché consiste à récolter des informations sur les caractéristiques du marché.
- **Veille marketing ou commerciale :** ensemble des moyens permettant à l'organisation de collecter de manière permanente des informations sur son marché.

Comment créer de la valeur et la mesurer ?

2

Capacité

- Analyser le modèle économique d'une organisation en identifiant les indicateurs de création de valeur

Avant la classe

Vidéo : « Lime, start-up américaine, lance ses trottinettes électriques à Paris »
liennathan.fr/r611pw

Effectuez une recherche sur Internet et identifiez les différents acteurs présents sur le marché de la trottinette électrique en libre-service à Paris.

Situation

Fondée par Toby Sun et Brad Bao en janvier 2017, l'entreprise Lime est devenue un des leaders mondiaux du marché de la micro-mobilité. La start-up a connu une ascension fulgurante et compte aujourd'hui des millions d'utilisateurs ayant effectué plus de 100 millions de trajets. Présente dans plus de 130 villes réparties sur 30 pays et cinq continents, la start-up vient d'être valorisée à 2,4 milliards de dollars. Lime a démarré avec la location de vélos en libre-service avant de se lancer sur le marché de la location de trottinettes électriques.

C'est en juin 2018 que l'entreprise s'introduit sur le marché français à Paris, puis à Lyon et à Marseille. Le principe est simple : les utilisateurs peuvent, par le biais d'une application mobile, trouver et déverrouiller les trottinettes, puis les garer sur les zones de parking dédiées, indiquées sur l'application. La course coûtera 1 € par trajet, puis 0,20 € par minute. La vitesse est limitée à 20 km/h et l'autonomie est de 50 km. Les trottinettes sont ramassées tous les soirs pour être rechargées et réparées. Séduits par le concept, Uber et Google ont investi dans la jeune pousse. Les trottinettes sont désormais disponibles dans l'application Uber et géolocalisables sur Google Maps.

1 Analyser le modèle économique d'une organisation

DOC. 1 L'évolution de la trottinette

La trottinette appelée aussi « patinette » […] créée dans les années 1930 […] était essentiellement un jouet fabriqué […] pour des enfants issus de familles riches […]. Ne pouvant garer ni voiture ni vélo devant son restaurant préféré, Wim Ouboter, alors banquier en Suisse, […] réinvente et fabrique en 1996 […] la première trottinette moderne pliable en s'inspirant des patinettes de son enfance. […] Wim Ouboter lance alors la production de ses premières trottinettes et c'est un véritable succès : plus de 80 000 trottinettes sont produites chaque jour. […] L'année 2000 marque le boom du marché de la trottinette […], petit à petit inondé de copies bon marché de très mauvaise qualité. […] Wim Ouboter […] décide d'aller de l'avant et de se tourner vers l'innovation afin de lutter contre les copies peu scrupuleuses […]. [Son entreprise] Micro Mobility est l'inventeur de la célèbre Mini Micro et son système de navigation hyper intuitif breveté, de la trottinette valise Micro Luggage (fruit d'un partenariat avec Samsonite), de la trottinette évolutive pour les enfants, du Pedaflow (un mix de trottinette et de vélo sans selle pour les sportifs) ou encore de la trottinette électrique…

« Comment est née la trottinette ? », www.micro-mobility.fr, 1er mars 2018.

Vidéo : « La trottinette, roulez vieillesse ! »
liennathan.fr/lt6za3

DOC. 2 L'innovation de produits (bien ou service)

Nouveaux produits

Améliorations importantes d'un produit existant

Intégration de services à l'offre de biens

DOC. 3 Lime, un modèle économique innovant

En créant Lime, ses dirigeants se sont posé la question suivante : « comment faire en sorte que les générations futures puissent vivre dans un monde sain et s'épanouir en même temps ? ». En offrant une solution durable aux problèmes des déplacements urbains, Lime modifie la proposition de valeur pour le client : vendre un service rendu par la trottinette plutôt que la trottinette elle-même. La valeur n'est alors plus dans l'objet vendu, mais dans le service fourni par l'objet. Ce modèle économique, en rupture avec les standards habituels, répond également à une nouvelle façon de consommer : la location sans abonnement, avec une facturation à chaque utilisation offrant plus de liberté au client qui consomme de la mobilité quand il le souhaite à tout moment grâce à son smartphone.

DOC. 4 Le modèle économique *(business model)*

Le modèle économique de l'organisation décrit la façon dont elle crée de la valeur et s'organise pour en créer. Il repose sur trois composantes principales.

Quoi ? À qui ?
Proposition d'une offre de valeur aux clients

Pour quelle rentabilité ?
Revenus générés par l'offre proposée
– coûts pour la produire et la distribuer
= valeur captée

Comment s'organiser pour produire et distribuer cette proposition ?
• À partir des ressources internes (chaîne de valeur)
• Grâce à un réseau departenaires (réseau de valeur)

Situation

Les trottinettes électriques viennent peu à peu remplacer les trottinettes mécaniques pour devenir un nouveau moyen de mobilité urbaine permettant aux citadins de se déplacer rapidement sur des trajets courts. Alors que de nombreuses organisations innovent en proposant de nouveaux produits, d'autres innovent en proposant un nouveau modèle économique.

1 Comment Wim Ouboter a-t-il rencontré le succès ? Doc. 1

2 Quelle solution a-t-il adoptée pour réagir aux contrefaçons ? Doc. 1

3 Caractérisez les innovations de l'entreprise Micro Mobility. Docs 1, 2

4 Pourquoi peut-on dire que Lime propose une nouvelle offre de valeur ? Doc. 3

5 Repérez le (ou les) élément(s) du modèle économique concerné(s) par ces situations. Expliquez. Doc. 4

a. Chaque soir, pour recharger les trottinettes, Lime fait appel à des indépendants, les « juicers ». Ils ne sont pas salariés de Lime et sont payés à la tâche.

b. Pour améliorer sa rentabilité, la start-up Bird, concurrente de Lime, fait évoluer son modèle économique en se lançant dans la location longue durée et dans la vente de trottinettes.

c. Lime se distingue de ses concurrents en concevant ses propres trottinettes. Un partenariat avec le Chinois Segway-Ninebot a permis de développer la trottinette Lime-S d'une autonomie de 50 km.

d. Les trottinettes électriques répondent aux besoins en micro-mobilité (petits déplacements inférieurs à 6 km) de plus en plus importants et à une volonté des citoyens de respecter l'environnement.

e. La mairie de Paris a instauré une taxe sur les trottinettes électriques (entre 50 € et 65 € par trottinette et par an). Pour Lime, c'est un coût important qui impacte directement sa rentabilité.

6 Pourquoi peut-on dire que le modèle économique de Lime est innovant ? Docs 3, 4

Faites le point ! STMG_Management_Term_ch02_point_partie1.pdf

2 Identifier les indicateurs de création de valeur

DOC. 5 Lime, le champion de la trottinette, vaut 2,4 milliards de dollars

La valorisation financière de Lime est spectaculaire et augmente considérablement à chaque levée de fonds. Les investisseurs considèrent qu'elle a des actifs stratégiques essentiellement incorporels (ex. : sa base de données clients) avec un potentiel de croissance considérable.

Prix d'achat moyen 334 €

DOC. 6 La création de la valeur et sa mesure

Un produit ne sera mis sur le marché ou proposé à des usagers que s'il permet de créer de la valeur, c'est-à-dire des flux de revenus permettant de garantir une rentabilité pour les entreprises privées ou une couverture des coûts pour les organisations publiques et les organisations de la société civile. La création de valeur financière se mesure à l'aide d'indicateurs extraits de deux documents comptables :

Bilan comptable

ACTIF	PASSIF
Actif immobilisé – Immo. incorporelles – Immo. corporelles – Immo financières	**Capitaux propres** – Capital – Réserves – Résultat
Actif circulant – Stocks – Créances clients – Disponibilités	**Dettes** – Emprunts – Dettes fournisseurs
Total actif	**Total passif**

Valeur basée sur le patrimoine
Valeur du patrimoine = Actif net – Dettes

Compte de résultat

CHARGES	PRODUITS
Charges d'exploitation – Achats de marchandises – Achat de matières premières – Autres achats et charges externes – Impôts et taxes – Charges de personnel – Amortissements	**Produits d'exploitation** (Vente de biens et services)
Charges financières	**Produits financiers**
Charges exceptionnelles	**Produits exceptionnels**
Total des charges	**Total des produits**
Total actif	**Total passif**

Valeur basée sur le revenu
Produits – Charges = Résultat

DOC. 7 Valeur ajoutée d'une location de trottinette

La valeur ajoutée est la richesse créée par l'activité de l'entreprise (richesse qu'elle crée elle-même sans l'aide de ses fournisseurs). Elle correspond à la différence entre les ventes de l'entreprise (chiffre d'affaires) et les consommations intermédiaires (achat de biens et services à d'autres entreprises).

Location (une course)

3,12 €

–

Consommations intermédiaires pour une course

Frais de paiement

0,36 €

Réparation et maintenance

0,45 €

Frais d'assurance

0,22 €

Rémunération *juicers*

1,51 €

=

Valeur ajoutée pour une trottinette

0,58 €

Situation Si la start-up américaine est un succès, qu'en est-il de Lime France ? Créée en juin 2018, Lime France compte actuellement dix salariés. Son offre de services est-elle créatrice de valeur ?

7 Dans quel document comptable se trouve l'acquisition des trottinettes ? Quel est le poste concerné ? Docs 5, 6

....

....

8 Dans quel document comptable se trouve la levée de fonds ? Quel est le poste concerné ? Docs 5, 6

....

....

9 Comment est calculée la valeur financière de Lime ? Pourquoi cette valeur augmente-t-elle à chaque levée de fonds ? Docs 5, 6

....

....

....

....

10 À quoi correspond la valeur ajoutée d'une location de trottinette ? Quelle est la valeur créée pour une location ? Doc. 7

....

....

....

11 À partir de quel document comptable est calculée la valeur ajoutée ? Docs 6, 7

....

....

12 À l'aide d'un tableur et des documents comptables de Lime France (à télécharger), calculez le chiffre d'affaires, la valeur ajoutée, le résultat d'exploitation, la valeur patrimoniale, la rentabilité économique (Résultat d'exploitation/Capitaux engagés*) ainsi que leur évolution entre 2018 et 2019.

* Capitaux engagés pour l'activité de l'entreprise, quel que soit leur origine (fonds propres et capitaux empruntés).

13 Montrez que le modèle économique de Lime France est créateur de valeur.

....

....

....

....

....

....

Faites le point ! STMG_Management_Term_ch02_point_partie2.pdf

Applications

1 Testez vos connaissances

Répondez par vrai ou faux aux propositions suivantes.

1. Une innovation de produits ne concerne que les biens et pas les services.
   ☐ Vrai ☐ Faux
2. L'amélioration peu significative d'un produit est une innovation.
   ☐ Vrai ☐ Faux
3. L'innovation peut porter également sur le modèle économique.
   ☐ Vrai ☐ Faux
4. La création de valeur se mesure grâce à des indicateurs provenant du compte de résultat.
   ☐ Vrai ☐ Faux
5. La création de valeur ne se mesure pas à l'aide d'indicateurs issus du bilan.
   ☐ Vrai ☐ Faux
6. La valeur ajoutée est un indicateur de mesure de la valeur créée.
   ☐ Vrai ☐ Faux

2 Repérer des modèles économiques innovants

À partir des exemples ci-dessous, retrouvez le modèle économique choisi par chacune des organisations.

DOC.

Spotify
easyJet
Google
Lime
Uber Eats
FACEBOOK
NETFLIX
airbnb

Modèle économique	Description
Le modèle de gratuité	L'offre de produit ou service totalement gratuite est financée grâce à la publicité. Ce modèle a pour objectif d'attirer de nombreux utilisateurs pour vendre de la publicité.
Le modèle « Freemium »	L'offre porte sur un produit ou service gratuit en libre accès destiné à attirer un grand nombre d'utilisateurs. L'objectif est de convertir ces derniers en clients premium avec un service payant et haut de gamme. Freemium est la contraction de free (offre gratuite) et de premium (offre haut de gamme payante).
Le modèle de plateformes	Ce modèle met en relation deux groupes (les producteurs de biens ou services et les consommateurs). L'objectif est de faciliter l'échange entre les utilisateurs de la plateforme afin de créer de la valeur pour tous les participants. La plateforme se rémunère par une commission prélevée sur la vente de biens ou de services.
Le modèle de l'abonnement ou de la location	Consommer sans posséder est la proposition de valeur de ce modèle. Le client paye un abonnement qui lui permet d'utiliser un bien ou un service durant une période déterminée ou paye un montant fixe à chaque utilisation.
Le modèle « low-cost »	La proposition de valeur porte sur une offre simplifiée de produits ou services vendue à un prix inférieur à celui de la concurrence grâce à une rationalisation des coûts de production pour préserver des marges élevées.

3 Analyser le modèle économique d'une organisation de la société civile

1. Analysez le modèle économique de Freegan Pony : quelle est sa proposition de valeur ? À qui est-elle destinée ? Comment Freegan Pony s'organise-t-elle pour produire et distribuer sa proposition de valeur ? Pour quel profit ?
2. Proposez des indicateurs de mesure de la valeur créée par Freegan Pony et montrez que ces indicateurs ont une dimension sociale.

DOC. 1 Dans les coulisses du Freegan Pony

Pour sensibiliser au gaspillage alimentaire, le Freegan Pony, un restaurant alternatif parisien […], sert quatre soirs par semaine des repas végétariens bon marché […] préparés uniquement à partir de fruits et légumes invendus. […] Tous les matins, les bénévoles du Freegan [contraction de « free » et « véganisme »] doivent se rendre à Rungis, le plus grand marché agroalimentaire du monde, pour s'approvisionner […]. Chaque année, 1,2 millions de tonnes de nourriture encore consommable partent à la poubelle en France, soit 20 kg par personne. C'est à ce gâchis que s'attaquent les « Freegan » […].
Aladdin Charni, le fondateur du restaurant […], veut sensibiliser avec son Freegan Pony. Et ça marche […], de nombreux Parisiens, attirés par le concept, commencent à s'installer aux tables et à se presser au comptoir pour passer leurs commandes. Prix du repas : environ 2 euros, juste de quoi couvrir les frais de l'équipe.

« Dans les coulisses du Freegan Pony, ce resto parisien qui ne cuisine qu'à base de récup' », www.wedemain.fr, 18 avril 2016.

Vidéo : « Le Freegan Pony, une cantine anti-gaspillage et solidaire »
liennathan.fr/3kml9y

DOC. 2 Le gaspillage alimentaire en France : quelques chiffres

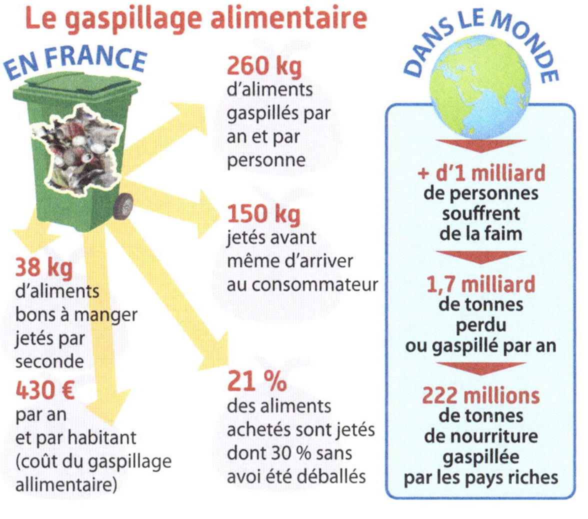

Source : FAO, ADEME.

4 Mesurer la création de valeur d'une activité productive

★★

Les Délices de Charlotte

Passionnée de cuisine, Charlotte décide de créer avec deux amies une entreprise pour commercialiser ses gâteaux 100 % bio. La fabrication nécessite des matières premières (farine, œufs, beurre, chocolat...) achetées en grande distribution et des emballages cartons achetés sur Internet. Grâce à un emprunt, elles ont pu financer un réfrigérateur pour stocker les produits et un four pour cuire les gâteaux. L'activité se développant rapidement, elles louent un petit atelier et embauchent deux salariés. Les clients sont composés principalement de particuliers, mais également de restaurateurs locaux.

À partir du compte de résultat et des bilans N et N+1, mesurez la valeur créée chaque année en utilisant des indicateurs extraits de ces deux documents.

1. À partir des résultats obtenus, analysez l'évolution de la création de valeur sur deux ans.
2. Le modèle économique des Délices de Charlotte pourrait-il être amélioré ? Justifiez votre réponse.

DOC. Documents de synthèse Les Délices de Charlotte

BILAN LES DÉLICES DE CHARLOTTE					
ACTIF	**N+1**	**N**	**PASSIF**	**N+1**	**N**
Actif immobilisé			**Capitaux propres**		
– Immo. incorporelles	–	–	– Capital	1 000	1 000
– Immo. corporelles	1 200	1 600	– Réserves	200	–
– Immo financières	–	–	– Résultat	– 400	200
Actif circulant			**Dettes**		
– Stocks	8 000	8 500	– Emprunts	15 000	20 000
– Créances clients	2 000	2 000	– Dettes fournisseurs	700	500
– Disponibilités	5 300	9 600			
Total Actif	16 500	21 700	**Total Passif**	16 500	21 700

COMPTE DE RÉSULTAT LES DÉLICES DE CHARLOTTE					
CHARGES	**N+1**	**N**	**PRODUITS**	**N+1**	**N**
Charges d'exploitation			**Produits d'exploitation**		
– Achats de marchandises		–	Chiffre d'affaires	105 000	96 000
– Achats de matières premières	9 000	8 500			
– Autres achats et charges externes	11 400	10 800			
– Impôts et taxes	4 000	3 500			
– Charges de personnel	80 000	72 000			
– Amortissements	400	400			
Charges financières	600	600	**Produits financiers**		–
Charges exceptionnelles		–	**Produits exceptionnels**		–
Total des charges	105 400	95 800	**Total des produits**	105 000	96 000
Résultat (bénéfice)		200	**Résultat (perte)**	400	

5 Analyser le modèle économique des Vélib'

1. Quelle est l'offre proposée par la mairie de Paris ? À qui est-elle destinée ?
2. Comment la mairie de Paris s'organise-t-elle pour produire et distribuer son offre ?
3. Expliquez pourquoi le modèle économique du Vélib' n'est pas rentable.
4. Montrez que la valeur créée par le Vélib' a surtout une dimension sociale.

DOC. 1 Vélib' : un modèle économique grippé

La start-up Smoove s'apprête à ravir le contrat Vélib' au géant JC Decaux. [...] qui a su imposer son Vélib' en 2007. 300 000 abonnés se partagent les 17 000 vélos présents sur plus de 1 200 bornes et plébiscitent ce mode de transport quasi gratuit. [...] La mairie de Paris vient de signifier son congé au pionnier, pourtant associé aux mastodontes du service public, la RATP et la SNCF, au profit d'une start-up de Montpellier qui n'a même pas l'âge du service Vélib', installé en 2007. Le système coûte cher. [...] Il s'élèverait à près de 4 000 euros par vélo et par an, dont la moitié couvrant l'approvisionnement permanent des stations libres et un tiers en frais de réparation. Le vandalisme est considérable avec plusieurs milliers de vols par an et le déploiement en banlieue est d'autant plus onéreux qu'il est moins rentable. Plus le service s'étend et gagne des clients, plus il coûte cher.

Philippe Escande, « Vélib' : un modèle économique grippé », www.lemonde.fr, 3 avril 2017.

DOC. 2 Vélib'1 : la fin d'un cycle

Depuis 2018, Paris et ses nombreuses voisines mènent un chantier colossal : le changement de matériel et d'opérateur du système de vélos Vélib', au bout de dix ans seulement. Au total, 1 230 stations à débrancher par Enedis d'ici cinq mois, 47 000 bornes neuves à replanter dans la voirie aux frais des exploitants [...].

Fardeau financier

Depuis son lancement en 2007 [...], le Vélib'1 aura généré en moyenne 39 millions de trajets par an, et un taux de satisfaction global de 89 % de ses abonnés [...] malgré un taux de rotation des vélos [...] très inférieur aux prévisions (5,6 utilisations par jour en moyenne au lieu des dix attendues).

L'extension à la banlieue a dynamité le système, car Paris a financé les stations pour le compte des communes voisines : une folie qui se chiffre à 8 ou 10 millions d'euros par an, soit la moitié des recettes totales des usagers [...].

Vandalisme record

À l'échelle de son territoire complet [...], le nombre de vélos volés ou détruits a représenté chaque année entre 47 % et 55 % de la totalité du parc disponible. [...] Un puits sans fond pour la municipalité, qui a fini par verser à l'opérateur une compensation de 400 euros par vélo volé ou irréparable, sachant que ce dernier devait au départ assumer seul les coûts du vandalisme. Paris a également financé seule des bornes plus résistantes à l'arrachement.

Lourde addition

Le coût réel du Vélib', pour les finances de Paris, est évalué entre 27,5 et 30 millions d'euros par an entre 2010 et 2014 ! Pour environ 16 millions d'euros de recettes des clients.

Mieux répartir le risque économique

En quoi le nouveau marché public (Vélib'2) avec Smovengo, étalé sur quinze ans et non plus dix, protégera-t-il mieux les finances municipales ? Le risque économique sera a priori réparti autrement. Le maillage municipal est très largement étendu (65 villes seront abonnées à Vélib' en janvier au lieu de 30), mais c'est au tour de la métropole du Grand Paris de compenser le déficit hors de la capitale, à hauteur de 4 millions d'euros par an. Les communes participeront également, sur toute la durée du contrat. « S'il existe un équilibre économique global, il n'est atteint que grâce aux participations financières des collectivités », concède [...] l'adjoint à la maire de Paris en charge des transports.

Denis Fainsilber, « Vélib' : la fin d'un cycle », Les Echos, 6 novembre 2017.

6 Analyser le modèle économique de Primark

★★

1. Quelle est l'offre de valeur proposée par Primark à ses clients ?
2. Quels sont les différents moyens mis en œuvre par Primark pour réduire ses coûts de revient ?
3. Pourquoi qualifie-t-on ce modèle économique de « *low-cost* » ?
4. À quelles conditions ce modèle est-il rentable ?

DOC. Primark, les raisons d'un succès

Depuis que l'enseigne s'est installée à Londres, en 1973, en prenant le nom de Primark – contraction de « price » (prix) et de « mark » (marque) – l'aventure a vraiment commencé. Rachetée par le groupe familial anglo-canadien Associated British Foods (ABF), géant mondial du sucre, l'enseigne a mis les bouchées doubles pour se développer en Grande-Bretagne, et, depuis le milieu des années 2000, en Espagne, aux Pays-Bas, au Portugal, en Belgique, en Autriche et en France. Une décennie nécessaire […] pour mettre en place une machine de guerre implacable, capable d'écraser les coûts. La méthode ? Produire à bas prix et vendre en grande quantité.

Des formes basiques déclinées en plusieurs couleurs

Rien n'est laissé au hasard, de la confection du vêtement jusqu'aux linéaires. Ainsi, pour la fabrication, le groupe fait appel à 700 fournisseurs localisés en Asie et en Europe de l'Est, là où la main-d'œuvre est bon marché. « Nous passons des commandes importantes afin de faire des économies d'échelle, en nous y prenant très à l'avance pour obtenir les meilleures conditions », précise Primark. […] Autre mesure de simplification, les chemises, les tee-shirts, les jeans et les robes ont tous les mêmes formes, afin que les machines tournent sur un même patron, décliné en plusieurs couleurs. « Ces coupes basiques accélèrent le montage en usine et permettent d'économiser de l'argent », assure un expert.

L'obsession des coûts, entretenue par une équipe pilotant, du siège social, à Dublin, les achats, le contrôle des produits et le design, se niche également dans les détails : les cartons d'emballage utilisés pour transporter les milliers d'articles venus d'Asie sont, par exemple, recyclés en sacs de papier kraft. Les magasins, bien sûr, sont aussi mis à contribution. Grands, voire immenses comme le navire amiral d'Oxford Street, à Londres, ils emploient peu de personnel et densifient leurs rayons.

12 collections par an pour entretenir le désir

Primark est même allée jusqu'à renoncer aux antivols, trop dispendieux. Qu'importe le chapardage : ces mégastores sont de toute façon « ultra-rentables ». […] Leur force ? Susciter les achats d'impulsion : impossible de sortir du magasin les bras vides et de résister aux articles à portée de main dans l'interminable file d'attente.

Toutes ces astuces se révèlent payantes. « Un client Primark achète en moyenne six articles, soit deux fois plus que chez H&M et pour deux fois moins cher » […].

Son secret ? La combinaison entre la rotation rapide des produits et les marges, très basses. Partisan de la « fast-fashion », le groupe propose 12 collections par an (contre six pour ses concurrents). Cet « activisme » permet d'entretenir le désir. « Je vois revenir la même famille toutes les trois semaines ! », s'amuse une caissière.

Primark aurait aussi obtenu que ses loyers soient réduits de 25 % ! De quoi agacer les autres enseignes : non seulement elle bénéficie de conditions exceptionnelles, mais elle fait chuter leurs ventes de 20 à 30 % lorsqu'elle se trouve dans les parages ! « À côté de Primark, tout semble cher », confie une jeune femme « addict ».

Corinne Scemama, « Primark, les raisons d'un succès », www.lexpress.fr, 4 décembre 2014.

7 Se préparer au bac Analyser le modèle économique de Spotify

1. Analysez le modèle économique de Spotify.
2. Repérez des indicateurs permettant de mesurer la création de valeur de ce modèle économique.
3. Expliquez pourquoi le modèle économique de Spotify n'est pas encore rentable.
4. Quelles sont les solutions envisagées par Spotify pour proposer une nouvelle offre de valeur ?

DOC. 1 Le modèle économique « *freemium* »

Le principe […] : offrir aux clients la possibilité d'utiliser gratuitement le service proposé, mais dans un cadre restrictif […] et les inciter à investir dans la version complète et payante du service.

Une minorité finance la majorité. L'enjeu principal est d'assurer la satisfaction des utilisateurs gratuits, afin qu'ils n'hésitent pas à investir dans l'offre payante. Car seule une minorité d'utilisateurs accepte de payer. C'est pourtant cette minorité qui finance l'ensemble de la communauté. Il est donc important de savoir combien de clients payants sont nécessaires pour que le service soit rentable.

Augmenter le taux de conversion. L'offre gratuite peut évidemment être financée en partie par la publicité, mais l'important réside […] dans le taux de conversion des clients gratuits en clients payants.

« Le *premium*, est-ce le nouveau *business model* ? », www.dynamique-mag.com, 7 mai 2017.

DOC. 2 Le modèle économique de Spotify

Alors que Spotify était valorisée quelque 8 milliards de dollars […] en juin 2015, moins de trois ans après, sa valeur est montée à près de 30 milliards au soir de sa première cotation à Wall Street ! […] Mais si l'opération financière est un succès, elle avait d'abord été accueillie assez fraîchement par les analystes […] rappelant […] que l'année dernière, Spotify a affiché une perte nette de 1,2 milliard d'euros, six fois plus qu'en 2015.

Position de faiblesse. Voilà tout le paradoxe de cette entreprise : […] son succès commercial est considérable, avec 159 millions d'utilisateurs dans le monde. Parmi eux, 71 millions paient un abonnement mensuel. Les autres peuvent accéder gratuitement à leurs chansons préférées après avoir écouté un message publicitaire. […] Spotify, qui reverse près de 80 % de ses recettes aux maisons de disques (qui elles-mêmes en distribuent l'essentiel aux artistes et ayants droit), n'est pas rentable. En cause : ses coûts techniques et les investissements réalisés pour attirer de nouveaux abonnés. […]

Pistes prometteuses. […] Spotify espère récupérer la mise lorsque, ayant atteint une taille critique, il sera devenu incontournable pour lancer un nouveau disque ou promouvoir un artiste. Le site y travaille activement en proposant un espace aux stars en devenir, afin d'animer leur communauté de fans, et pour y surveiller en direct leurs succès. […]. Le site exploite de plus en plus les données concernant ses utilisateurs, afin de leur suggérer de nouvelles playlists correspondant à leurs goûts […]. Cela permet de les fidéliser et de leur présenter de nouveaux artistes. Autre piste prometteuse, l'entreprise s'apprêterait à lancer une enceinte connectée à l'image des précurseurs Google Home et Amazon Echo, et préparerait aussi une innovation qui permet d'adapter l'écoute à la voiture.

Jean-François Arnaud, « Spotify, toujours pas rentable, cherche à faire rimer audience et finance », www.challenges.fr, 24 avril 2018.

DOC. 3 Spotify lance sa nouvelle offre gratuite pour dynamiser les abonnements

Spotify a décidé de revoir son offre gratuite qui concerne 88 millions d'utilisateurs sur un ensemble de 159 millions d'utilisateurs actifs. Les principales nouveautés : la suppression du mode de lecture aléatoire et l'accès à 15 playlists par jour, soit 750 chansons et 40 heures d'écoute quotidienne. 60 % des abonnés payants de Spotify seraient passés d'abord par l'offre gratuite.

Synthèse

La façon dont l'organisation crée de la valeur est décrite par son modèle économique.

- Proposition d'une offre de valeur aux clients
- Grâce à la chaîne de valeur interne et au réseau de valeur
- Pour capter la valeur et la transformer en profit

L'innovation est une source essentielle de création de valeur pour les organisations. Cette innovation peut porter sur :

- Une **innovation de produits** (biens ou services)
  - Nouveaux produits
  - Amélioration importante de produits existants
  - Intégration de services à l'offre de biens
- Une **innovation de modèle économique** en rupture avec les « standards habituels » (modèle *freemium*, modèle de plateforme, modèle de gratuité, modèle *low-cost*)

La valeur créée par les organisations est mesurée par :

- des indicateurs financiers extraits du bilan et du compte de résultat dans les entreprises privées (valeur ajoutée, valeur patrimoniale, résultat d'exploitation, rentabilité économique)
- des indicateurs sociaux dans les organisations publiques et les organisations de la société civile (consommation d'énergie, volume de déchets recyclés, taux de satisfaction des usagers)

Lexique

- **Création de valeur :** flux financiers permettant de garantir une rentabilité pour les entreprises privées ou un équilibre budgétaire (couverture des coûts) pour les organisations publiques et les organisations de la société civile.
- **Indicateur de création de valeur :** donnée chiffrée qui permet de mesurer la création de valeur d'une organisation dans le cadre de son activité.
- **Innovation de produits (bien ou service) :** création d'un produit nouveau (bien ou service) ou amélioration importante d'un produit déjà existant ou intégration d'un nouveau service à l'offre de biens.
- **Modèle économique *(business model)* :** a pour fonction de décrire la manière dont l'organisation crée de la valeur pour assurer sa pérennité.
- **Valeur ajoutée :** indicateur économique de création de richesse d'une entreprise qui mesure le supplément de valeur qu'elle est capable d'apporter à un bien ou à un service provenant d'un tiers grâce à son activité.

Quelles ressources financières pour produire ?

3

Capacité

• Identifier les choix de financement possibles

Avant la classe

Vidéo : « Sans argent, sans réseau et sans diplôme, il crée son entreprise »
liennathan.fr/3th6z9

▸ À quelles difficultés ce jeune entrepreneur a-t-il été confronté ?

Situation

L'entreprise Paul a été fondée en 1889 et compte aujourd'hui plus de 200 points de vente en France. Elle propose à ses clients du pain, des viennoiseries, des gâteaux, des sandwichs ainsi qu'un espace salon de thé dans un décor de boutique ancienne. L'entreprise Paul de Châteaulun, dans le Finistère, est ouverte en franchise depuis 1996 sous la forme d'une SARL et emploie trois salariés en CDI. Les clients sont principalement des habitants de la ville, mais depuis quelques années, la société fournit également en pain et viennoiseries plusieurs hôtels et maisons de retraite. Ces clients professionnels représentent environ 25 % du CA.

Portés par le succès de leur activité, les dirigeants souhaitent développer leur entreprise. Leur futur projet est d'agrandir l'espace salon de thé en aménageant une petite terrasse extérieure. Cela permettrait d'augmenter encore le chiffre d'affaires, notamment pendant la période estivale.

Pour financer ce projet, les deux dirigeants voudraient demander de l'aide à leur banquier, mais ils redoutent un refus de sa part. En effet, depuis quelques mois, l'entreprise a été plusieurs fois à découvert, et même au-delà du découvert autorisé…

1 Identifier les choix de financement de l'exploitation

DOC. 1 Extrait de la convention de compte

Article 8 – Montant du découvert autorisé
Le découvert autorisé est fixé à 3 000 €. Les frais relatifs au découvert se calculent en fonction du nombre de jours de découvert et du montant des découverts. Les frais seront majorés si le découvert autorisé est dépassé.

DOC. 2 L'analyse de l'expert-comptable de l'entreprise Paul

L'expert-comptable a réalisé un bilan fonctionnel pour comprendre pourquoi la trésorerie est insuffisante.

Bilan fonctionnel			
EMPLOIS	Montants	RESSOURCES	Montants
EMPLOIS STABLES		RESSOURCES STABLES	
Immobilisations incorporelles	16 600	Capitaux propres	11 900
Immobilisations corporelles	4 700	Emprunts et dettes financières	10 900
Total EMPLOIS STABLES	21 300	Total RESSOURCES STABLES	22 800
ACTIF CIRCULANT		PASSIF CIRCULANT	
Stocks	800	Dettes fournisseurs	1 400
Créances (clients professionnels)	5 200		
Total ACTIF CIRCULANT	6 000	Total PASSIF CIRCULANT	1 400
TRÉSORERIE ACTIVE		TRÉSORERIE PASSIVE	
Disponibilités	0	Concours bancaires courants	3 100
Total TRÉSORERIE ACTIVE	0	Total TRÉSORERIE PASSIVE	
Total EMPLOIS	27 300	Total RESSOURCES	27 300

Légende :
- (vert) Cycle d'investissement à long terme
- (rose) Cycle de financement à long terme
- (bleu) Cycle d'exploitation à court terme

L'expert-comptable a calculé trois indicateurs pour nous expliquer la situation financière.
→ FR (fonds de roulement) = Ressources stables – Emplois stables : 22 800 – 21 300 = 1 500 €
→ BFR (besoin en fonds de roulement) = Actif circulant – Passif circulant : 6 000 – 1 400 = 4 600 €
→ TN (trésorerie nette) = FR – BFR : 1 500 – 4 600 = – 3 100 €
(ou TN = Trésorerie active – Trésorerie passive)

Le surplus de ressources stables, mesuré par le fonds de roulement, n'est pas suffisant pour couvrir votre besoin en fonds de roulement, c'est pourquoi votre trésorerie est insuffisante. Pour avoir une situation financière saine, l'idéal serait que le fonds de roulement soit supérieur à votre BFR et permette ainsi d'obtenir une trésorerie positive.

DOC. 3 Le financement du cycle d'exploitation

Le cycle d'exploitation correspond aux différentes opérations (achats → stockage → ventes) nécessaires pour assurer l'activité d'une entreprise. Ces opérations entraînent des sorties et des entrées d'argent qui sont parfois décalées dans le temps en raison des délais de règlement. Par exemple, quand l'entreprise paye ses fournisseurs avant que ses clients la règlent, elle peut se retrouver en situation de découvert si elle n'a pas suffisamment de trésorerie.

Vidéo : « Problèmes de trésorerie des PME françaises »
liennathan.fr/8t04vw

C'est le BFR qui permet de mesurer ce besoin d'argent. Lorsqu'il est trop important, l'entreprise doit trouver des solutions pour le réduire : raccourcir les délais de règlement clients, diminuer les stocks et/ou allonger les délais de règlement fournisseurs.

Situation Les dirigeants ont déjà bien avancé dans leur projet et, après avoir étudié plusieurs devis, ils ont arrêté leur choix sur une terrasse en béton décoratif.
Le coût total du projet s'élèverait à 14 000 €. Mais la priorité pour l'instant est de résoudre le problème de trésorerie...

1 Que signifie « être à découvert » ? À quoi sert de négocier un découvert autorisé avec sa banque ? Doc. 1

2 L'entreprise accorde-t-elle des délais de règlement à ses clients ? Docs 2, 3

Quel est le montant des créances non encore encaissées ?

Bénéficie-t-elle de délais de règlement de la part de ses fournisseurs ?

Quel est le montant des dettes non encore décaissées ?

3 Expliquez pourquoi les dettes fournisseurs sont des ressources financières.
Sont-elles suffisantes pour financer l'actif circulant ? Docs 2, 3

Expliquez la notion de « besoin en fonds de roulement ».

4 Le fonds de roulement (FR) dégagé sur les cycles à long terme est-il suffisant pour couvrir le besoin du cycle d'exploitation (BFR) ?
Expliquez les conséquences sur la trésorerie. Doc. 2

5 Le fonds de roulement restant inchangé, à combien devrait s'élever au maximum le BFR pour que la trésorerie nette de l'entreprise ne soit plus négative ?
Proposez des solutions qui permettraient de réduire le BFR de l'entreprise. Doc. 2

6 L'expert-comptable propose de réaliser plusieurs simulations sur le tableur et de mesurer ensuite l'impact sur le BFR et la TN pour chacune d'elles. Docs 2, 3

a. Une réduction des délais clients qui permettrait de réduire les créances de trois quarts.

b. Un allongement des délais fournisseurs qui permettrait de doubler les dettes fournisseurs.
Pourquoi la solution a. sera-t-elle retenue ?

Faites le point ! STMG_Management_Term_ch03_point_partie1.pdf

2 Identifier le choix de financement de l'investissement

DOC. 4 Les ressources tangibles et intangibles

Pour fonctionner, l'entreprise a besoin de différentes ressources :
- **des ressources dites tangibles,** qui comprennent les ressources humaines, les ressources financières et les ressources physiques ;
- **et des ressources dites intangibles,** qui comprennent les ressources immatérielles, la recherche et le développement, le savoir-faire, l'image et la notoriété de l'entreprise.

DOC. 5 Le financement à long terme du cycle d'investissement

Les investissements à long terme (emplois stables → cycle d'investissement) doivent être financés par des financements à long terme internes ou externes (ressources stables → cycle de financement).

Mode de financement	Enjeux	Avantages	Inconvénients
Autofinancement	Utiliser la trésorerie de l'entreprise	Aucun coût, pas d'endettement	Diminution de la trésorerie et risque d'en manquer au quotidien
Augmentation de capital	Demander aux actionnaires d'apporter à nouveau des fonds	Pas d'endettement, sommes acquises définitivement, pas de remboursement	Répartition différente des pouvoirs entre les associés
Subventions	Demander une aide financière aux collectivités publiques	Somme acquise, pas de remboursement	Rarement autorisées aux entreprises, conditions strictes
Emprunt bancaire	Demander un emprunt à la banque	Fonds disponible rapidement	Coût élevé des intérêts, augmentation du taux d'endettement
Crédit-bail	Louer le bien à une société de crédit-bail	Pas d'endettement, les loyers diminuent l'impôt	Coût des loyers élevé, l'entreprise n'est pas propriétaire du bien
Financement participatif	Demander des fonds sur Internet (plateforme spécialisée) à plusieurs participants	Coût moins élevé qu'un emprunt bancaire, solution alternative si le banquier refuse de soutenir l'entreprise	Dépend de l'engouement des prêteurs pour le projet de l'entreprise

DOC. 6 L'entreprise Paul face à des contraintes financières

L'expert-comptable a analysé plus en détail les ressources financières à long terme de l'entreprise.
- Les capitaux propres ne sont pas très élevés : le capital s'élève à 6 000 € et les réserves (part bénéfices antérieurs conservée) à seulement 5 900 €.
- Le taux d'endettement est très important : plus de 90 % (emprunts/capitaux propres × 100).

Les dirigeants ont relu leur contrat de franchise : « […] Vous ne disposerez pas d'aides au financement ».

DOC. 7 La méthode des coûts spécifiques

Les deux dirigeants hésitent entre plusieurs solutions pour financer leur projet :
- procéder à une augmentation de capital, à savoir 6 500 € pour chacun des deux associés ;
- demander une subvention aux collectivités locales : les dirigeants opteraient dans ce cas pour le PASS Commerce et artisanat (aide aux projets de création, reprise, modernisation ou extension d'entreprises), avec les modalités suivantes : subvention de 30 % des dépenses éligibles et plafonnée à 7 500 €, co-financée par la région et l'EPCI (établissement public de coopération intercommunale). Les entreprises commerciales et artisanales indépendantes, les cafés, les restaurants ou encore les hôtels peuvent en bénéficier ;
- emprunter 14 000 € à la banque ;
- se lancer dans un financement participatif.

Vidéo : « FPF, le cercle vertueux du *crowdfunding* »
liennathan.fr/4m26hl

Situation Trois mois plus tard, les dispositions prises pour régler le problème de trésorerie ont porté leurs fruits : l'entreprise n'est plus à découvert et les responsables peuvent sereinement faire appel à leur banquier pour trouver une solution de financement.

7 Quels postes du bilan correspondent aux ressources tangibles et aux ressources intangibles de l'entreprise ? Donnez un exemple d'une ressource tangible et d'une ressource intangible de l'entreprise Paul. Docs 2 et 4

8 Le financement du cycle d'investissement dégage-t-il un surplus de ressources ? Si oui, comment appelle-t-on ce surplus ? À quoi doit-il servir en principe ? Doc. 2

9 Analysez les quatre solutions retenues par les dirigeants.

– Laquelle ne répondra pas en totalité au besoin de l'entreprise ? Pourquoi ?

– Laquelle paraît incertaine ? Pourquoi ?

– Laquelle ne sera pas acceptée ? Pourquoi ?

– Laquelle vous paraît, par conséquent, la plus pertinente ? Pourquoi ? Docs 5 , 6, 7

10 Simulez sur tableur la solution choisie. Mesurez l'incidence de ce nouvel investissement et de son financement sur le fonds de roulement, le besoin en fonds de roulement et sur la trésorerie nette. Doc. 2

Faites le point ! STMG_Management_Term_ch03_point_partie2.pdf

Applications

1 Testez vos connaissances

Indiquez la ou les bonnes réponses aux propositions suivantes.

1. **Le bilan fonctionnel :**
   a. est créé à partir du bilan comptable.
   b. est obligatoire.
   c. n'est pas équilibré.
   d. met en évidence les cycles d'investissement, de financement et d'exploitation.
2. **Le besoin en fonds de roulement :**
   a. est calculé grâce aux emplois et ressources stables.
   b. est forcément positif.
   c. peut être réduit en limitant les créances clients.
   d. montre le besoin financier du cycle d'exploitation.
3. **Les ressources à long terme :**
   a. sont composées des dettes fournisseurs.
   b. doivent financer les investissements.
   c. peuvent aussi financer le BFR.
   d. sont forcément des ressources externes.

2 Analyser un choix de financement

★

1. Expliquez en quoi consiste le crédit-bail.
2. Pourquoi les biens financés par crédit-bail n'apparaissent pas dans le bilan comptable ?
   À quelles conditions une entreprise peut-elle recourir au crédit-bail ?
3. Présentez les principaux avantages et inconvénients du crédit-bail.

DOC. **Le leasing, solution simple pour financer les actifs mobiliers de l'entreprise**

Le leasing est une solution simple pour le financement des actifs mobiliers d'une entreprise.
Également appelé crédit-bail ou LOA (location avec option d'achat), le leasing est un mode de financement de plus en plus plébiscité par les sociétés pour l'acquisition de matériels neufs dans le cadre d'une activité professionnelle.

Le leasing, c'est quoi ?
Le leasing est une formule de crédit par laquelle la banque achète un matériel ou un bien pour le louer, pendant une durée déterminée, au souscripteur, dans le cadre d'une activité professionnelle. Souvent, les entreprises ont recours au crédit-bail pour l'acquisition de véhicules de société. Le contrat de location peut être avec ou sans option d'achat dans le sens où le souscripteur a la possibilité d'acheter le bien à l'échéance du contrat.

À qui le leasing s'adresse-t-il ?
Toute entreprise, quel que soit son statut juridique, peut solliciter un leasing auprès d'un crédit-bailleur. Après examen du dossier du souscripteur, notamment de sa situation financière, ce dernier donne son accord sur le bien financé.

Le principe du leasing
Le locataire devra verser pendant toute la durée du contrat des mensualités ou loyers. […] À l'issue de la location, ou même en cours de contrat chez certains organismes, le souscripteur peut entrer en possession du bien à un prix fixé au début du contrat. Ce prix, désigné sous le nom de valeur résiduelle, tient compte des loyers déjà versés. Si par contre, le locataire renonce à l'option d'achat, il rend le bien qu'il a loué et peut, s'il le souhaite, procéder à une nouvelle location.

Les avantages du leasing
Comparé à un crédit traditionnel, le leasing exige moins de garanties et présente des mensualités moindres. Par ailleurs, le souscripteur peut demander d'ajuster chaque mensualité selon ses besoins. […] Un autre avantage du leasing réside dans le financement intégral de l'investissement.

Les limites du leasing
La première limite du leasing est associée à son coût. Le crédit-bail peut en effet être plus cher que l'achat au comptant ou à crédit, car les charges inhérentes aux différents entretiens obligatoires et aux assurances du bien sont onéreuses. Un retard de paiement des loyers engendre en outre le versement d'indemnités supplémentaires qui peut aller jusqu'à 4 % de la somme initiale. De plus, en cas de panne, de destruction ou de vol du bien, le locataire est toujours tenu de verser les loyers jusqu'à l'échéance du contrat, et ce, même s'il ne dispose plus dudit bien. Enfin, si le souscripteur ne compte pas acheter le bien à l'issue du contrat, il est tenu de rendre celui-ci en bon état, dans les conditions où il l'a reçu.

« Le leasing, solution simple pour financer les actifs mobiliers de l'entreprise », www.toute-la-franchise.com, 27 février 2017.

3 Identifier les financements d'une association

1. Recensez les différentes ressources financières des Restos du Cœur.
2. Analysez l'évolution de ces différentes ressources financières.
3. Pourquoi cette association a-t-elle besoin d'autant de ressources financières ?

DOC. 1 Les Restos du Cœur : présentation

Fondés par Coluche en 1985, les Restos du Cœur sont une association loi de 1901, reconnue d'utilité publique, sous le nom officiel de « les Restaurants du Cœur – les Relais du Cœur ». Ils ont pour but « d'aider et d'apporter une assistance bénévole aux personnes démunies, notamment dans le domaine alimentaire par l'accès à des repas gratuits, et par la participation à leur insertion sociale et économique, ainsi qu'à toute action contre la pauvreté sous toutes ses formes ».

D'après www.restosducoeur.org.

DOC. 2 Les Enfoirés, une marque qui rapporte de moins en moins

Les principales ressources des Restos du Cœur depuis dix ans :

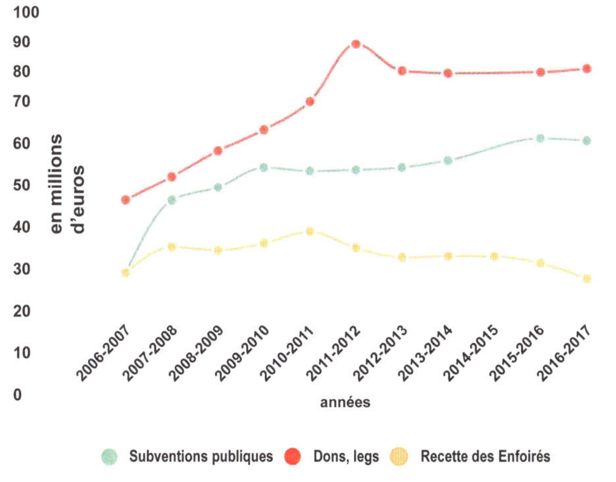

Source : Restos du Cœur

Les Enfoirés, c'est sept spectacles au Zénith de Toulouse en 2017, la vente des disques et DVD au profit des Restos du Cœur, des produits dérivés (t-shirts, affiches…) et des droits d'images issus de la vente aux autres chaînes des extraits de l'émission diffusée sur TF1.

Au total, une petite industrie qui a rapporté plus de 12,6 millions d'euros nets en 2017. C'est deux fois moins qu'en 2009 (24,7 millions d'euros). Explications : les jauges des salles de concert diminuent et les mises en bacs de CD et DVD ont également été réduites de 19 % par rapport à celles de 2016.

« Ces baisses sont liées à l'effondrement du marché des CD et DVD en général, ces produits se vendent moins bien », assure Mathilde Viaud, du service Enfoirés des Restos du Cœur. « La marque Enfoirés, elle, marche toujours. »

Les Enfoirés représentent moins de 10 % du budget des Restos

Les recettes des Enfoirés sont loin de constituer l'essentiel des revenus des Restos du Cœur. Elles ont représenté en 2017 entre 6 et 8 % du budget de l'association. Une mise de départ néanmoins essentielle pour les Restos, comme l'ont compris un certain nombre de partenaires.

80 % de dons, legs et subventions

Les principales autres ressources sont : 87,7 millions d'euros de dons et de legs (soit 47 % du budget des Restos du Cœur) et environ 61,8 millions d'euros de subventions publiques (33,1 %). Avec un budget total de quelque 186 millions d'euros, l'association Les Restos du Cœur a distribué 135,8 millions de repas aux personnes en difficulté en 2016-2017.

Anne-Sophie Thill et Valentin Jan, « Les Enfoirés. Trois choses à savoir sur le financement des Restos du Cœur », www.ouest-france.fr, 9 mars 2018.

4 Comprendre l'impact d'une décision sur l'équilibre financier

★★

1. Sur tableur, insérez les formules nécessaires permettant de calculer le fonds de roulement, le besoin en fonds de roulement et la trésorerie nette du magasin Casino de Saint-Étienne.
2. Interprétez les résultats obtenus. Expliquez notamment la particularité du BFR de Casino.
3. Quel va être l'impact de la décision du groupe Casino sur son bilan fonctionnel ?
4. En supposant que 20 % des sommes payées actuellement au comptant par les clients seraient payées à 30 jours, quel serait l'impact sur l'équilibre financier du magasin de Saint-Étienne ? Effectuez la simulation sur tableur.

DOC. 1 Casino lance le paiement en différé des courses alimentaires

Pour aider à gérer « les fins de mois difficiles », le groupe Casino propose désormais de payer ses courses en différé ou en quatre fois sans frais.

Le groupe Casino propose depuis ce lundi 30 avril la possibilité de payer ses courses en quatre fois ou de manière différée, sans frais supplémentaires, dans l'ensemble de ses hypermarchés et supermarchés, disant vouloir ainsi aider les consommateurs à gérer les « fins de mois difficiles ». L'association de consommateurs UFC-Que Choisir a toutefois mis en garde contre un risque de créer une « accoutumance » au crédit chez « les clientèles fragiles ».

Casino Max, l'application téléchargée près de 700 000 fois depuis son lancement en octobre dernier, regroupe la carte de fidélité électronique, des promotions personnalisées, mais permet aussi le paiement via mobile. Et depuis ce lundi, deux nouvelles options sont proposées : le règlement en différé, ou en quatre fois. « Ce service gratuit est un moyen de faciliter la vie des clients en leur permettant de lisser leurs achats dans le temps. Cette facilité de paiement est possible jusqu'à un certain montant, et calculée selon les habitudes d'achat du client », tient à souligner le groupe.

Il précise également que sont éligibles à ce service les clients ayant déjà un historique d'achats chez Casino avec leur carte de fidélité. Pour le paiement en différé, le service porte sur un panier d'achat compris entre 20 et 300 euros. Le client peut déterminer le jour de débit de ses achats, jusqu'à 31 jours suivant son passage en caisse. Cette solution « peut permettre de gérer plus facilement son budget, notamment en fin de mois », indique Casino.

« Faciliter la vie des clients »

Concernant le règlement en quatre fois, le panier doit être compris entre 50 et 300 euros : le client paie ainsi un quart de ses achats le jour J, puis les trois autres quarts à 30 jours, à 60 jours et à 90 jours, est-il détaillé. [...] Néanmoins, pour Matthieu Robin, chargé de mission sur le secteur finances pour l'UFC-Que Choisir, « c'est une forme de crédit et d'avance même si c'est censé être gratuit, car en cas d'impayé ou d'échec de prélèvement, il y aura forcément un recouvrement, donc des frais ».

« Casino lance le paiement en différé des courses alimentaires », www.lepoint.fr, 30 avril 2018.

DOC. 2 Bilan fonctionnel Casino Saint-Étienne

EMPLOIS	Montants	RESSOURCES	Montants
EMPLOIS STABLES		**RESSOURCES STABLES**	
Immobilisations incorporelles	5 500	Capitaux propres	10 369 900
Immobilisations corporelles	21 800	Provisions	318 700
Immobilisations financières	17 477 500	Emprunts et dettes financières	7 691 070
Total EMPLOIS STABLES	17 504 800	Total RESSOURCES STABLES	18 379 670
ACTIF CIRCULANT		PASSIF CIRCULANT	
Stocks	14 870	Dettes fournisseurs	1 131 500
Créances	1 415 300	Dettes fiscales et sociales	85 500
		Autres dettes	272 800
		Comptes régularisation passif	0
Total ACTIF CIRCULANT	1 430 170	Total PASSIF CIRCULANT	1 489 800
TRESORERIE ACTIVE		**TRESORERIE PASSIVE**	
Disponibilités	934 500	Concours bancaires courants	0
Total TRESORERIE ACTIVE	934 500	Total TRESORERIE PASSIVE	
Total EMPLOIS	19 869 470	Total RESSOURCES	19 869 470
FR			
BRF			
TRESORERIE NETTE			

5 Se préparer au bac — Comprendre les problématiques liées aux financements

1. Identifiez les différents besoins de financements de l'entreprise TakeAway.
2. Analysez l'évolution du BFR de l'entreprise.
3. Expliquez pourquoi l'entreprise connaît des difficultés financières alors que le chiffre d'affaires n'a pas diminué.
4. Montrez le lien entre le financement de l'entreprise et sa défaillance.

Vidéo : « Présentation de TakeAway® »
liennathan.fr/4m26hl

DOC. 1 Pourquoi TakeAway s'est retrouvé en redressement judiciaire ?

Le 1er juin, à sa demande, la start-up TakeAway spécialisée dans les emballages alimentaires pour les produits « à emporter » était placée en redressement judiciaire. Pourquoi ? Et comment en est-elle arrivée là ? Le point avec deux des cofondateurs, Nicolas Duval et Ludivine Vajou.

Il y a un an, lorsque nous avons bouclé notre levée de fonds de 500 000 euros, rien ne nous laissait penser que nous en serions là aujourd'hui. Tout arrive très vite et ça fait peur. On a traversé pas mal de choses, mais quelle satisfaction de se dire qu'on a créé un produit qui n'existait pas et réussi à répandre la pratique du doggy-bag jusqu'alors quasi-inexistante en France. En 18 mois de commercialisation, nous avons vendu quelque 750 000 produits, réalisé 350 000 euros de chiffre d'affaires, convaincu 1 500 restaurants partenaires en France, dont des hôtels du groupe Accor, Memphis Coffee ou encore Eurest en restauration collective et sauvé 63 tonnes de nourriture grâce à l'utilisation de nos doggy-bag.

À la date d'aujourd'hui, nous avons presque fait en 2017 l'équivalent de notre CA de l'année 2016… Et pourtant, depuis le 1er juin, nous sommes en redressement judiciaire. Alors, un conseil : ne faites pas l'autruche quand vous vous apercevez que votre trésorerie et vos créances clients ne suffisent pas à régler vos factures fournisseurs.

Le monde de l'industrie demande beaucoup de cash et, pour nous, cela a sonné le début des problèmes de trésorerie. Or, dans l'industrie, pas de trésorerie = pas d'activité, croissance ou pas.

Nous, TakeAway, petit acteur de l'emballage carton, devons faire face aux mêmes contraintes financières (toutes proportions gardées) des approvisionnements qu'un industriel. Or, plus vous êtes en croissance, plus la gestion des approvisionnements devient compliquée sans trésorerie. Il faut alors savoir trouver le bon équilibre entre prévisions des ventes et commandes de matière première pour que le paiement de cette fameuse matière première coïncide avec vos facturations et encaissements. […] Si on se loupe dans nos prévisions, on paye la matière première qui reste en stock au moins deux mois avant le règlement du client. Ce qui coûte cher.

Des investissements coûteux et longs. […] La R&D de notre premier produit a coûté plus de 100 000 euros et a duré 14 mois. Le second produit a certes pris moins de temps, mais tout de même six mois.

La levée de fonds. Le meilleur moyen de répondre à ces problématiques consistait à trouver des fonds afin de pouvoir développer l'entreprise en toute sérénité et faire face au BFR important. Nous avons évalué notre besoin à 1,5 million d'euros. Cependant, même après avoir été accompagnés, nous n'avons pas réussi à lever les fonds à temps. […] Le temps était venu de nous protéger en demandant un redressement judiciaire afin que l'activité puisse continuer.

Géraldine Russell, « Pourquoi TakeAway s'est retrouvé en redressement judiciaire », www.maddyness.com, 26 juin 2017.

DOC. 2 Lyon : takeAway met la clé sous la porte

En difficulté depuis plusieurs mois, la société lyonnaise de « doggy-bags » a été placée en liquidation judiciaire.

Le spécialiste lyonnais du « doggy-bag » n'aura pas su sortir la tête de l'eau. Trois mois après son placement en redressement judiciaire, le 1er juin, la société a annoncé via un communiqué qu'elle était désormais en liquidation judiciaire. Le couperet est donc tombé pour la start-up lyonnaise, fondée il y a un peu plus de trois ans. Takeaway proposait aux restaurateurs des emballages écolos afin qu'ils puissent offrir à leurs clients la possibilité d'emporter leurs restes non consommés et ainsi éviter le gaspillage. Malgré plusieurs rencontres avec d'éventuels repreneurs, aucun industriel ne s'est positionné pour une reprise.

« Lyon : TakeAway met la clé sous la porte », www.lyonmag.com, 5 septembre 2017.

Synthèse

Des besoins financiers pour financer le cycle d'investissement et/ou le cycle d'exploitation

↓

Analyse du bilan fonctionnel

Calcul du FR, BFR, TN → TN = FR – BFR : pour avoir une TN > 0 il faut FR > BFR

↓

Choix des **ressources financières**

↓

Des ressources financières à long terme pour financer :
- le cycle d'investissement
- le cycle d'exploitation

Des ressources financières à court terme pour financer :
- le cycle d'exploitation

Lexique

- **BFR :** besoin en fonds de roulement = actif circulant – passif circulant. Si le BFR est négatif, c'est une ressource en fonds de roulement.
- **Bilan fonctionnel :** créé à partir du bilan comptable, le bilan fonctionnel fait apparaître les cycles d'investissement, de financement et d'exploitation de l'entreprise.
- **Cycle d'investissement :** biens matériels et immatériels qui vont rester durablement dans l'entreprise dans le but d'améliorer son activité.
- **Cycle de financement :** financement supérieur à un an qui provient de l'entreprise ou d'un agent extérieur.
- **Cycle d'exploitation :** ensemble des opérations relatives à l'activité de l'entreprise (des achats à la vente).
- **FR :** fonds de roulement = emplois stables – ressources stables.
- **Ressources intangibles :** ce sont les ressources immatérielles.
- **Ressources tangibles :** ce sont les ressources matérielles, humaines et financières.
- **TN :** trésorerie nette = FR – BFR ou trésorerie active – trésorerie passive.

Quelles ressources humaines pour produire ?

4

Capacité

• Repérer les moyens d'une politique de management des compétences et d'adaptation aux besoins de l'organisation

Avant la classe

Vidéo : « La politique RH de CNP Assurances »
liennathan.fr/o03a3x

- Pourquoi la société CNP Assurances est-elle en transformation ?
- Quelles démarches ou actions CNP Assurances met-elle en place pour attirer ses futurs collaborateurs ?

Situation

Avec un chiffre d'affaires de 32,4 milliards d'euros et plus de 5000 collaborateurs, CNP Assurances est une société d'assurances de personnes en France, en Amérique latine et au Brésil qui conçoit des solutions de prévoyance et d'épargne innovantes distribuées à plus de 37 millions d'assurés dans le monde. Elle distribue ses solutions grâce à un réseau physique ou 100 % *online* en fonction des besoins des clients de chaque pays.

Son ambition est d'être l'assureur numérique de référence à travers le déploiement d'une stratégie digitale. Cette transformation passe par la mobilisation de l'ensemble des acteurs du groupe. En effet, les métiers de l'assurance semblent voués à un vaste mouvement de recomposition des activités et des compétences.

Dans cette perspective, le groupe CNP Assurances s'est engagé à accompagner ses salariés avec comme objectifs :

– de permettre aux collaborateurs d'être acteurs de leur évolution ;

– de mettre en œuvre les outils au service d'une gestion dynamique des carrières et des compétences ;

– et de déployer des dispositifs de formations conséquents pour accompagner chaque collaborateur.

1 Prévoir les ressources humaines sur le plan quantitatif pour produire

DOC. 1 La gestion prévisionnelle des emplois et des compétences (GPEC)

La GPEC est une démarche qui permet à l'entreprise d'anticiper en fonction de ses choix stratégiques ses besoins en ressources humaines sur le plan quantitatif (effectif) et sur le plan qualitatif (qualifications-compétences) pour les comparer à ses ressources prévisibles et analyser les écarts afin de procéder aux ajustements nécessaires.
La GPEC implique plusieurs étapes :

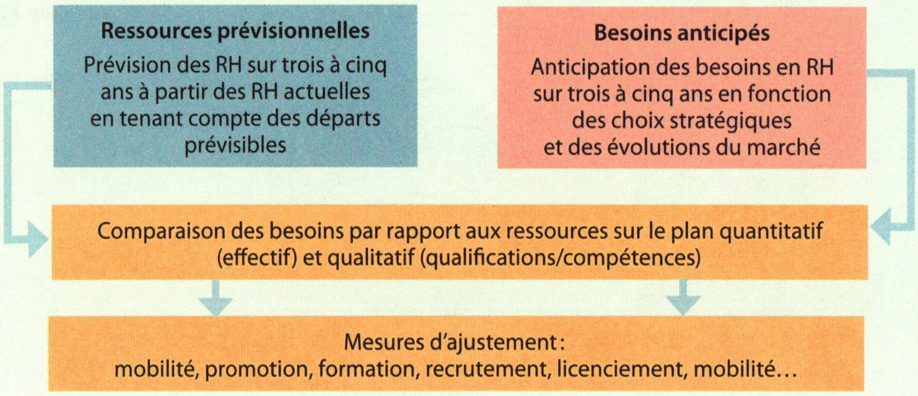

DOC. 2 Les ressources humaines quantitatives de CNP Assurances

Le groupe CNP Assurances est confronté à un déséqulibre de sa pyramide des âges. Au 31 décembre 2018, l'âge moyen des collaborateurs en CDI de CNP Assurances s'élevait à 47,1 ans. Près de 10 % des collaborateurs en CDI avaient moins de 35 ans tandis que 23,5 % avaient 55 ans ou plus.

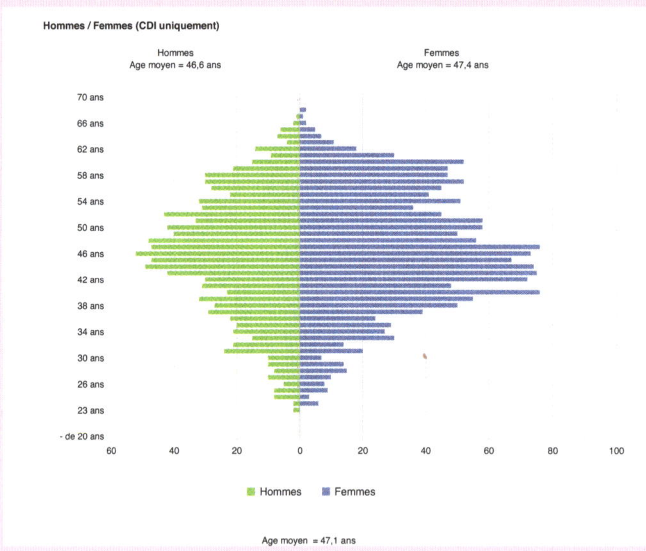

Pyramide des âges au 31 décembre 2018, bilan social 2018, CNP Assurances.

- Si les effectifs de la tranche d'âge 18-35 ans sont supérieurs à ceux de la tranche d'âge des + 50 ans, alors le renouvellement est assuré.
- Si les effectifs de la tranche d'âge 18-35 ans sont inférieurs à ceux de la tranche d'âge des – 50 ans, alors le renouvellement n'est pas assuré.

DOC. 3 L'évolution quantitative du métier « secrétariat/assistanat » de CNP Assurances

Le métier « secrétariat/assistanat » du groupe CNP Assurances est concerné depuis plusieurs années par une évolution en profondeur. Sur le plan quantitatif, ses effectifs ont décru sur les cinq dernières années, en raison surtout d'une pyramide des âges conduisant à de nombreux départs en retraite.

Situation Dans un environnement en constante évolution, CNP Assurances a pour ambition d'être l'assureur digital de référence avec le déploiement d'une nouvelle stratégie digitale. Dans ce contexte de transformation digitale, les métiers de CNP Assurances sont voués à un vaste mouvement de transformation. Le développement de CNP Assurances et ses orientations stratégiques nécessitent de mettre en place un pilotage maîtrisé de ses effectifs afin de prévoir le remplacement des départs naturels et de rajeunir la pyramide des âges.

1 Précisez l'objectif stratégique que s'est fixé le groupe CNP Assurances. ▶ Situation

....

....

2 Relevez les évolutions de l'environnement qui impactent le groupe CNP Assurances. ▶ Situation

....

3 Pourquoi le groupe CNP Assurances doit-il anticiper ses besoins en ressources humaines ? ▶ Doc. 1

....

....

Situation Signé en 2016, le premier accord GPEC du groupe CNP Assurances avait permis de pérenniser une politique d'alternance et d'initier un rajeunissement de la pyramide des âges. En 2019, le deuxième accord de GPEC de CNP Assurances doit permettre de rééquilibrer la pyramide des âges et d'accompagner la transformation digitale des métiers du groupe.

4 Repérez l'outil mis en œuvre par le groupe CNP Assurances pour prévoir ses besoins quantitatifs en ressources humaines. ▶ Doc. 2

....

5 La répartition des salariés dans la pyramide des âges de CNP Assurances permet-elle d'assurer naturellement le renouvellement des effectifs ? ▶ Doc. 2

....

6 Présentez la situation actuelle des ressources humaines du groupe CNP Assurances sur le plan quantitatif. ▶ Doc. 2

....

....

7 Expliquez les évolutions quantitatives du métier « secrétariat/assistanat ». ▶ Doc. 3

....

8 Quels sont les besoins en ressources humaines sur le plan quantitatif mis en évidence par la démarche de GPEC du groupe CNP Assurances ? ▶ Doc. 2

....

Faites le point ! STMG_Management_Term_ch04_point_partie1.pdf

2 Prévoir les ressources humaines sur le plan qualitatif pour produire

DOC. 4 Anticiper les besoins en ressources humaines sur le plan qualitatif

Avec les nouvelles technologies, les métiers de l'assurance semblent voués à un vaste mouvement de recomposition des qualifications et des compétences. Les dimensions technologiques du digital (objets connectés, *big data,* intelligence artificielle…) se conjuguent aux évolutions réglementaires (normes comptables) et redessinent les contours de l'activité d'assurance.
Ces mouvements recomposent les métiers autour de trois groupes de compétences :
– des compétences d'expertise liées aux nouvelles technologies digitales ;
– des compétences techniques métiers (autres que digitales) nouvelles dans leur contenu [(comme les métiers du risque avec le renforcement des réglementations)] ;
– des compétences transverses (*soft skills*), relationnelles qui concernent désormais tous les métiers et impliquent des postures nouvelles (par exemple, l'agilité, le collaboratif ou l'autonomie).

Accord GPEC, www.wk-rh.fr.

DOC. 5 Les qualifications et les compétences individuelles

La qualification correspond à l'aptitude d'un salarié à exercer un emploi selon ses fonctions, ses diplômes et son expérience. Le terme de qualification se réfère essentiellement au poste de travail. La compétence correspond à la combinaison du savoir, du savoir-faire et du savoir-être dans une situation donnée. La compétence renvoie à la prise d'initiative et de responsabilité du salarié en situation de travail.

DOC. 6 Cartographier les métiers et les compétences en évolution chez CNP Assurances

Pour assurer la mise en œuvre de ses orientations stratégiques et anticiper les compétences dont elle aura besoin, CNP Assurances a réalisé une cartographie repérant les métiers en évolution au sein du groupe. Elle a ainsi identifié des métiers en transformation, en tension et en émergence. Les métiers en tension sont des métiers sur lesquels les recrutements sont difficiles.

Accord GPEC, www.wk-rh.fr.

Métiers en transformation
- relation client/marketing
- juridique
- pilotage économique et financier
- secrétariat/assistanat
- ressources humaines
- communication…

Métiers en tension
- métiers de la donnée et du digital

Métiers en émergence
- maîtrise des risques
- gestion des actifs et du patrimoine…

DOC. 7 L'évolution qualitative du métier « secrétariat/assistanat » de CNP Assurances

Sur le plan fonctionnel, le contenu des emplois est amené à être durablement revisité au regard de l'impact du digital et des nouvelles modalités de travail. Pourtant, au sein d'un monde professionnel mouvant et éclaté, sa raison d'être au sein d'une équipe est néanmoins réaffirmée : communication, coordination, interface, assistanat technique ou métier, telles sont quelques-unes des fonctions clés à assurer.

Situation L'Observatoire de l'évolution des métiers de l'assurance (OEMA), qui a pour mission d'informer les acteurs de l'assurance sur les facteurs susceptibles de faire évoluer leurs métiers, a constaté que des transformations majeures impactent le métier d'assureur.

9 Repérez les éléments de l'environnement qui ont un impact sur les compétences des collaborateurs du groupe CNP Assurances. Docs 4 et 5

....

....

....

10 Présentez les compétences individuelles dont le groupe CNP Assurances aura besoin pour réaliser son métier d'assureur. Docs 4 et 5

....

....

....

Situation Pour pouvoir prévoir les compétences dont il aura besoin, le groupe CNP Assurances a fait le point en réalisant une cartographie des métiers. Cette cartographie a permis d'obtenir une vision globale des métiers de l'entreprise et a ainsi mis à jour les métiers dits « en tension », « en transformation » ou « en émergence ».

11 Identifiez l'outil mis en œuvre par le groupe CNP Assurances pour évaluer ses besoins en compétences. Doc. 6

....

12 Présentez les résultats de la cartographie des métiers du groupe CNP Assurances. Doc. 6

....

....

....

13 Expliquez les intérêts de réaliser une cartographie des métiers pour le groupe CNP Assurances. Doc. 6

....

....

....

14 Expliquez les évolutions qualitatives du métier « secrétariat/assistanat ». Doc. 7

....

....

....

15 Que se passerait-il si le groupe CNP Assurances n'anticipait pas ses besoins en compétences ?

....

Faites le point ! STMG_Management_Term_ch04_point_partie2.pdf

3 Adapter les ressources humaines à la stratégie

DOC. 8 Besoins de recrutement, besoins de formation

Dans la démarche de GPEC, l'organisation analyse les écarts entre ses besoins en ressources humaines et ses ressources prévisibles afin de mettre en œuvre un plan d'actions et ainsi ajuster ses ressources humaines :
– sur le plan quantitatif : mobilité géographique, recrutement, licenciement, flexibilité du temps de travail et des effectifs… ;
– sur le plan qualitatif : promotion, formation, tutorat, flexibilité des compétences…
Le recrutement permet de répondre à un besoin de ressources humaines de l'organisation.
La formation permet de maintenir et de développer les compétences de ses collaborateurs.

DOC. 9 Adapter les ressources humaines sur les plans quantitatif et qualitatif

Liaisons sociales : Quels objectifs avez-vous assignés à votre nouveau texte ?
Bérengère Grandjean, DRH CNP Assurances : [...] L'un des enjeux de cette nouvelle GPEC est de rééquilibrer la pyramide des âges en lien avec la transformation digitale de nos métiers. Ainsi, nous avons prévu de recruter dès cette année 50 nouveaux collaborateurs de moins de 35 ans en CDI, puis 20 chaque année de la période d'application de l'accord. À cela, s'ajoute notre politique résolument tournée vers l'alternance où nous avons en permanence une centaine d'alternants dans nos murs. [...] Pour les seniors, nous reconduisons les mêmes dispositifs que dans l'accord précédent avec toutefois une nouveauté : une majoration de l'indemnité de départ de + 30 % est proposée à tout salarié âgé de 65 ans et plus, dont la date de départ intervient cette année. Pour chaque départ dans ce cadre, l'entreprise s'engage à recruter un jeune en CDI, recrutement qui n'intervient pas forcément sur le poste libéré. C'est une sorte de contrat de génération !

Jean-François Rio, « Interview – Bérengère Grandjean, DRH, Virginie Oget, responsable des relations sociales, CNP Assurances : "Notre nouvel accord de GPEC est encore plus engageant" », www.wk-rh.fr, 1er mars 2019.

Avec ce deuxième accord GPEC, CNP Assurances renforce ses engagements pour accompagner sa transformation en développant les compétences de ses collaborateurs. [...] Pour développer les compétences de ses collaborateurs, CNP Assurances étend sa politique de tutorat en créant notamment un nouveau poste de tuteur au poste de travail qui s'inscrit dans la logique de l'élargissement de la formation en situation de travail, en référence à la loi Avenir professionnel. Ce nouvel accord permet au tutorat de couvrir l'intégralité des métiers désormais tous identifiés pour accompagner la transformation.

« CNP Assurances signe son deuxième accord GPEC pour accompagner sa transformation », www.cnp.fr, 4 mars 2019.

DOC. 10 Adapter les ressources humaines à la stratégie digitale de CNP Assurances

Liaisons sociales : ***Comment votre accord va-t-il accompagner la stratégie digitale de votre groupe ?***
Bérengère Grandjean : Accompagner les salariés dans la transformation digitale, c'est aussi leur permettre d'accéder à certaines formes de mobilité, par exemple en travaillant temporairement sur un projet qui fait appel à des compétences transversales ou bien en élargissant leurs savoir-faire au sein de start-ups partenaires de CNP Assurances ou au sein de nos filiales. Nous allons également développer une forme nouvelle de mobilité « par mission* ».

* Il s'agit pour un collaborateur de quitter son poste pour un temps limité et d'effectuer une mission dans une autre entité : missions dans les filiales du groupe CNP Assurances, missions dans les start-ups, notamment celles dans lesquelles CNP Assurances investit.

Jean-François Rio, « Interview – Bérengère Grandjean, DRH, Virginie Oget, responsable des relations sociales, CNP Assurances : "Notre nouvel accord de GPEC est encore plus engageant" », www.wk-rh.fr, 1er mars 2019.

DOC. 11 Des nouvelles formes de relations de travail pour accroître la flexibilité

Pour s'adapter à leur environnement, les organisations mettent en place de nouvelles relations de travail dans lesquelles le numérique va être un facilitateur en rendant possible le travail à distance.

- **Flexibilité du temps de travail :** temps partiel, heures supplémentaires, annualisation du travail
- **Flexibilité de la localisation du travail :** travail à domicile, travail mobile, télétravail alterné
- **Flexibilité des compétences :** développement de la polyvalence des salariés, mobilité professionnelle…
- **Flexibilité des effectifs :** recours aux CDD, intérimaires, partage de poste de travail, contrat de travail avec détachement chez un tiers, sous-traitance, franchise, auto-entrepreneur…

Situation L'accord de GPEC mis en place par CNP Assurances va permettre de rééquilibrer la pyramide des âges et d'accompagner la transformation digitale de l'entreprise. En effet, tous les métiers du groupe sont impactés par la digitalisation. Face à ce constat, CNP Assurances souhaite mettre à jour les compétences de ses collaborateurs à travers la formation des managers. Cela repose notamment sur un programme de « *managers coachs* » déployé au sein du groupe.

16 Justifiez le recours au recrutement mis en place par le groupe CNP Assurances. Docs 8 et 9

....

17 Quelle autre action le groupe CNP Assurances met-il en place pour ajuster ses ressources humaines sur le plan quantitatif ? Docs 8 et 9

....

18 Quelles actions le groupe CNP Assurances envisage-t-il pour ajuster ses besoins en ressources humaines sur le plan qualitatif ? Situation Doc. 9

....

....

Situation Dans l'accord de GPEC mis en place par CNP Assurances, des expériences nouvelles sont proposées aux salariés, comme la mobilité par mission dans le groupe ou dans des start-ups partenaires. La mobilité par mission permet de développer des compétences individuelles (acquisition de nouvelles compétences par le salarié) et collectives (enrichissement des pratiques d'équipe par l'intégration de collaborateurs extérieurs). D'une durée maximale d'un an, ces missions ont pour ambition de faire circuler les compétences. Le groupe CNP Assurances expérimente notamment le télétravail depuis 2017.

19 Quelles sont les mesures prises par CNP Assurances pour répondre à l'impact de la digitalisation sur les métiers ? Doc. 10

....

....

20 Présentez les intérêts de la mobilité par mission : Doc. 10

– pour les salariés de CNP Assurances ; ....

– pour le groupe CNP Assurances. ....

21 Montrez que ces dynamiques de mobilité permettent d'accroître la flexibilité du travail du groupe CNP Assurances. Docs 10 et 11

....

22 Précisez comment le numérique peut faciliter ces nouvelles relations de travail. Doc. 11

....

....

Faites le point ! STMG_Management_Term_ch04_point_partie3.pdf

Applications

1 Testez vos connaissances

Retrouvez la définition correspondant à chacun des mots suivants : GPEC, compétences, qualifications, polyvalence, formation.

1. Aptitude d'un salarié à exercer un emploi selon ses fonctions, ses diplômes et son expérience.
2. Aptitude d'un salarié à effectuer des activités différentes au sein d'une même organisation.
3. Combinaison du savoir, du savoir-faire et du savoir-être dans une situation de travail donnée
4. Investissement immatériel réalisé par une organisation pour maintenir et développer les compétences de ses collaborateurs.
5. Démarche d'anticipation des besoins en ressources humaines sur le plan quantitatif et sur le plan qualitatif afin de pouvoir ajuster les écarts avec les ressources prévisibles.

2 Testez votre maîtrise des outils de GEPC

Pour chaque situation de gestion prévisionnelle des emplois et des compétences, précisez l'outil retenu et les mesures d'ajustement mises en œuvre par l'organisation en cochant la ou les réponses appropriées.

Situation	Mesures d'ajustement des ressources humaines et outil de GPEC
 En 2019, le groupe Carrefour a mis en place un accord de GPEC visant à répondre aux défis majeurs auxquels est confrontée la grande distribution. Cet accord met en particulier l'accent sur la formation et prévoit des dispositifs de mobilité interne et externe à destination des salariés occupant un métier sensible pour lequel il va y avoir une évolution importante du périmètre de compétences ou une diminution des effectifs. Pour repérer les métiers sensibles, une cartographie des métiers est mise à jour chaque année.	☐ Mobilité ☐ Promotion ☐ Formation ☐ Recrutement ☐ Licenciement Cartographie des métiers
 Thales, groupe international de la défense et du spatial, a signé en 2019 un accord de GPEC. Cet accord a pour ambition d'anticiper les évolutions professionnelles et ainsi sécuriser les emplois. Il intègre les besoins en recrutement (générés par la croissance des activités et le renouvellement des générations), la formation et des parcours de mobilité. L'entretien de développement professionnel, qui consiste à définir conjointement entre le salarié et son responsable une direction de carrière, est un outil privilégié de cette démarche.	☐ Mobilité ☐ Promotion ☐ Formation ☐ Recrutement ☐ Licenciement Entretien de développement professionnel

3 Adapter les ressources humaines à la stratégie de l'organisation

1. Présentez la stratégie mise en place par le groupe public Radio France.
2. Identifiez les mesures mises en œuvre par Radio France pour ajuster ses effectifs au niveau quantitatif.
3. Repérez les compétences recherchées par Radio France et les mesures prises pour les développer.

DOC. 1 Suppression de 299 postes à Radio France

Radio France va supprimer 299 postes d'ici à 2022, a annoncé la direction au cours d'un CSE (conseil social et économique) central extraordinaire qui se déroule ce jeudi. Ce qui représente 6,5 % des effectifs du groupe public qui se montent actuellement à 4 600 salariés. Dans le détail, 236 postes vont être ouverts aux départs volontaires (à la retraite et pour projet professionnel externe). Les autres emplois concernés sont des postes actuellement vacants ou amenés à l'être d'ici à 2022.
« *Ce plan de départs volontaires va beaucoup impacter les formations musicales, dont le chœur qui va perdre près d'un tiers de ses effectifs* », confie-t-on de source syndicale. « *Cela va aussi concerner des techniciens de production, des postes administratifs, des agents de sécurité et de nettoyage, des animateurs de FIP qui travaillent pour des antennes locales, ainsi que quelques journalistes sur d'autres stations.* » « *Tous les départs seront volontaires.* [...] *J'ai veillé à limiter au strict nécessaire le nombre de départs volontaires de salariés* », a fait valoir Sibyle Veil, la présidente de Radio France, dans une lettre envoyée ce jeudi matin aux salariés de la Maison ronde. Début juin, le groupe public avait fait savoir qu'il comptait supprimer entre 270 et 390 postes dans le cadre de son plan stratégique « Radio France 2022 ».

Nicolas Richaud, « Radio France va supprimer 299 postes d'ici à 2022 », Les Echos, 14 novembre 2019.

DOC. 2 Un plan d'économies de 60 millions d'euros

Radio France avait alors dévoilé un nouveau plan d'économie de 60 millions d'euros qui s'inscrit dans un contexte de la réduction des ressources allouées par l'État, qui va lui accorder 20 millions de moins d'ici à 2022.
Sur cette période, la branche radio de l'audiovisuel public doit également faire l'économie de 20 millions de charges courantes supplémentaires inhérentes à l'inflation inévitable et structurelle de certaines dépenses, et doit aussi mobiliser la même somme en vue de la redéployer pour financer la mue numérique du groupe. Résultat, Radio France va réduire une nouvelle fois le volume de sa masse salariale, qui représente 60 % de son budget global de 660 millions d'euros. [...]
En parallèle, « *76 postes seront créés pour intégrer à Radio France des profils indispensables pour garantir notre avenir.* [...] *Nous multiplions par trois nos formations liées aux compétences numériques dès 2020. Nous misons beaucoup sur la formation avec la conviction que les meilleurs pour projeter Radio France dans le numérique, ce sont nos salariés* », a détaillé, dans sa lettre, Sibyle Veil, qui va présenter le plan aux salariés ce vendredi matin.

Nicolas Richaud, « Radio France va supprimer 299 postes d'ici à 2022 », Les Echos, 14 novembre 2019.

DOC. 3 Un renforcement dans le numérique

« Presque 300 suppressions de postes, c'est insoutenable. [...] Comment faire plus avec moins de personnel ? C'est le véritable enjeu de ce plan, a réagi le syndicat SNJ de Radio France. L'État et la direction de Radio France nous demandent de renforcer encore notre présence sur le numérique, avec plus de vidéos, plus de publications web, de podcasts natifs. » [...]
En 2021, un *holding* de l'audiovisuel public, intitulé « France Médias », va être créé et regroupera France Télévisions, Radio France, l'Institut national de l'audiovisuel et France Médias Monde (France 24, RFI, etc.).

Nicolas Richaud, « Radio France va supprimer 299 postes d'ici à 2022 », Les Echos, 14 novembre 2019.

4 Adapter la relation de travail pour accroître la flexibilité

★★

1. Montrez que le groupe Engie a mis en œuvre une démarche de gestion prévisionnelle des emplois et des compétences.
2. Repérez les actions mises en place par le groupe Engie pour adapter ses ressources humaines à ses besoins.
3. Quels avantages le développement des *soft skills* peut-il procurer au groupe Engie ?

DOC. 1 Accompagner plus de 400 collaborateurs

Comment accompagner la mobilité professionnelle des collaborateurs dans un groupe industriel et mondial en pleine révolution énergétique et digitale comme Engie ? « *Le groupe a mené une transformation autour de la décarbonisation, de la digitalisation et de la décentralisation, avec la volonté de devenir leader de la transition énergétique,* rappelle Philippe Perret, directeur d'Engie Mobility. *La fonction RH joue un rôle clé dans cette transformation extrêmement rapide. L'enjeu pour elle est de s'adapter aux évolutions du business, non de les subir.* »
Il fallait faire correspondre les compétences des salariés aux nouveaux enjeux, les orienter vers les métiers en croissance et organiser les mobilités internes dans le groupe. L'accord social européen, signé en avril 2016 avec les syndicats, a servi de point de départ à la mise en œuvre du dispositif. Trois structures ont vu le jour : Engie Skills, dont le rôle est d'anticiper les besoins en compétences et de piloter les évolutions des métiers au sein du groupe ; Engie Mobility, chargée de la mise en œuvre de la mobilité des collaborateurs ; et Engie Schools, qui fédère l'ensemble des formations et écoles métiers des différentes business *units*.

« Mobilité professionnelle : Engie fait sa révolution culturelle », Les Echos, 4 juin 2018.

Vidéo : « Devenez notre 5e élément ! »
liennathan.fr/69ybr4

DOC. 2 Recruter de nouveaux profils

Depuis toujours, le recrutement est au cœur des problématiques chez Engie, mais voilà déjà plusieurs mois que le groupe mise désormais sur de nouveaux types de profils. Non pas par manque de talents, mais plutôt par conviction. Recruteur actif, le groupe a lancé au mois de mai une vaste campagne pour trouver ses nouveaux talents avec comme signature : « vous êtes l'énergie dont le monde a besoin ». Au-delà de la campagne, Engie recherche surtout le collaborateur idéal, en observant les compétences, et surtout les *soft skills*.
Les *soft skills*, ou compétences comportementales sont des éléments qui intéressent de plus en plus les employeurs, peu importe la taille de l'entreprise. Loin du management ou de la gestion de projet, ces compétences sont plutôt basées sur un savoir-être profond. On retrouve par exemple la confiance, l'empathie, l'audace, l'esprit d'entreprendre, le sens du collectif, ou encore la curiosité.
À travers sa campagne publicitaire, « *Engie souhaite s'accompagner de gens investis de cette mission* » et rompre avec son ancienne image. Car « *au-delà des diplômes, nous voulions toucher des gens avec une vraie personnalité, qui soient prêts à se lancer dans de nouveaux défis* », peut-on apprendre sur l'ADN.
La réussite de cette campagne a conforté Engie dans sa position de recruteur innovant. Alors que de nombreuses entreprises recherchent chez les jeunes diplômés des compétences techniques, parfois encore très scolaires, le fournisseur souhaite trouver ce qu'il appelle le « cinquième élément ». Un profil idéal, qui convient parfaitement au poste proposé. C'est aussi un clin d'œil aux matières que maîtrise Engie au quotidien avec l'eau, le soleil, la terre et le vent. C'est donc au cœur de tout cela que seront intégrés les nouveaux collaborateurs, un élément tout aussi important que les énergies utilisées.

Valentin Blanchot, « Engie : un recrutement innovant basé sur les *soft skills* », siecledigital.fr, 13 décembre 2017.

Sortie des collections

5 Se préparer au bac — Repérer les moyens d'une politique de management des compétences

1. Repérez la mesure mise en place par Amazon pour ajuster les compétences de ses salariés par rapport à ses besoins.
2. Analysez les objectifs de cette mesure d'ajustement des ressources humaines.

DOC. 1 Un plan de formation de 700 millions de dollars

7,4 millions d'emplois non pourvus aux États-Unis pour 6 millions de chômeurs. Pour faire face aux immenses défis de recrutement posés par les évolutions technologiques, Amazon a annoncé jeudi la mise en place d'un grand plan de formation visant à faire évoluer jusqu'à un tiers de ses salariés américains d'ici à 2025.
L'entreprise, qui emploie près de 300 000 personnes aux États-Unis, va investir 700 millions de dollars pour leur permettre de migrer vers *« des postes plus qualifiés »*, a-t-elle précisé. L'entreprise a listé les *« emplois qualifiés qui se développent le plus chez Amazon depuis cinq ans »*, comme *« analyste de données »* (+ 505 % en cinq ans), « spécialiste de cartographie de données » (+ 832 %) ou « business analyst » (+ 160 %).

Elsa Conesa, « Amazon lance un grand plan de formation pour ses salariés américains », Les Echos, 11 juillet 2019.

DOC. 2 Favoriser la mobilité et le développement des compétences

L'objectif est à la fois de faciliter la progression des salariés dans l'entreprise, mais aussi de leur permettre de la quitter. *« Si un grand nombre d'employés veulent poursuivre leur carrière chez nous, d'autres peuvent avoir envie d'évoluer ailleurs »*, explique Beth Galetti, responsable des ressources humaines dans le communiqué.
Alors qu'Amazon a de plus en plus recours aux robots dans ses entrepôts et dans ses opérations de logistique, le programme aiderait par exemple les employés non qualifiés à migrer vers des postes à plus forte dominante technologique, même sans expérience antérieure dans l'informatique. Les cadres qui ne sont pas ingénieurs pourraient de leur côté se former en « machine learning » sans avoir à retourner à l'université. Certaines formations seraient dispensées par des employés d'Amazon, qui emploie déjà d'anciens professeurs d'université.
« La technologie change notre société et change la façon de travailler », a expliqué au *Wall Street Journal* Jeff Wilke, responsable du commerce de détail au niveau mondial, pour qui l'initiative vise à *« préparer les employés à des opportunités dans le futur »*. Les formations, ouvertes à tous les salariés, seront volontaires et gratuites pour la plupart d'entre elles. Elles coûteront à Amazon environ 7 000 dollars par salarié.
Amazon est l'un des premiers groupes américains à mettre en place une initiative de cette ampleur pour répondre aux défis de recrutement auxquels font face nombre de grandes entreprises du fait des évolutions technologiques. Confrontées à la pénurie de profils ayant les compétences nécessaires, les entreprises sont aussi freinées par le dynamisme du marché du travail américain, au quasi-plein emploi depuis plusieurs années. Si recruter des nouveaux salariés coûte cher et prend du temps, peu d'employeurs ont à ce stade imaginé des programmes de formation aussi ambitieux.
Amazon compte aussi étendre les programmes de formation existants comme « Amazon Career Choice », qui paie 95 % du coût de formations très demandées sur le marché du travail, comme mécanicien dans l'aéronautique ou infirmier, même lorsqu'il s'agit d'emplois qu'elle ne propose pas.

Elsa Conesa, « Amazon lance un grand plan de formation pour ses salariés américains », Les Echos, 11 juillet 2019.

Synthèse

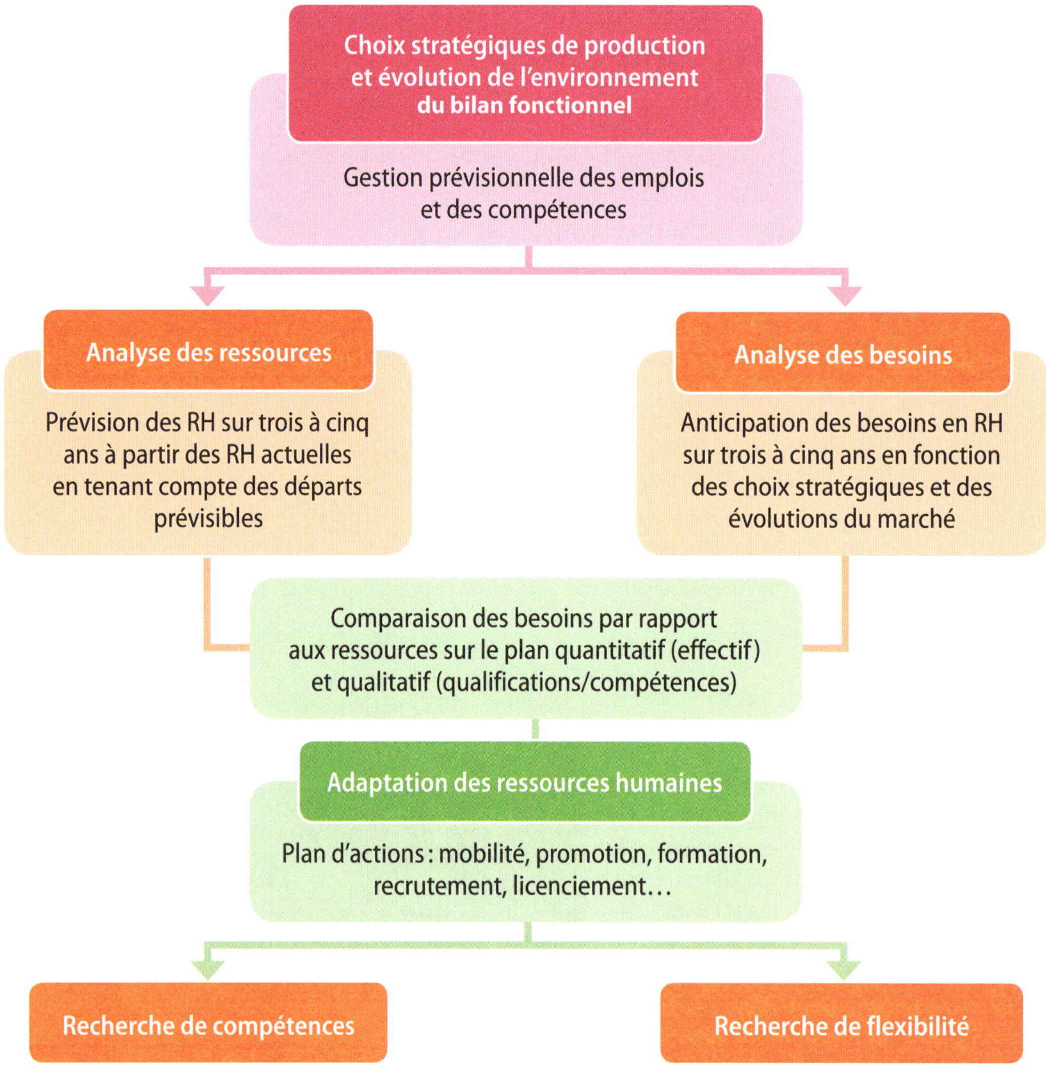

Lexique

- **Compétences :** combinaison du savoir, du savoir-faire et du savoir-être dans une situation de travail donnée.
- **Flexibilité du travail :** mode de gestion des ressources humaines permettant à l'organisation d'adapter rapidement ses ressources humaines aux variations de son activité et à son environnement.
- **Formation :** investissement immatériel réalisé par une organisation pour maintenir et développer les compétences de ses salariés.
- **Gestion prévisionnelle des emplois et des compétences (GPEC) :** démarche qui vise à adapter les ressources humaines aux besoins des entreprises.
- **Mobilité :** changement apporté aux conditions de travail du salarié (catégorie professionnelle, fonction, lieu de travail…).
- **Polyvalence :** aptitude d'un salarié à effectuer des activités différentes au sein d'une même organisation.
- **Qualifications :** aptitude d'un salarié à exercer un emploi selon ses fonctions, ses diplômes et son expérience.
- **Recrutement :** permet de répondre à un besoin quantitatif ou qualitatif de ressources humaines de l'organisation.

Quels choix d'organisation de la production pour concilier productivité, flexibilité et qualité ?

5

Capacité

- Identifier et justifier le mode de production choisi par une organisation

Avant la classe

Vidéo : « Groupe PSA : Projet Sochaux 2022 »
liennathan.fr/3oec09

- **Sur ce site de production du groupe PSA, quelles sont les différentes étapes de fabrication d'une voiture ?**

Situation

Avec un chiffre d'affaires de 74 milliards d'euros, 3,9 millions de véhicules vendus dans le monde et 211 000 collaborateurs, le groupe PSA est le deuxième constructeur automobile européen en 2018. Tirant parti des changements clés pour l'automobile de demain, la stratégie du groupe PSA vise à faire de l'entreprise un constructeur automobile mondial à la pointe de l'efficience. Dans le cadre du déploiement de son plan stratégique « *Push To Pass** », le groupe PSA s'appuie sur :

- l'innovation et la technologie pour répondre aux besoins des clients et offrir des automobiles plus attractives sur le plan de la qualité ;
- un outil industriel performant depuis l'activité de production jusqu'à celle de distribution avec une démarche d'amélioration permanente, un engagement qualité et l'objectif de transformer son outil de production avec des usines « excellentes » : modernisées, autonomes, flexibles et performantes.

« *Push To Pass* »* signifie pousser pour dépasser. Cela désigne un bouton, installé sur le volant des voitures de courses, qui permet au pilote de libérer une réserve de puissance supplémentaire le temps d'effectuer un dépassement.

1 Repérer une innovation de procédés

DOC. 1 La nouvelle plateforme de PSA

Avec uniquement deux plateformes pour de multiples silhouettes, il a fallu créer des unités modulaires et flexibles. [...] La nouvelle CMP [...] apporte [...] la possibilité [...] de grands diamètres de roues et, surtout, trois modules arrière permettant de [...] répondre aux différentes silhouettes (VP, VU, SUV, etc.) [...]. PSA a ajouté un premier atout de taille à sa CMP : elle est capable d'accueillir des motorisations thermiques (essence ou diesel), mais également une chaîne de traction 100 % électrique. [...] Second atout de taille [...] : elle permet donc d'industrialiser sur une même ligne de montage n'importe quelle motorisation : essence, diesel ou électrique.

lignesauto.fr

Vidéo : *« (CMP : Common Modular Platform)*, la nouvelle plateforme modulaire et multi-énergies »
liennathan.fr/vd155c

DOC. 2 L'innovation de procédés

Une **innovation de procédés** est la mise en œuvre d'une nouvelle méthode de production ou de distribution qui implique des changements significatifs dans les techniques, le matériel et/ou le logiciel utilisés. *Exemples : culture des tomates hors sol (Savéol) ; bornes de commande (McDonald's).*
En s'appuyant sur de nouveaux outils (machines, technologies...), l'innovation de procédés a pour objectif de réduire les coûts et les délais pour rendre l'organisation plus productive et/ou plus flexible.

- Une organisation est **productive** quand elle utilise au mieux les ressources dont elle dispose pour fabriquer des biens et des services.
- Une organisation est **flexible** quand elle est capable de répondre rapidement aux fluctuations de la demande et aux évolutions de l'environnement.

DOC. 3 La plateforme CMP : un enjeu majeur pour la production

La nouvelle plateforme [...] permet [...] de favoriser la diversité des modèles tout en mutualisant les développements produits, d'accélérer les lancements et les renouvellements, d'optimiser l'utilisation des capacités de production [...].

[Elle] permet de produire des véhicules à des coûts optimisés en raison d'une massification des achats et de la production qui entraînent des économies d'échelle.

Éric Houguet, « La plateforme CMP modulaire multi-énergies PSA permet l'électrification », www.latribuneauto.com, 8 novembre 2018.

DOC. 4 La grande angoisse des acheteurs devant la voiture du futur

« Autant les acheteurs n'hésitent pas dans les choix de carrosserie – le SUV est prédominant –, autant ils peuvent être perdus, sceptiques ou attentistes en matière de motorisation », confirme Flavien Neuvy, économiste et directeur de l'Observatoire Cetelem de l'automobile. Pour l'heure, en France, les acheteurs choisissent l'essence, qui représente 58 % des immatriculations sur les deux premiers mois de 2019 (contre 53 % il y a un an), le diesel comptant désormais pour 35 %, et l'ensemble des modèles électrifiés (hybrides et 100 % électriques) pour 7 %.

Éric Béziat, « La grande angoisse des acheteurs devant la voiture du futur », www.lemonde.fr, 4 mars

Situation

De multiples éléments doivent être assemblés pour fabriquer une voiture (carrosserie, moteur, roues…). Ces éléments viennent s'ajouter à une « plateforme » automobile ou structure de base. Dans un souci de rationalisation, les constructeurs cherchent à réduire le nombre de plateformes nécessaires à la production de leurs modèles, et donc le nombre de lignes de montage différentes. En 2019, le groupe PSA innove en mettant au point une nouvelle plateforme modulaire. D'ici 2021, la production de l'ensemble des véhicules particuliers du groupe, toutes marques (Peugeot, Citroën, DS, Opel et Vauxhall) et tous pays confondus, reposera uniquement sur deux plateformes distinctes.

1 Que produit le groupe PSA ? Quelles ressources interviennent dans cette production ? Doc. 1

....

....

2 Repérez les principales caractéristiques de la nouvelle plateforme modulaire CMP du groupe PSA. Doc. 1

....

....

....

3 Pourquoi cette nouvelle plateforme permet-elle une nouvelle organisation de la production des véhicules particuliers du groupe PSA ? Doc. 1

....

....

4 Montrez que la nouvelle plateforme apporte une innovation de procédés. Docs 1 et 2

....

....

....

5 Expliquez comment cette innovation permet au groupe PSA de gagner en productivité. Docs 1, 2, 3

....

....

....

6 Quelle incertitude pèse sur le marché des véhicules automobiles ? Doc. 4

....

....

7 Montrez que la nouvelle plateforme permet à la production du groupe PSA d'être plus flexible. Docs 1, 2, 4

....

....

....

Faites le point !

STMG_Management_Term_ch05_point_partie1.pdf

2 Caractériser un processus de production

DOC. 5 Le processus de production et les modes de production

La production est un processus : un enchaînement d'opérations qui vont conduire à la réalisation du produit fini. Le processus peut suivre différents modes de production selon la nature du produit, la quantité à produire et les méthodes de fabrication à mobiliser.

Les différents modes de production	
Le produit à fabriquer est-il différencié ou standardisé ?	**Le processus peut-il être interrompu ?**
– Fabrication à l'unité : réalisation d'un produit unique ou en très faible quantité (ex. : un yacht). – Fabrication en petites et moyennes séries : lots de produits identiques (ex. : sacs Vuitton). – Fabrication en grande série (production de masse) : produits standardisés fabriqués en très grande quantité pour réduire les coûts unitaires et être plus productif (ex. : stylos Bic).	– Fabrication en continu : pas d'interruption possible avant d'aboutir au produit fini (ex. : raffinerie de pétrole). – Fabrication en discontinu : interruption et reprise possible (ex. : smartphone).

DOC. 6 *Self-réception* : du nouveau pour le service après-vente de PSA

1. Prise de RDV en ligne ou par téléphone
Vous recevez un SMS de confirmation avec votre code personnel.

2. Dépôt 24 h/24 du lundi au dimanche
Déposez vos clés, votre carte grise et votre véhicule sur notre parking.

3. Confirmation de réception des éléments
Vous recevez un SMS de confirmation.

4. Vidéos et devis des interventions à prévoir
Recevez par SMS ou par e-mail une vidéo et un devis des interventions à prévoir que vous pourrez valider en ligne.

5. Paiement sécurisé en ligne
Directement de chez vous ou de votre lieu de travail. Vous recevez une confirmation de paiement et un nouveau code personnel.

6. Récupération 24 h/24 du lundi au dimanche
Récupérez vos clés, votre carte grise et votre véhicule sur notre parking.

Des bornes en libre-service [...] à proximité des concessions permettent aux clients [...] de détailler le problème ou de mentionner la nature de l'intervention à réaliser sur la voiture. Celle-ci est ensuite déposée dans une aire délimitée et sécurisée [...] tandis que les clés sont laissées dans la borne. [...] Un réceptionnaire atelier récupère les clés ainsi que les informations laissées par le client. Une fois les travaux terminés, le véhicule est restitué dans l'aire de « *self-réception* ».

Benoît Landré, « PSA Retail veut capter 20 à 30 % du flux après-vente avec des bornes », pro.largus.fr, 13 novembre 2018.

DOC. 7 Les caractéristiques de la production de services

Un service est un produit immatériel (non stockable). Un service ne peut pas être produit sans la participation du client (coupe de cheveux, restauration, dépannage, soutien scolaire...).
Avec les nouvelles technologies et la dématérialisation des documents, certaines étapes de la production d'un service peuvent être automatisées dans le cadre d'un *workflow* (flux de travaux). C'est le cas par exemple lorsqu'une demande de rendez-vous pour faire installer la fibre est automatiquement confirmée dès que les disponibilités des techniciens sont compatibles.

Situation Opel, la quatrième marque de PSA, a pris l'engagement d'ici à 2024 d'offrir une version électrifiée de chaque modèle de sa gamme. Pour cela, le groupe a d'abord conçu un prototype, le GT X Experimental, possédant une motorisation électrique et un design élégant grâce à la présence de nombreux vitrages. Le processus de production du verre des vitrages nécessitera une fabrication dans des fours allumés à une température constante et permanente de 600 °C. La fabrication des moteurs électriques sera réalisée dans une usine PSA en Lorraine. En 2022, cette usine sera capable d'en produire 180 000.

8 Identifiez et justifiez le mode de production (unitaire, en continu, en série ou en discontinue) de chacun des biens ou produits utilisés par PSA : Doc. 5

1. Le verre des vitrages

....

2. Le prototype GTX Expérimental

....

3. Les moteurs électriques

....

Situation La filiale PSA Retail lance un service après-vente inédit sur le concept de *self-réception*. Pour le client qui doit déposer un véhicule à entretenir ou réparer puis le récupérer, l'avantage est de gagner en fluidité. Côté atelier, les équipes se coordonnent pour mener à bien le projet d'intervention (diagnostic, devis, réparation, facture) dans l'objectif de restituer au client son véhicule dans les meilleurs délais possible.

9 Présentez le nouveau service *self-réception* du groupe PSA. Doc. 6

....

....

10 Identifiez les différentes caractéristiques de la production de ce service. Docs 6 et 7

– Comment le client participe-t-il ?

....

....

– Quels échanges sont automatisés ?

....

....

– Pourquoi peut-on dire que l'atelier fonctionne pour chaque client en mode projet (collabore dans un objectif commun) ?

....

11 Montrez que ce service permet de concilier productivité et flexibilité. Doc. 6

....

....

Faites le point ! STMG_Management_Term_ch05_point_partie2.pdf

3 Identifier le mode de pilotage de la production

DOC. 8 Le pilotage de la production au sein de PSA

Au sein des usines PSA, pour satisfaire les clients en attente de véhicules de plus en plus personnalisés, chaque commande passée déclenche en temps réel l'ordre de fabrication du véhicule. C'est au centre de pilotage de l'usine que son ordre et sa date de passage sont programmés. Le client recevra une notification de la date de livraison prévisionnelle de son véhicule. La commande des pièces est automatiquement envoyée aux fournisseurs et leur réception est programmée en fonction de la date de livraison prévue.

www.groupe-psa.com

DOC. 9 Le pilotage des flux de production

Il existe deux façons de piloter les flux de production sur une chaîne de fabrication.

Flux poussés (ou pilotage par l'amont)	Flux tendus (ou pilotage par l'aval)
La production est anticipée. Des stocks sont constitués afin que le client n'attende pas. La productivité est favorisée au détriment de la flexibilité et des risques d'invendus.	Production à la commande du client. Cela permet de réduire les stocks et d'améliorer la flexibilité de l'outil industriel, au détriment parfois de la productivité.

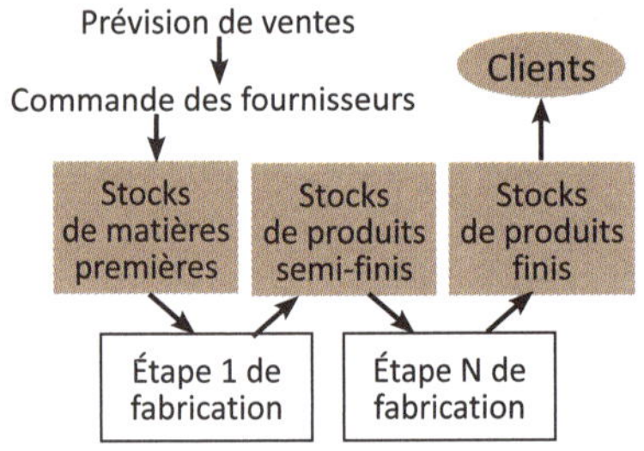

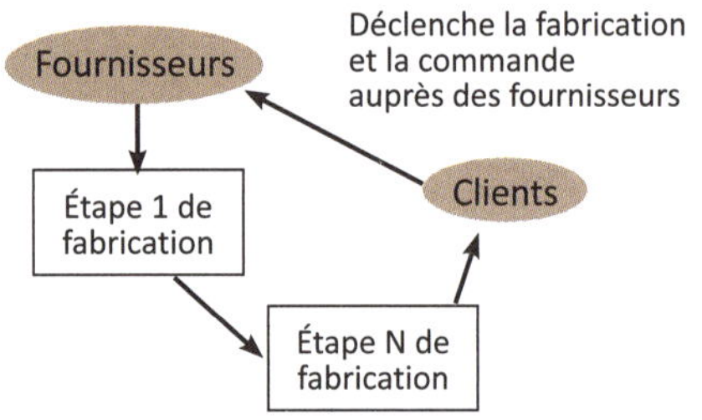

DOC. 10 La gestion de la chaîne logistique *(supply chain management)*

Le pilotage de la production repose sur la logistique qui prend en charge l'ensemble des transferts (flux) d'informations et de produits, y compris avant et après la fabrication. La **gestion de la chaîne logistique** mobilise des ressources et des méthodes destinées à piloter le plus efficacement possible la chaîne globale d'approvisionnement, du premier fournisseur jusqu'au client final (délais, coûts, traçabilité…). Pour l'organisation, l'optimisation des flux logistiques (d'informations et physiques) est une source de création de valeur.

- **Flux d'informations :** transferts d'informations dans l'entreprise et avec ses partenaires (bon de commande, bon de livraison…).
- **Flux physiques :** transport et stockage des produits.

DOC. 11 PSA automatise sa logistique grâce au TractEasy, un tracteur autonome connecté

Un tracteur sans conducteur d'une capacité de traction de 25 tonnes […] communique avec les infrastructures telles que les feux, les portes et les passages à niveau empruntés et effectue un circuit de 3 km aller-retour entre la zone fournisseurs et l'atelier de montage PSA […] pour livrer des pièces […].

media.groupe-psa.com, L'évolution des technologies et des attentes des clients, couplée à la pression des marchés, conduit à rechercher l'optimisation permanente des processus industriels. Améliorer la performance de la *supply chain* et des usines est un impératif absolu pour réduire les coûts et offrir, au plus grand nombre, des véhicules innovants, de qualité et livrés dans les délais.

www.groupe-psa.com

Situation L'usine PSA de Sochaux est la plus grande usine automobile de France avec 500 000 véhicules produits en 2018, un record qu'elle n'avait pas accompli depuis le milieu des années 1970. Cet exploit industriel s'explique par le succès du 3008, le SUV de Peugeot, monté uniquement dans l'usine de Sochaux. Pour répondre à la demande des clients et réduire les délais de livraison en dessous de six mois, le groupe PSA a mis en place trois équipes de production.

12 Identifiez le mode de pilotage de la production adopté par le groupe PSA. Docs 8 et 9

....

13 Présentez les intérêts et les risques de ce choix de pilotage de la production pour le groupe. Docs 8 et 9

....

....

....

14 Montrez que ce choix permet au groupe PSA de mieux adapter la production aux besoins de ses clients. Docs 8 et 9

....

....

....

Situation L'usine PSA de Sochaux a automatisé une partie de ses flux logistiques grâce à Tract-Easy, un tracteur industriel qui circule au sein du site de manière 100 % autonome grâce à ses roues connectées. Cette pratique, une première dans le monde industriel, rejoint l'objectif de PSA de transformer son outil de production avec des usines « excellentes », c'est-à-dire modernisées, autonomes, flexibles et performantes.

15 Repérez comment le groupe PSA gère ses flux physiques sur le site industriel de Sochaux. Docs 10 et 11

....

....

16 Quel est l'intérêt de ce choix de gestion de la chaîne logistique pour le groupe PSA ? Docs 10 et 11

....

....

....

17 Montrez que la logistique est une source de création de valeur pour le groupe PSA. Docs 10 et 11

....

....

Faites le point ! STMG_Management_Term_ch05_point_partie3.pdf

4 Repérer les enjeux de la qualité

DOC. 12 La qualité, une priorité pour le groupe PSA

PSA a rappelé 10 368 voitures Peugeot et Citroën vendues en Russie, a annoncé mardi Rosstandart, l'Agence fédérale pour la régulation technique et la métrologie du pays. La plupart de ces voitures sont des Citroën vendues entre février 2006 et août 2015 en Russie et présentent un éventuel dysfonctionnement des vitres.

Le Figaro avec Reuters, « PSA rappelle plus de 10 000 Peugeot et Citroën en Russie », www.lefigaro.fr, 23 avril 2019.

La première qualité incontournable est la fiabilité du véhicule, le « 0 défaut » de fabrication et le bon fonctionnement de l'ensemble des systèmes. Les prestations doivent être conformes aux attentes des clients : performance, style, qualité perçue, confort et agrément. Un niveau de qualité élevé et maintenu dans le temps est un prérequis, qu'il s'agisse de garder intact le plaisir de conduire ou de préserver la valeur de revente. Le groupe PSA s'est engagé dans un programme « Neuf à 3 ans » pour garantir que le véhicule sera toujours perçu comme neuf après trois ans d'utilisation. C'est ainsi que 250 référentiels techniques de conception ont été revus pour améliorer la résistance des véhicules au temps et que le niveau d'exigence des tests d'endurance est plus exigeant.

« Notre engagement qualité », www.groupe-psa.com.

Vidéo : « La qualité chez PSA vue de l'intérieur : l'exemple 308 »
liennathan.fr/Oudl8n

DOC. 13 Qu'est-ce que la qualité ?

La qualité peut être abordée sous plusieurs angles qui se complètent :
- produit, en développant ses caractéristiques propres et en obtenant un produit sans défaut technique. Le coût de cette qualité produit est élevé ;
- fabrication, en appliquant les normes et procédures de la profession ou en allant au-delà. On mesure la qualité en la comparant à des standards de production ;
- satisfaction des attentes du client : s'il est satisfait, le produit est de qualité ;
- ressources humaines : on sensibilise, implique et forme l'ensemble du personnel aux démarches de qualité pour obtenir un produit ou service de qualité ;
- valeur créée par le produit : le produit de qualité est alors celui qui permet le meilleur compromis entre ce qui satisfait le client à un prix acceptable et ce qui est conforme aux règlements à un coût acceptable pour l'entreprise.

Tristan Gaston-Breton, « *La naissance d'Airbus, les "Ailes de l'Europe"* », Les Echos, 6 août 2019.

Le contrôle qualité
La recherche de la qualité repose sur un contrôle qualité rigoureux afin de savoir si les produits sont conformes aux exigences du marché, à la demande des clients et à la législation.

DOC. 14 Le processus d'amélioration continue

Après des années compliquées, PSA a décidé de mettre en place un service client irréprochable [...]. Améliorer la relation client, cela passe chez PSA par plusieurs points à retravailler. Le constructeur voulait améliorer la prise de rendez-vous [...]. Pour ce faire, PSA a misé sur l'animation continue de ses équipes, via la plateforme InsideBoard, qui crée une émulation ludique autour des projets. Concrètement, la solution propose des systèmes de challenges individuels et collectifs avec un classement, des points et des leviers de motivation axés sur la performance. [...] Des modules de formation en ligne et des partages de bonnes pratiques sont aussi disponibles sur la plateforme.

Aude David, « PSA mise sur le jeu pour améliorer l'adoption de son CRM », www.actionco.fr, 8 juillet 2019.

La recherche de la qualité repose sur un processus permanent d'amélioration continue qui met en œuvre des actions pour réduire les dysfonctionnements, les insatisfactions des clients, et améliorer les produits et le fonctionnement global de l'organisation.

Situation Lors de la présentation du plan stratégique « Push to Pass », le PDG de PSA, Carlos Tavares, s'est exprimé sur l'importance de la qualité pour le groupe : « *Mettre la qualité en priorité n° 1, sans compromis, c'est garantir la satisfaction des clients, mais c'est aussi protéger l'entreprise sur le long terme. Il ne peut y avoir de performance économique à terme si la qualité n'est pas au rendez-vous. Tous les comportements, tous les processus, toutes les décisions doivent être orientés client.* »

18 Repérez le problème auquel le groupe PSA doit faire face en Russie. Doc. 12

....

....

....

19 Quelles peuvent être les conséquences d'un défaut de qualité pour le groupe PSA ? Doc. 12

....

....

....

20 Comment le groupe PSA met-il en œuvre un contrôle de la qualité de ses produits ? Docs 12 et 13

....

....

....

....

....

21 Repérez le processus d'amélioration continue mis en place par le groupe PSA pour améliorer la qualité de son service client. Doc. 14

....

....

....

....

22 Identifiez l'intérêt pour le groupe PSA d'améliorer la qualité de sa relation client. Docs 13 et 14

....

....

....

....

23 Montrez que la qualité est un enjeu concurrentiel crucial pour les organisations.

....

....

....

Faites le point ! STMG_Management_Term_ch05_point_partie4.pdf

Applications

1 Testez vos connaissances

Pour chaque situation, cochez la ou les réponses appropriées. Justifiez votre réponse.

Situation		Mode de production du bien
	L'acier qui permet la fabrication des pièces de monnaie est produit dans des hauts fourneaux qui fonctionnent sans interruption de 1 250 °C à plus de 1 600 °C. Il est ensuite livré en bandes.	☐ Production unitaire ☐ Production en série ☐ Production en continu ☐ Production en discontinu
	Charles & Alice est un industriel français producteur de compotes et de desserts frais qui dispose de deux sites de production situés dans la Drôme et dans le Vaucluse.	☐ Production unitaire ☐ Production en série ☐ Production en continu ☐ Production en discontinu
	La Fondation Louis-Vuitton est un ouvrage d'art imaginé par l'architecte Frank Gehry et construit par VINCI avec l'aide de nombreux partenaires.	☐ Production unitaire ☐ Production en série ☐ Production en continu ☐ Production en discontinu

2 Identifier le rôle de la logistique

★

1. Présentez la chaîne logistique de Médecins Sans Frontières.
2. Expliquez l'importance pour Médecins Sans Frontières de maîtriser sa chaîne logistique.

DOC. Pas de médecine efficace sans une logistique de pointe

Derrière chaque médecin MSF se tient une équipe logistique qui aura préalablement installé la structure de soins, acheté et transporté le matériel médical nécessaire. Sans cette indispensable logistique, aucun médecin ne peut sauver des vies.
Médecins Sans Frontières Logistique est l'un des plus importants pôles d'acheminement d'aide humanitaire à travers le monde.
Basé à Mérignac (33), Médecins Sans Frontières Logistique assure la fiabilité de la supply chain de Médecins Sans Frontières :

- achat ;
- approvisionnement ;
- stockage ;
- assemblage en kits ;
- préparation de commandes ;
- transport jusqu'au terrain.

Au fil des années, et au regard de l'évolution de nos enjeux, notre structure s'est professionnalisée, passant d'un fonctionnement sur la base de volontaires de retour de mission à des salariés permanents au service des missions. Aujourd'hui, c'est plus de 170 salariés qui, chaque année, achètent, stockent, préparent, et expédient environs 6 000 tonnes de matériel médical et non médical.

Vidéo : « Préparation et expédition d'une commande : l'exemple de l'Irak 2017 »
liennathan.fr/93xmk7

www.msflogistique.org

3 Analyser la qualité des services de la Caf de l'Hérault

1. Caractérisez le mode de production des services de la Caf de l'Hérault.
2. Comment la Caf de l'Hérault a-t-elle amélioré ses résultats et la qualité de ses services ?
3. Pourquoi est-il important d'impliquer le personnel dans la démarche qualité ?

DOC. 1 La Caf de l'Hérault

Dans l'Hérault, 581 810 habitants sont couverts par au moins une prestation légale versée par la Caf [Caisse d'allocations familiales], soit 53 % de la population totale. [...] Les aides versées par la Caf visent à soutenir le niveau de vie des familles et à réduire les inégalités de revenu.

Caf de l'Hérault, *Portrait social*, août 2018.

DOC. 2 La norme ISO 9001

L'obtention de la certification ISO 9001 atteste que l'entreprise ou l'administration a mis en place une politique qualité et une démarche de satisfaction du client ou de l'usager qu'elle fait vivre et qui sont contrôlées par un organisme tiers. [...] La certification fait l'objet d'une visite annuelle par un auditeur.

« La démarche qualité appliquée aux services publics », www.carrieres-publiques.com, mai 2010.

DOC. 3 Une certification internationale pour la Caf de l'Hérault

La Caisse d'allocations familiales de l'Hérault a été certifiée ISO 9001 pour son « offre de service aux allocataires et aux partenaires ». [...]

En quoi cette certification est-elle importante ?

Thierry Mathieu, directeur : Cette certification témoigne du travail accompli par l'ensemble des services de la Caf, qui œuvrent pour le maintien et l'amélioration des résultats en faveur de ses publics. La norme ISO 9001 reconnaît des standards élevés en matière de performance, de qualité et d'organisation. [...]

Concrètement, pourquoi vous êtes-vous engagés dans cette démarche de certification ?

Notre mission première : [...] proposer le meilleur service de qualité au meilleur coût, en phase avec les besoins du public. Pour y parvenir, nous avons associé les équipes.

Pourquoi les avoir impliquées dans la démarche ?

[...] C'est uniquement grâce à elles que nous arriverons à maintenir ce degré d'exigence. Ce n'est pas tout d'avoir obtenu une certification officielle, il faut que les standards demeurent. Et pour ça, il faut que tous les membres de notre personnel partagent le même objectif et, bien sûr, les mêmes valeurs.

Quand on entend norme, on pense souvent « contraintes ».

J'ai souhaité aller vers une certification pour fluidifier les process de travail, favoriser les remontées du terrain, et augmenter la transversalité, les échanges entre les services. Globalement, cela nous aide et nous outille pour nous assurer de l'ancrage de la logique d'amélioration continue dans chacune de nos activités.

La Caf évaluait-elle déjà en interne sa performance ?

En 2013, nous étions 81e sur 102 au classement national. Nous sommes à présent à la deuxième place nationale sur des critères essentiels pour les usagers : délais de traitement, qualité des réponses, contrôle des dossiers...

Un mot plus général sur cette reconnaissance ?

On peut aussi atteindre des standards élevés de service à l'usager tout en maintenant des coûts de gestion

Xavier Paccagnella, « Hérault : la Caf certifiée ISO 9001 pour la qualité de ses services », www.actu.fr, 26 juin 2018.

Quelques chiffres

- Plus de 220 610 personnes ont été accompagnées par un conseiller de service à l'usager en espace libre-service numérique, soit près de 95 % des visiteurs.
- Sur 2,65 millions de courriers « papier et mail » reçus, 82,5 % ont été traités en moins de 15 jours.
- Sur 380 000 appels reçus par les allocataires de la Caf de l'Hérault, 84,6 % ont été traités.
- En 2018, plus de 90,6 % des rappels ont été réalisés dans les 48 heures.

Caf de l'Hérault, Mémo 2018.

4 Repérer l'innovation de procédés de McDonald's

★★

1. Identifiez l'innovation de procédés mise en place par McDonald's.
2. Montrez que cette innovation permet à McDonald's d'augmenter sa productivité.

DOC. 1 Les bornes, un concept qui fait grimper le chiffre d'affaires

Mercredi, 12 h 30. C'est le coup de feu au McDonald's de Saint-Germain-en-Laye (78). Plus de 100 commandes doivent être traitées en une demi-heure. Pourtant, tout est étrangement calme. Pas de bousculade devant le comptoir. Aucun cri entre équipiers pour réclamer un double cheese ou une boîte de nuggets. Les clients choisissent eux-mêmes leurs menus aux bornes et montent sagement s'asseoir en attendant d'être servis. « Avant, c'était une épreuve pour une famille de venir à cette heure-là, maintenant, les gens sont beaucoup plus zen et dépensent plus », souffle le directeur du restaurant.

[...] Saint-Germain, comme 900 des 1 450 restaurants de l'enseigne, a réussi son changement de concept. Fini les queues interminables au comptoir, le client pressé par un équipier de faire au plus vite son choix en balayant du regard la barre de menus au-dessus de sa tête. Avec les bornes, l'application mobile, le service à table ou la livraison à domicile, le client reprend la main. Fast-food ne rime plus avec big stress. « Nous sommes passés de la standardisation à la complète personnalisation des commandes », se félicite le PDG, Nawfal Trabelsi. Objectif ultime ? Gagner plus, pardi ! En moyenne, le passage au nouveau concept fait grimper le chiffre d'affaires de 20 %.

Les bornes installées progressivement depuis 2014 sont l'élément clé du changement. Elles désengorgent le restaurant lors des pics du midi et du soir et permettent d'éviter les « fuites », ces clients qui rebroussaient chemin devant l'affluence. Surtout, ces écrans tactiles poussent, mine de rien, à la consommation, à coups de sympathiques suggestions imagées. Un dessert ? Un café ? Un menu Maxi pour seulement 70 centimes de plus ? Grâce à ces tentations, le plateau moyen a grimpé de 15 % pour atteindre 14 euros en moyenne.

© PRISMA MEDIA – Sophie Lacluse – Capital – 25 janvier 2019.

DOC. 2 Un nouveau service à table

Corollaire de cette commande à distance, le service à table est désormais proposé partout et choisi par 80 % des consommateurs. Muni d'un bipeur numéroté, le client va s'asseoir. Grâce à la technologie Bluetooth – ou RFID selon les restaurants –, sa place clignote sur l'écran de la serveuse, qui peut le retrouver facilement lorsque son plateau est prêt. Malin, car même s'il attend autant qu'avant – trois minutes et demie en moyenne –, il a déjà passé commande et ne peut donc plus partir. Ce temps d'attente étant plus agréable, il revient aussi plus souvent, assure le directeur marketing.

© PRISMA MEDIA – Sophie Lacluse – Capital – 25 janvier 2019.

DOC. 3 Commandez ou faites-vous livrer à domicile

Avant même d'arriver au restaurant, le fan de burger peut passer sa commande via le site ou l'application mobile. Pour le moment, seuls 2 % font ce choix. Beaucoup moins que prévu par l'enseigne, qui voit dans ces outils la possibilité demain de supprimer les bornes mangeuses de mètres carrés. Grâce au numérique, McDonald's a déjà pu se constituer une base de données de plus de 10 millions de fans. Parmi eux, 3 millions ont mordu à l'hameçon du programme de fidélité lancé en 2016. Ces fidèles cumulent des points et gagnent cafés, burgers ou menus gratuits, ce qui les pousse à revenir. La société, elle, peut envoyer des promotions mieux ciblées.

© PRISMA MEDIA – Sophie Lacluse – Capital – 25 janvier 2019.

5 Se préparer au bac — Repérer les choix d'organisation de la production du leader mondial des arts de la table

★★

1. Identifiez et justifiez le choix du mode de production des biens du groupe Arc.
2. Analysez la manière dont le groupe Arc gère la qualité.

DOC. 1 Le groupe Arc, un géant français du verre

Avec ses 933 millions d'euros de chiffre d'affaires réalisé en 2018, on peut réellement parler de puissant groupe lorsqu'on évoque Arc, d'autant qu'il se classe au dixième rang des plus grands sites industriels français avec ses 200 hectares de superficie. C'est qu'il faut de la place pour faire travailler plus de 5 200 collaborateurs et abriter les fours nécessaires à la fonte du verre. [...] Arc est un groupe verrier qui rayonne dans le monde entier avec ses marques historiques comme Luminarc, [...] Arcopal, [...] Cristal d'Arques Paris, [...] et Eclat, la petite jeune qui monte. Ça, c'est pour la partie grand public que l'on retrouve dans tous les types d'enseignes, de l'hyper jusqu'au magasin de déco, en passant par Ikea. Du côté des professionnels, il y a Arcoroc [...]. Mais depuis 2008, c'est la marque Chef&Sommelier qui fait le bonheur des professionnels de la gastronomie et de l'œnologie tout en clignant de l'œil vers une clientèle privée très exigeante en termes de design, de qualité et de fonctionnalité.

Renaud Jourdon, Mag' in France.

DOC. 2 Un mode de production optimisé

L'objectif principal, véritable obsession de tous les dirigeants, est d'optimiser la production afin d'assurer les volumes. Produit de base pour la fabrication de verre, le sable, dont on extrait la silice, venait autrefois des carrières toutes proches de Blendecques ; aujourd'hui, il arrive de Belgique par péniche directement dans l'atelier de composition, situé au bord du canal. Les fours, chauffés à 1 600 °C, en avalent 1 000 tonnes chaque jour ! Le gaz, lui, arrive directement par un gazoduc privé, indépendant du réseau communal. Car il n'est pas question de manquer d'approvisionnement ! À l'allumage, les fours mettent des heures à remonter en température. Ils sont donc condamnés à fonctionner 24 heures sur 24 et 7 jours sur 7. « Nous avons démarré le four D en 2003 et ne l'avons arrêté que trois fois depuis, pour des réparations partielles », relate Mathieu Lignier, son responsable. Le verre coule donc en continu et est acheminé vers les différents postes de formage à travers un réseau de tuyaux et de canalisations surplombant le bâtiment.

© PRISMA MEDIA – Laure Delangeai – Capital – 4 avril 2019.

DOC. 3 Un contrôle qualité rigoureux

Plus loin, pour pénétrer dans la zone consumer goods, qui produit les verres Amora et Nutella, la charlotte est de rigueur : on y applique, en effet, les mêmes normes d'hygiène que dans l'industrie agroalimentaire. L'usine a investi 150 000 euros dans des caméras qui contrôlent la qualité des produits sous tous les angles, en particulier leurs dimensions : pas question que le couvercle ne s'adapte pas au bocal. L'unité de décoration, qui traite environ 20 % des produits, doit, elle aussi, respecter des exigences qui vont au-delà des réglementations : pas de peinture métallisée, pas de décor en contact avec l'aliment, etc. C'est ici que sont reproduits par sérigraphie, pulvérisation ou tampographie les motifs propriétaires d'Ikea, mais aussi ceux de la majorité des verres de brasserie, les éditions spéciales Coupe du monde, par exemple, ou encore les verres Coca-Cola offerts chez McDonald's. Les collaborateurs de cet atelier suivent le même rythme que les « gars du chaud », en trois-huit, coordination oblige.

© PRISMA MEDIA – Laure Delangeai – Capital – 4 avril 2019.

Synthèse

Les organisations opèrent des choix d'organisation de la production en déterminant comment produire les biens ou les services :

Innovations de procédés : méthode de production ou de distribution nouvelle

Modes de production

Fabrication de biens :
- à l'unité ou en série
- en continu ou en discontinu

Production de services :
- participation du client
- automatisation des flux
- mode projet

Gestion de la chaîne logistique

Pilotage des flux :
- flux tendus ou flux poussés
- flux physiques et flux d'informations

Qualité

- Contrôle qualité
- Amélioration continue

Pour concilier productivité, flexibilité et qualité.

Lexique

- **Flexibilité :** capacité de l'organisation du travail à s'adapter pour mieux répondre aux sollicitations de son environnement.
- **Flux d'informations :** transfert d'informations aux différents acteurs internes et externes de l'organisation.
- **Flux poussés :** pilotage de la production à partir de prévisions de demande favorisant la constitution de stocks aux différents stades de la production.
- **Flux physiques :** transfert de matières, de fournitures, de biens ou services aux différents acteurs internes et externes de l'organisation.
- **Flux tendus :** pilotage de la production qui réduit les stocks et les délais de fabrication pour satisfaire la demande au moment où elle se manifeste et dans la quantité demandée.
- **Innovation de procédés :** méthode de production ou de distribution nouvelle ou sensiblement améliorée.
- **Logistique :** ensemble des activités qui gèrent les flux physiques et les flux d'informations tout au long de la chaîne de production.
- **Mode de production :** méthode de fabrication selon la nature du produit qui consiste à produire à l'unité, en série, de manière continue ou en discontinu.
- **Productivité :** organisation de la production qui permet à une entreprise d'utiliser au mieux les ressources dont elle dispose pour fabriquer des biens et des services.
- **Qualité :** capacité d'un bien ou d'un service à satisfaire les besoins des clients ou usagers.
- ***Supply chain management* :** ensemble des ressources et méthodes destinées à piloter le plus efficacement possible la chaîne globale d'approvisionnement du fournisseur jusqu'au client final.

6

Pourquoi contrôler les coûts ?

Capacité

- Déterminer la pertinence d'un contrôle des coûts
- Appréhender la gestion du cycle de vie des produits dans la détermination des coûts

Avant la classe

Vidéo : « Jus de fruit : les Français consomment moins mais mieux »
liennathan.fr/4r3j4e

Expliquez pourquoi la consommation de jus de fruits a baissé de 4,3 % en 2018 et que le chiffre d'affaires du secteur, lui, n'a baissé que de 1,2 %.

Situation

La société Zélie a été créée il y a deux ans par deux jeunes diplômés d'une école de commerce parisienne. Grands consommateurs de jus de fruits depuis leur enfance, Zélie et Hugo, les associés et dirigeants de l'entreprise, ont décidé de se lancer dans la fabrication de jus 100 % naturels.

La gamme de jus proposée par l'entreprise répond donc à la tendance du marché : des jus de fruits sans additifs, sans colorants, sans sucres ajoutés, proposant des variétés originales mariant des fruits classiques avec des fruits exotiques ou avec des légumes.

Le succès est au rendez-vous mais la concurrence est rude, à des prix plus attractifs. Pour revoir sa politique de fixation des prix, la société Zélie doit tenir compte de la contrainte de ses coûts de production.

1 Comprendre la formation d'un coût

DOC. 1 Le positionnement de la marque Innocent

Le positionnement de la marque est clair, un **positionnement haut de gamme** qui véhicule des valeurs en accord avec le naturel, très tendance. Innocent mise sur la qualité et cible principalement les CSP+, les jeunes actifs ne disposant pas de beaucoup de temps pour consommer plus équilibré, les familles qui souhaitent consommer différemment et les enfants. Pour se différencier de ses concurrents, la marque innove constamment en proposant des goûts différents.

https://ciliabule.fr

DOC. 2 Nomenclature Zélie Fraise-Pastèque

Nomenclature Bouteille de jus Fraise-Pastèque 1 l		
Composition produit	**Qté**	**% Ingrédients**
Ingrédients		
Fraise Darselect	1 000 g	45,5 %
Fraise Charlotte	600 g	27,3 %
Pastèque Sugar baby	600 g	27,3 %
Emballage		
Bouteille recyclable	1	
Bouchon à vis	1	
Étiquette produit	1	

DOC. 3 Gamme et nomenclature

Une **gamme de fabrication** est le mode opératoire décrivant la succession des étapes nécessaires à la réalisation d'un produit. Elle est liée à la **nomenclature**, qui est la liste et la quantité des composants à mettre en œuvre aux différentes étapes de la gamme.

http://flconsultants.fr

DOC. 4 Gamme de fabrication du jus Fraise-Pastèque Zélie

Gamme de fabrication du jus Fraise-Pastèque : heures de main-d'œuvre directe annuelle

	Approv' Matières	Production : Tri, lavage, calibrage	Production : Extraction du jus	Production : Raffinage du jus	Production : Pasteurisation flash	Production : Conditionnement	Distribution	Total
Ingrédients		Fraises Pastèques				*Bouteille Bouchon*	*Étiquette*	
Main-d'œuvre directe	0	4 h	2 h	2 h	1 h	1 h	0	**10 h**

DOC. 5 Les charges directes

Ces charges sont rattachées de façon directe à une activité ou à un produit ou service de l'entreprise. Le calcul de ces charges est simple. Celles-ci peuvent être directement intégrées dans le calcul des coûts.

On peut citer dans cette catégorie :

– des matières premières utilisées exclusivement pour produire un produit donné ;

– le salaire des ouvriers affectés à la fabrication d'un seul produit de l'entreprise.

www.petite-entreprise.net

DOC. 6 Les charges indirectes

Les charges indirectes sont les charges qui ne **sont pas directement affectées à un produit**, elles concernent plusieurs, voire tous les produits. Par exemple :

– les amortissements ;

– les salaires et charges sociales des fonctions supports ;

– les loyers et charges locatives.

Il faut une **clé de répartition** afin d'affecter ces charges à un produit. L'affectation se fait dans un tableau de répartition des charges indirectes.

www.creer-gerer-entreprendre.fr

Situation

Le responsable commercial de Zélie observe que le concurrent direct de l'entreprise, les jus Innocent, propose un jus Framboise-Pastèque à 2,66 € le litre ; Zélie vend un produit similaire, Fraise-Pastèque, à 2,95 € le litre. Il demande au comptable s'il est possible de s'aligner sur les tarifs de la concurrence tout en gardant une marge nette suffisante. Pour lui répondre, le comptable doit contrôler le coût complet du produit.

1 Pourquoi les jus de fruits Innocent sont-ils vendus dans la fourchette haute des prix du marché ? Doc. 1

2 Justifiez alors que le responsable commercial de Zélie souhaite aligner ses prix sur ceux d'Innocent. Doc. 1

3 Qu'est-ce qu'une nomenclature ?
Démontrez que les jus de fruits Zélie sont bien 100 % naturels. Doc. 2

4 Combien d'étapes sont nécessaires pour produire le jus Fraise-Pastèque ?
Quel lien pouvez-vous faire entre nomenclature et gamme de fabrication ? Docs 3 et 4

5 À quel moment, dans le processus, les ingrédients sont-ils intégrés ? Docs 3 et 4

6 À quoi correspondent les heures de main-d'œuvre précisées dans la gamme ?
Pourquoi le jus d'orange n'aura-t-il pas forcément le même nombre d'heures ? Docs 4 et 5

7 Quels autres coûts n'apparaissent ni dans les gammes ni dans la nomenclature du jus Fraise-Pastèque et participent néanmoins à la formation du coût de revient de ce jus de fruits ? Doc. 6

Faites le point ! STMG_Management_Term_ch06_point_partie1.pdf

2 Contrôler le coût complet d'un produit

DOC. 7 Extrait du tableau de répartition des charges annuelles indirectes

Tableau répartition charges indirectes Zélie

CHARGES INDIRECTES	Service Approvisionnement	Service Production	Service Distribution
Total charges indirectes	25 000 €	43 000 €	15 000 €
Unité d'œuvre (UO)	kg de fruits achetés	heure de travail	bouteilles vendues
Nombre d'UO	250 000	2 000 h	100 000 bouteilles
Coût UO	0,10 €	21,50 €	0,15 €

DOC. 8 Coût de revient complet d'une bouteille Zélie Fraise-Pastèque

CRC du jus Fraise-Pastèque — 10 % des ventes				
Calculs	**Éléments**	**Quantité**	**PU**	**Total**
	Charges directes d'acquisition			
a	– Achat d'ingrédients	25 000	0,68	16 950
b	Charges indirectes d'acquisition	25 000	0,10	2 500
A = a + b	**COÛT D'ACQUISITION DES FRUITS**	**25 000**	**0,78**	**19 450**
	Charges directes de production			
c	– Main-d'œuvre directe	10	22,86	229
c	– Conditionnement	10 000	0,15	1 500
d	Charges indirectes de production	200	21,50	4 300
B = A + c + d	**COÛT DE PRODUCTION**			**25 479**
	Charges directes de distribution			
e	– Étiquetage, collecte	10 000	0,05	500
f	Charges indirectes de distribution	10 000	0,15	1 500
C = B + e + f	**COÛT DE REVIENT COMPLET**	**10 000**	**2,75**	**27 479**

a. Prix d'achat des fraises et pastèques.
b. Une partie des frais de fonctionnement du service « Approvisionnement ». Ex. : une part du salaire de l'acheteur.
c. Coût de fabrication direct pour ce jus Fraise-Pastèque. Ex. : les salaires des employés qui ont travaillé sur ce jus (main-d'œuvre directe) et le coût des bouteilles.
d. Une partie des coûts de fonctionnement des ateliers de production. Ex. : une part du salaire du responsable d'atelier, une part de l'amortissement des machines.
e. Étiquette « Fraise-Pastèque ».
f. Une partie des coûts de fonctionnement du centre « Distribution » (service commercial). Ex. : une part du salaire d'un vendeur.

DOC. 9 Estimations de marge nette

	Tarif habituel		Tarif aligné s/concurrent	
	1 bouteille	**Total**	**1 bouteille**	**Total**
Prix de vente	2,95	29 500	2,66	
Coût de revient complet	2,75	27 479		
Marge nette	**0,20**	**2 021**		
Marge nette en %	6,9 %	6,9 %		

Situation Le comptable souhaite contrôler le coût de revient complet du jus Fraise-Pastèque, c'est-à-dire le coût qui tient compte à la fois des charges directes prévues dans les gammes de fabrication mais aussi une part des charges indirectes communes à l'ensemble des jus de fruits fabriqués parl'entreprise.

8 Pourquoi les frais de fonctionnement des différents servicesde l'entreprise sont-ils des charges « indirectes » aux produits fabriqués ? Doc. 7

9 Combien coûte le fonctionnement du service « Approvisionnement » à l'année ?
Le prix d'achat des fruits est-il compris dans ce montant ? Pourquoi ? Doc. 7

10 Combien de kilos de fruits Zélie achète-t-elle chaque année ? Combien de bouteilles vend-elle ? Comparez ces données aux quantités de fruits achetées et de bouteilles vendues pour le jus Fraise-Pastèque. Justifiez que ce jus représente 10 % de l'ensemble. Docs 7 et 8

11 Dans le calcul du coût de revient du jus Fraise-Pastèque, surlignez les coûts directs que l'on trouvait dans la gamme et la nomenclature. Combien coûtent une bouteille vide et son bouchon ? une étiquette ? Doc. 8

12 Repérez la part des frais de fonctionnement des services (charges indirectes) qui a été affectée à ce jus. Est-il cohérent que cela représente environ 10 % des frais de fonctionnement des services de l'entreprise ? Doc. 8

13 Quel est le coût de revient complet d'une bouteille de jus Fraise-Pastèque ? L'entreprise réalise-t-elle des bénéfices (marge nette) grâce à la vente de ce jus ? Combien ? Docs 8 et 9

14 Quelle sera la marge nette sur les ventes de ce jus si l'entreprise aligne ses prix sur ceux du jus Innocent ? Complétez le tableau (document 9) et commentez. Docs 8 et 9

Faites le point ! STMG_Management_Term_ch06_point_partie2.pdf

3 Étudier un coût spécifique

DOC. 10 Le calcul du coût spécifique

La **méthode du coût spécifique** (CS) calcule un coût par produit (comme la méthode du coût complet) mais ne tient pas compte de l'intégralité des charges de l'entreprise. Les charges fixes communes qui ne concernent pas un produit particulier mais l'ensemble des produits sont isolées pour ne pas peser sur le coût des produits (salaire de la secrétaire, loyer des bureaux, etc.).

Ainsi : **Coût spécifique < Coût complet.**

Les charges fixes communes ne sont prises en compte que pour calculer le total des coûts de l'entreprise.

Coûts spécifiques de tous les produits + Charges fixes communes = Total des charges de l'entreprise

DOC. 11 Répartition des charges de la comptabilité

Répartition des charges de la comptabilité générale	Jus d'orange	Autres jus	Jus Fraise-Pastèque	TOTAL
Charges variables directes	88 275	54 025	18 950	**161 250**
Charges variables indirectes	7 470	3 735	1 245	**12 450**
Charges fixes directes	571	343	229	**1 143**
Charges fixes indirectes	70 550			**70 550**
TOTAL des charges de la comptabilité générale				**245 393**

DOC. 12 Calcul de marge sur coût spécifique par produit

		Jus d'orange	Autres jus	Jus Fraise-Pastèque	TOTAL
CA	**Chiffre d'affaires***	156 000	80 400	26 600	263 000
a	Coûts variables	95 745	57 760	20 195	173 700
b	Charges fixes spécifiques	571	343	229	1 143
CS = a + b	**Total coût spécifique**	**96 316**	**58 103**	**20 424**	**174 843**
CA – CS	**Marge sur coût spécifique**	59 684	22 297	**6 176**	88 157
–				Charges fixes communes	70 550
=				**Résultat comptable**	**17 607**
				Taux de profitabilité	**6,7 %**

** Hypothèse de vente de jus Fraise-Pastèque à 2,66 €/l.*

DOC. 13 L'intérêt du coup spécifique

La méthode du coût spécifique est utilisée pour juger de la pertinence ou non de maintenir la fabrication et la vente d'un produit.

CA – CS = Marge sur coût spécifique (Ms/CS)

Cette marge n'est pas un bénéfice, mais un gain financier qui permet de payer les charges fixes communes.

Si la marge est positive, il faut conserver le produit car il contribue à payer les charges communes.

Dans le cas contraire, il faut arrêter la fabrication du produit, ce qui augmentera le résultat global de l'entreprise.

Situation Le comptable présente au responsable commercial le coût de revient complet du jus Fraise-Pastèque et la marge nette négative en cas de baisse du prix de vente. Ce dernier conclut que, dans ces conditions, il faut cesser la fabrication et la vente de ce jus de fruits. Mais le comptable lui précise qu'il n'a pas assez d'éléments et qu'il souhaite étudier le coût spécifique de ce produit avant de prendre une décision de cessation de fabrication.

15 Pourquoi le coût « spécifique » d'un produit est-il forcément inférieur à son coût « complet » ? Doc. 10

....

....

....

16 Quel est le total des charges de la comptabilité de Zélie ?

....

Quel est le montant des charges réparties sur les produits avec la méthode du coût complet ? avec la méthode du coût spécifique ? Doc. 11

....

....

17 Quel est le coût spécifique des 10 000 litres de jus Fraise-Pastèque vendus cette année ? Calculez le coût pour 1 litre. Comparez avec le coût de revient complet. Doc. 12

....

....

....

....

18 Quelle sera la marge sur coût spécifique des 10 000 bouteilles si elles sont vendues 2,66 €/l ? Calculez cette marge pour 1 litre. Comparez avec la marge nette. Doc. 12

....

....

....

....

....

19 Le responsable commercial a-t-il raison de vouloir arrêter la fabrication de ce jus de fruits ? Justifiez. Doc. 13

....

....

....

....

....

Faites le point ! STMG_Management_Term_ch06_point_partie3.pdf

4 Mesurer l'impact sur les coûts d'une décision de recyclage des déchets

DOC. 14 Consignes en verre et développement durable

Vidéo : « Pourquoi consigner ses bouteilles en verre ? »
liennathan.fr/cx937u

DOC. 15 L'impact du coût de la bouteille en verre

Les dirigeants de la société réfléchissent à la mise en place de bouteilles en verre consignées. Ils décident de tester le concept avec le jus de fruits Fraise-Pastèque. La bouteille en verre et son bouchon coûteraient 0,55 € de plus que la bouteille en plastique et les frais liés à la consigne (collecte, nettoyage des bouteilles) feraient augmenter de 0,10 € les charges directes de distribution par bouteille.
La consigne payée par le consommateur serait de 0,30 €, rendus au retour de la bouteille.

DOC. 16 Coût de revient complet du jus Fraise-Pastèque en bouteille de verre

CRC du jus Fraise-Pastèque — 10 % des ventes				
Calculs	**Éléments**	**Quantité**	**PU**	**Total**
	Charges directes d'acquisition			
a	Achat d'ingrédients	25 000	0,68	16 950
b	Charges indirectes d'acquisition	25 000	0,10	2 500
A = a + b	**COÛT D'ACQUISITION DES FRUITS**	**25 000**	**0,78**	**19 450**
	Charges directes de production			
c	– Main-d'œuvre directe	**10**	22,86	229
c	– Conditionnement	10 000	0,7	7 000
d	Charges indirectes de production	200	21,50	4 300
B = A + c + d	**COÛT DE PRODUCTION**			**30 979**
	Charges directes de distribution			
e	Étiquetage, collecte	10 000	0,15	1 500
f	Charges indirectes de distribution	10 000	0,15	1 500
C = B + e + f	**COÛT DE REVIENT COMPLET**	**10 000**	**3,40**	**33 979**

DOC. 17 Coût spécifique jus Fraise-Pastèque en bouteille de verre

		Jus d'orange	Autres jus	Jus Fraise-Pastèque	TOTAL
CA	**Chiffre d'affaires***	156 000	80 400	26 600	263 000
a	Coûts variables	95 745	57 760	26 695	180 200
b	Charges fixes spécifiques	571	343	229	1 143
CS = a + b	**Total coût spécifique**	**96 316**	**58 103**	**26 924**	**181 343**
CA – CS	Marge sur coût spécifique	59 684	22 297	**-324**	81 657
–	Charges fixes communes				70 550
=	**Résultat comptable**				**11 107**
	Taux de profitabilité				**4,2 %**

** Hypothèse de vente de jus Fraise-Pastèque à 2,66 €/l.*

Situation Un an est passé. Les dirigeants de Zélie veulent inscrire leur entreprise dans une logique de développement durable. Pour cela, ils envisagent d'utiliser un emballage 100 % recyclable.

Ils s'interrogent alors sur l'impact que cela pourrait avoir sur le coût de leurs produits.

20 Démontrez à l'aide de 3 arguments que l'utilisation de bouteilles en verre est avantageuse sur le plan écologique. Doc. 14

21 Quel serait l'intérêt pour Zélie de proposer des bouteilles en verre par rapport à son image ? au concurrent Innocent ? Doc. 14

22 Quel sera l'impact de cette décision sur le coût de revient complet du jus Fraise-Pastèque ? Docs 15 et 16

23 En supposant que les quantités vendues restent identiques, quel sera l'impact de cette décision sur le coût spécifique du jus Fraise-Pastèque ?
Dans ces conditions, faut-il continuer à vendre ce jus de fruits ? Doc. 17

24 Pensez-vous, dans ces conditions, pouvoir justifier une hausse du prix de vente (hors consigne) ? Doc. 17

25 À l'aide d'un tableur, recherchez le prix de vente qui permettra de conserver une marge sur coût spécifique positive. Réalisez d'autres simulations qui vous semblent pertinentes. Doc. 17

26 Faut-il prendre cette décision ? Argumentez. Doc. 17

Faites le point ! STMG_Management_Term_ch06_point_partie4.pdf

Applications

1 Testez vos connaissances

Indiquez la ou les bonnes réponses aux propositions suivantes.

1. Le coût complet d'un produit :
   a. correspond à son coût de revient.
   b. nécessite un retraitement des charges indirectes.
   c. comprend uniquement les charges directes.
2. Le coût spécifique d'un produit :
   a. est identique au coût complet.
   b. nécessite de distinguer charges variables et charges fixes.
   c. permet de voir la contribution du produit aux charges fixes.
3. La gestion du cycle de vie d'un produit consiste à :
   a. intégrer le développement durable dans le processus de production du produit.
   b. diminuer son coût de revient.
   c. réfléchir à la fin de vie du produit.
   d. pratiquer l'obsolescence programmée.

2 Mettre en évidence les composants d'un coût de revient

★

1. Repérez les éléments qui composent le coût de production (sortie d'usine) d'un parfum.
2. Expliquez pourquoi le coût de revient d'un parfum est généralement beaucoup plus élevé que son coût de production.

DOC. « Ce qui se cache derrière le prix très élevé des parfums »

Nombreux sont ceux qui ont déposé un flacon de parfum au pied du sapin. Et parmi eux, certains se sont sûrement demandé pourquoi les 10, 20 ou 50 cl d'alcool coloré odorant coûte si cher. Les Français sont de grands passionnés de parfum : pour ceux dits de prestige, non vendus en hypermarchés, le marché s'élevait à 2,2 milliards d'euros en 2018, ce qui fait de la France le premier pays européen en termes de dépenses. [...]
À la clef de ces achats ? « Un accès à des marques qui font rêver », analyse Delphine Dion, professeure à l'Essec Business School.
« Nos clientes achètent avant tout une histoire, un rêve », note-t-on chez Lolita Lempicka. [...]
Mais rêver a un prix. Selon le cabinet spécialisé NPD, le coût moyen d'un parfum, en magasin, est de presque 63 euros. Le sujet du coût réel est en tout cas tabou, et les grandes marques préfèrent renvoyer au processus de création, qui dure parfois des années.
Le secteur évoque aussi des **matières premières** naturelles onéreuses. Ainsi, « le jasmin est extrêmement cher, plusieurs milliers d'euros le kilo », souligne par exemple Marie-Caroline Renault, directrice générale de la maison de parfum Le Couvent.
[...] Toutefois, « il y a énormément d'essences naturelles qu'on ne peut pas utiliser car elles sont interdites par la réglementation européenne, donc il y a beaucoup d'essences de synthèse », observe Gachoucha Kretz, professeure en marketing à HEC, spécialiste du luxe, précisant que celles-ci sont de bonne qualité.

Les **flacons** peuvent aussi représenter un poste de dépense. « Nous n'utilisons que très rarement des standards comme beaucoup de maisons », répond-on ainsi chez Lolita Lempicka.
Mais au cœur des dépenses, **la publicité et le marketing** se taillent la part du lion, essentiels alors que la compétition fait rage, avec 430 nouveaux parfums lancés l'année dernière en France, selon NPD. Si les chiffres sont gardés secrets, des acteurs du secteur parlent d'un coût sortie d'usine représentant quelque 15 % du prix final, et environ 40 % une fois les coûts de marketing ajoutés.
« Dans le modèle économique des grandes maisons de luxe, ce qui contribue au prix de vente du parfum en magasin, ce sont d'énormes coûts de marketing, de lancement, des égéries, de la publicité à la télé », explique Mme Kretz. Sans oublier la marge des distributeurs, puis celle des points de vente.

« Ce qui se cache derrière le prix très élevé des parfums », www.bfmv.com, 25 décembre 2019.

3 Évaluer l'incidence des choix sur les coûts

★★

Louis Sarto, restaurateur, souhaite se lancer dans le burger pour diversifier sa carte et attirer une clientèle plus jeune. Il espère que cette nouvelle offre va booster son chiffre d'affaires. Il hésite cependant encore quant à la gamme de burgers qu'il proposera...

Il s'approvisionne, en principe, chez le grossiste Metro.

1. Sur tableur, calculez le coût d'un burger « bas de gamme », « moyenne gamme » et « haut de gamme » en faisant apparaître tous les éléments qui composent chacun de ces produits.
2. Calculez la marge nette pour le restaurateur de chaque burger avec un prix de 13,50 €.
3. Conseillez M. Sarto sur le choix du burger à proposer.

DOC. « Le Burger, la nouvelle cash-machine des restaurants »

Le vrai coût d'un burger, taxes comprises, acheté en kit chez le grossiste Metro et facturé 13,50 euros à la carte

> **33 centimes le bun.** La plupart des pains utilisés en brasserie sont des produits industriels qui coûtent de 20 à 30 centimes pièce. Le bun artisanal des chaînes pour « gourmets » (Rachel's Cakes, Gontran Cherrier, Maison Kayser) grimpe à 60 centimes, voire plus.

> **32 centimes pour les légumes.** C'est le coût pour une ou deux tranches de tomate grappe, une rondelle d'oignon rouge, une feuille de laitue. Pour se distinguer, certains restaurateurs utilisent des légumes plus originaux (poivron ou aubergine), sans grande variation sur le prix.

> **10 centimes de sauce.** Il s'agit en général de ketchup, mayonnaise ou sauce burger. Pour un goût un peu plus recherché, le cuisinier peut opter pour du confit d'oignon industriel, autour de 27 centimes la cuillerée.

> **19 centimes pour le cheddar.** Fromage à pâte jaune originaire du Royaume-Uni, sa qualité et donc son prix varient très peu. Il est acheté en pains de plusieurs kilos. Sous vide façon fast-food, il descend cependant à moins de 15 centimes la tranche.

> **1,56 euro le steak haché frais.** Un restaurateur doit au minimum utiliser du steak haché frais industriel, de 150 g. Les moins scrupuleux glissent du surgelé acheté à 50 centimes chez Metro et d'un grammage plus faible. Le principal moyen pour gonfler la marge.

> **20 centimes de frites.** Congelées, précuites ou faites maison, les frites coûtent à peu près le même prix à un restaurateur. Des frites préparées de A à Z en cuisine nécessitent par contre plus de travail. Mais dans l'assiette, le goût est là.

> **8,78 euros de charges.** Les frais de personnel (4,73 euros, soit 35 % de coûts) représentent la charge la plus lourde, avec les coûts fixes et de fonctionnement (2,70 euros) : location, entretien, eau, électricité, etc. S'ajoute enfin 1,35 euro de TVA à 10 %.

> **2,02 euros de marge nette, soit 15 %.** Le burger classique de brasserie, fait dans les règles de l'art, dégage 15 % de rentabilité nette. Le recours à la viande surgelée permet toutefois de grimper à 20 %. « Dans la restauration classique, on est content à 10 % », explique Pierre Langlois, consultant en restauration.

Léonor Lunineau, www.capital.fr, 10 juillet 2015.

4 Calculer et analyser un coût spécifique

★★

L'entreprise Métalure fabrique trois types de portail : en métal plein, métal ajouré et métal décoré. Les résultats de l'entreprise sont faibles depuis plusieurs années et son dirigeant, M. Régis, s'interroge sur un recentrage de son activité sur un ou deux produits seulement.

1. Calculez le résultat global de l'entreprise. Commentez.
2. Calculez le coût spécifique et la marge sur coût spécifique de chaque produit.
3. Sur quel type de portail M. Régis doit-il recentrer son activité ? Justifiez.
4. Quels sont les risques, pour M. Régis, s'il ne propose plus à ses clients une gamme de portails (document 2) ?

DOC. 1 Données de l'année N

	Métal plein	Métal ajouré	Métal décoré	Total
Chiffre d'affaires	355 000	866 000	1 090 000	2 311 000
Charges variables	188 000	740 000	850 000	1 778 000
Charges fixes spécifiques	198 900	67 890	131 456	398 246
Charges fixes communes				160 000
			Total	**4 647 246**

DOC. 2 La méthode des coûts spécifiques

Il s'agit d'un indicateur très opérationnel pour **juger la rentabilité d'un produit** en évaluant la valeur créée. Il est ainsi possible de décider le maintien ou l'arrêt de sa commercialisation.
Attention toutefois, certains produits peuvent dégager une marge sur coût spécifique faible, mais concourir à couvrir les charges de structure, de même qu'ils peuvent présenter un intérêt stratégique comme par exemple servir de cheval de Troie chez un client pour vendre d'autres produits, eux rentables.
Attention donc aux décisions purement comptables !

Laurent Granger, www.manager-go.com, 1er juillet 2019.

5 Se préparer au bac Analyser la gestion du cycle de vie d'un produit

Made & More est une entreprise française fondée en 2013 par Stéphanie Fellen, passionnée de mode. À l'origine, elle proposait des vêtements en ligne issus de marques « green ».

En 2015, l'entreprise lance sa propre marque, « By Made & More », afin de proposer des articles de mode durables, fabriqués en Europe, dans le respect de l'homme et de l'environnement.

1. Comparez le coût de revient d'un tee-shirt standard et celui d'un tee-shirt de la marque « By Made & More ».
2. Expliquez ce qui justifie la différence de prix de vente des deux tee-shirts.
3. Montrez comment l'entreprise Made & More gère le cycle de vie de ses produits.

Vidéo : « Coût de revient d'un tee-shirt de la marque "By Made & More" »
liennathan.fr/i889se

DOC. Coût de revient d'un tee-shirt « standard »

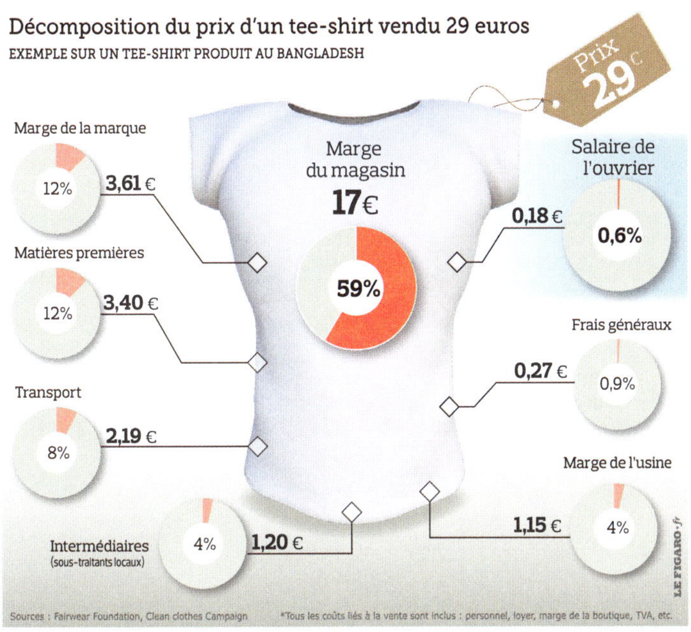

Made & More a décidé, tout comme d'autres marques engagées, de ne pas pratiquer de soldes. Et ce pour une raison très simple : en plus de pratiquer des prix justes toute l'année, nous voulons éviter la surconsommation.

En Europe, sur les 5 millions de tonnes mises sur le marché, près de 4 millions de tonnes de textiles, neufs ou usagés, sont jetées chaque année.

L'industrie textile est la 2e industrie la plus polluante au monde, et une des industries les plus opaques sur ses conditions de fabrication. Pas très surprenant quand on voit un t-shirt vendu 5 € dans une enseigne de fast fashion. [...] 130 milliards de pièces de vêtements sont fabriquées chaque année dans le monde. Cette surproduction, comme on peut l'imaginer, n'est pas sans conséquences pour l'homme ni pour l'environnement. Surtout quand on pense que sur 5 millions de tonnes de vêtements mis sur le marché, 4 millions sont jetés…

Chez Made & More, on fait le choix de **ne pas faire de la surproduction** pour que vous achetiez toujours plus. On ne détruit pas notre stock non plus, contrairement à certaines pratiques douteuses des enseignes spécialisées dans la « mode jetable ». On fait produire nos pièces dans de belles matières, durables, dans des ateliers en Europe que nous connaissons. Ensuite nous mettons tout notre savoir et notre énergie pour le vendre. Nous faisons preuve de grande inventivité chaque jour pour parvenir à vous faire connaître notre marque, sans avoir le budget pour payer David Beckham (puisque nous consacrons notre budget aux belles matières et à la main-d'œuvre).

Selon nous, un vêtement ne doit pas être porté quelques fois puis jeté. C'est pourquoi nous avons décidé d'offrir une garantie à vie sur notre marque by Made & More.

En outre, nous considérons la conception des produits dans sa globalité. Lors de la découpe, il y a souvent des longs morceaux de chutes de tissus qui finissent à la poubelle. Nous demandons aux ateliers de nous les envoyer pour que nous puissions les réutiliser et produire de plus petites pièces comme des chouchous (qui arrivent bientôt). Nous avons une vision circulaire pour notre marque et réfléchissons en permanence à évoluer dans ce sens.

www.madeandmore.com

Synthèse

Contrôler le coût de revient complet (CRC) d'un produit

Supports au calcul du CRC
- Nomenclature
- Gamme fabrication
- Tableau de répartition des charges indirectes

Ordre de calcul du CRC
- Coût d'acquisition
- Coût de production
- Coût de distribution

Charges de la comptabilité imputées
Toutes les charges, directes et indirectes

Usage
- Vérifier que la marge nette est positive
- Fixer un prix de vente

Contrôler le coût spécifique (CS) d'un produit

Supports au calcul du CS
- Distinction charges variables/charges fixes
- Distinction charges directes/charges indirectes

Ordre de calcul du CS
- Coût variable
- Coût spécifique
- Charges fixes communes

Les charges fixes communes ne sont pas affectées aux produits.

Usage
- Vérifier que la marge sur coût spécifique est positive
- Décider de garder ou non le produit

Mesurer l'impact des décisions sur le cycle de vie des produits dans les coûts

Éléments à prendre en compte
- Recyclage des déchets
- Gestion de la fin de vie des produits

Mesure de l'impact sur les coûts
- Sur coût complet
- Sur coût spécifique

Arbitrage
Prise de décision à partir de simulations

Lexique

- **Charges directes :** charges directement imputables à un coût (ex. : achat de matières premières).
- **Charges fixes :** charges indépendantes de l'activité de l'entreprise. Elles ne varient pas.
- **Charges indirectes :** charges concernant plusieurs coûts qui doivent être retraitées pour être affectées à un coût en fonction d'une unité d'œuvre choisie.
- **Charges variables :** charges dépendantes de l'activité de l'entreprise. Elles évoluent proportionnellement aux quantités vendues.
- **Gestion du cycle de vie des produits :** actions consistant à prendre en compte le développement durable dans le processus de production des produits et lors de la fin de vie des produits.
- **Méthode du coût complet :** méthode consistant à calculer le coût de revient d'un produit à partir des charges directes et indirectes et en mettant en évidence le coût d'achat des matières, le coût de production des produits et le coût de production.
- **Méthode du coût spécifique :** méthode consistant à mettre en évidence la marge sur coût spécifique puis le résultat d'un produit à partir de la distinction entre charges variables et charges fixes.

Quel est le rôle des technologies numériques dans la production ?

7

Capacité

• Identifier le rôle des technologies numériques dans la production

Avant la classe

Vidéo : « L'industrie 4.0 chez L'Oréal »
liennathan.fr/4x2n0j

- Qu'est-ce qu'une usine 4.0 ?
- Quels sont les changements qui poussent L'Oréal à moderniser son outil de production ?

Situation

Depuis plus d'un siècle, L'Oréal se consacre à un seul et unique métier, la beauté. Un métier riche de sens, parce qu'il permet à chacun d'exprimer sa personnalité, de prendre confiance en soi et de s'ouvrir aux autres.

L'Oréal s'est donné pour mission d'offrir à toutes les femmes et à tous les hommes de la planète le meilleur de l'innovation cosmétique en termes de qualité, d'efficacité et de sécurité en répondant à l'infinie diversité des besoins et des envies de beauté à travers le monde.

Selon Cristina Monnoyeur, directrice de la Transformation digitale aux opérations chez L'Oréal, les clients de L'Oréal ont plus changé ces trois à cinq dernières années que pendant les trente précédentes. « Ils sont bien plus éco-conscients, ils veulent plus de confiance et de transparence, et ils veulent pouvoir avoir tout, à tout moment, partout ». Pour suivre l'évolution des clients, L'Oréal doit accélérer son développement produit et être bien plus agile en termes de fabrication. Grâce aux transformations numériques, les usines du groupe intègrent un nombre croissant de nouvelles technologies qui doivent garantir la meilleure qualité de produit possible et répondre au mieux aux besoins croissants d'innovation et de personnalisation des clients.

1 Identifier le rôle des technologies numériques pour planifier la production

DOC. 1 L'usine du futur

Les transformations digitales sont en train de changer radicalement la façon dont les industriels conçoivent, fabriquent et distribuent leurs produits, et ce, quel que soit leur secteur. Les sites de production doivent parfaitement intégrer toutes les données liées à la gestion comme les achats, l'administratif, la logistique, le stockage ou la comptabilité qui sont gérés par le PGI. Le PGI et l'usine du futur seront étroitement liés, puisque le PGI coordonnera les échanges d'informations entre l'industriel et son écosystème, de la commande client à la livraison, en passant par toutes les étapes d'approvisionnement et de production, jouant ainsi un véritable rôle de chef d'orchestre dans la construction de l'usine du futur…

« ERP dans l'industrie : comment réussir votre transformation digitale ? », www.tvhconsulting.fr, 11 mars 2019.

DOC. 2 L'Oréal améliore ses échanges avec ses partenaires

Après l'avoir testée et déployée aux États-Unis, L'Oréal a confié fin 2013 à E2Open, un éditeur américain, le soin d'enrichir son PGI d'une plateforme collaborative à laquelle sont aujourd'hui connectés des centaines de fournisseurs. Désormais dématérialisés, les échanges de flux avec les PGI de ses partenaires lui ont permis de gagner en fluidité et en visibilité, notamment sur l'état des stocks de ses fournisseurs, tout en bénéficiant d'indicateurs de performance enrichis. Un gain de productivité appréciable si on le rapproche des dizaines de milliers d'e-mails auparavant échangés chaque année entre ses sites industriels (une quarantaine au total) et ses partenaires.

Henri Bessières, « Comment la révolution numérique a transformé L'Oréal », www.journaldunet.com, 3 juin 2015.

[Le] système d'information [est] capable « d'automatiser » les communications entre le donneur d'ordres et ses partenaires industriels et de lui permettre de piloter les échanges d'informations en temps réel. […] Vice-président solutions clients chez E2Open […], Patrick Lemoine ajoute : « Notre logiciel comprend une brique de connectivité qui permet une très grande rapidité de communication automatique entre le PGI de L'Oréal et les systèmes de ses fournisseurs. Il recèle ainsi beaucoup moins de sources d'erreurs que la communication plus traditionnelle par e-mail ou par téléphone. […] »
Surtout, l'avantage du *cloud* est de pouvoir faire passer toutes les informations par Internet et ainsi de connecter des systèmes informatiques disparates des divers fournisseurs.

Bruno Mouly, « La logistique de L'Oréal dans le *cloud* », www.alliancy.fr, 4 octobre 2014.

DOC. 3 Diagrammes de flux de travaux (*workflows*) chez L'Oréal

Le workflow ou flux de travaux est le processus au cours duquel des tâches, des documents et des informations sont traités successivement, selon des règles prédéfinies, en vue de réaliser un produit ou de fournir un service. Le diagramme du flux permet de représenter un processus.

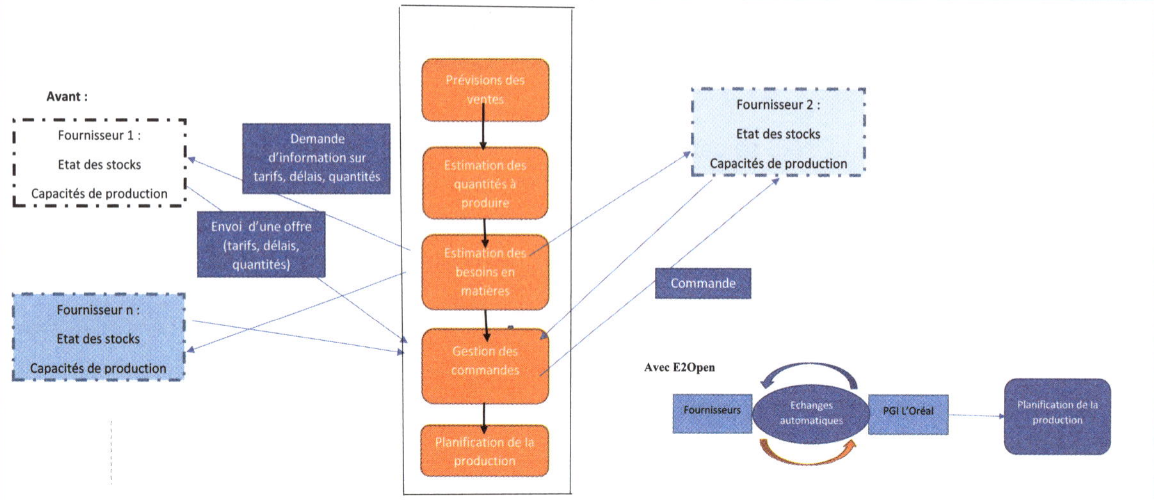

Situation Sur un marché des produits de beauté et cosmétiques très variable, où l'approche commerciale doit évoluer en permanence, L'Oréal ne peut qu'être très réactif pour coller aux caprices de la consommation et gagner des parts de marché. Pour y parvenir, le groupe doit y voir plus clair dans ses prévisions d'approvisionnement et ses plans de production, en facilitant sa collaboration avec l'ensemble de ses principaux fournisseurs et de ses usines à l'échelle mondiale. Pour améliorer son système de production, le groupe L'Oréal a fait appel à un éditeur de logiciels afin de faciliter les échanges avec ses partenaires.

1 Quel est le rôle du PGI au sein du site de production ? Doc. 1

....

....

....

....

2 Par quels moyens s'effectuaient les échanges d'informations entre L'Oréal et ses fournisseurs avec la mise en place d'E2Open ? Docs 2 et 3

....

....

....

....

....

3 Identifiez les flux d'informations qui ont été dématérialisés entre L'Oréal et ses fournisseurs. Docs 2 et 3

....

....

....

....

....

4 Quel est l'intérêt d'automatiser le *workflow* approvisionnement ? Docs 2 et 3

....

....

....

....

5 Montrez que le *cloud computing* facilite les échanges d'informations entre L'Oréal et ses fournisseurs. Docs 2 et 3

....

....

....

....

....

Faites le point ! STMG_Management_Term_ch07_point_partie1.pdf

2 Identifier le rôle des technologies numériques pour optimiser et personnaliser la production

4 La maintenance prédictive

Dans les usines L'Oréal, les équipements, notamment les moules d'injection, sont dotés de capteurs connectés. Les données des chaînes de fabrication et de montage sont donc recueillies en temps réel et compilées dans le *cloud*. Elles nourrissent ainsi un module d'analyse, avec un rajout d'intelligence artificielle pour faire du prédictif.

Stéphane Lannuzel, « Conduite du changement : comment L'Oréal réussit la transformation de ses opérations », experiences.microsoft.fr, 14 juin 2018.

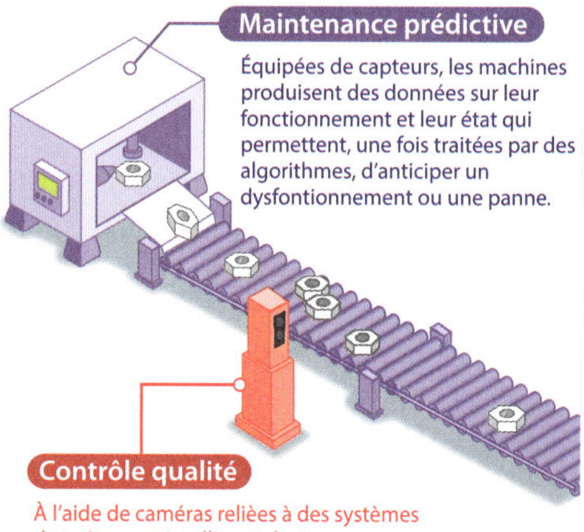

DOC. 5 Comment L'Oréal utilise l'intelligence artificielle

Le groupe L'Oréal utilise l'intelligence artificielle dans de nombreux domaines. Elle lui permet par exemple de développer des produits qui répondent aux besoins des consommateurs, de prévoir les ventes ou de gérer les stocks.
Basée sur des algorithmes qui utilisent des règles de calculs, l'intelligence artificielle simule l'intelligence humaine en donnant aux ordinateurs la capacité « d'apprendre » à partir de données, de résoudre des problèmes, ou encore d'améliorer les performances de l'entreprise ».

DOC. 6 L'Oréal développe des objets connectés (IOT)

Un **objet connecté** est un objet équipé d'un capteur ou d'une puce qui peut recevoir et transmettre des données et/ou des instructions en se connectant à un réseau.

L'Oréal illustre parfaitement l'engouement de l'industrie cosmétique pour les objets connectés (IOT, *Internet of Things*). C'est ainsi qu'ils ont présenté Hair coach, la brosse à cheveux connectée. La brosse, dotée de six capteurs, analyse la nature des cheveux et permettra à l'utilisateur de consulter sur l'appli son profil cheveu personnalisé et découvrir les conseils pour leur entretien. Non contents d'offrir une expérience consommateurs mirifique, les IOT donnent accès à une mine d'or d'informations qui seront récoltées puis traitées pour enrichir les bases de données et permettre aux entreprises d'ajuster leurs offres et de détecter les futures tendances.

Radia Benoussaïdh, « Beauté connectée : si, si, vous le valez bien ! », www.mbamci.com, 27 mars 2017.

DOC. 7 Un fond de teint réalisé sur mesure : le nouveau défi de L'Oréal

My Little Factory, ou « ma petite usine » en français, est une innovation technologique qui permettra la production de fond de teint sur mesure, à l'échelle industrielle. Cette ligne de production 100 % automatisée est, selon la communication du groupe L'Oréal, « capable de fabriquer à la demande une centaine de références par heure ». […] C'est via Lancôme, qui appartient à la division luxe du groupe L'Oréal, que My Little Factory a été initiée. […] Le principe ? Après un scan de la peau, les données liées à la carnation sont traitées à l'aide de [l'intelligence artificielle], qui propose ensuite une alliance dite parfaite entre la peau et le fond de teint. Une formule sur mesure est alors préparée […].

Sarah Ahssen, « L'Oréal pousse la personnalisation à l'échelle industrielle », fashionnetwork.com, 13 mai 2019.

Situation Le groupe L'Oréal a digitalisé ses outils de production. Des technologies de pointe (objets connectés, intelligence artificielle, capteurs intelligents) permettent d'optimiser et de personnaliser la production.

6 Comment les capteurs connectés peuvent-ils être utiles à la maintenance des équipements dans les usines ? Docs 4 et 5

....

....

....

....

....

7 Montrez comment l'intelligence artificielle permet d'améliorer la production. Docs 4 et 5

....

....

....

....

8 Qu'apporte la nouvelle brosse à cheveux connectée au consommateur ? Doc. 6

....

....

....

9 Comment L'Oréal utilise-t-il les informations récoltées par les brosses connectées ? Doc. 6

....

....

....

....

10 Comment l'intelligence artificielle permet-elle à L'Oréal de créer une offre personnalisée ? Docs 6 et 7

....

....

....

....

11 Montrez que les transformations digitales modifient le processus de production d'amont en aval. Docs 6 et 7

....

....

....

....

Faites le point ! STMG_Management_Term_ch07_point_partie2.pdf

Applications

1 Testez vos connaissances

Répondez par vrai ou faux aux propositions suivantes.

1. L'automatisation des processus consiste à faire exécuter des tâches par des machines.
   ☐ Vrai ☐ Faux
2. La dématérialisation consiste à remplacer les hommes par des ordinateurs.
   ☐ Vrai ☐ Faux
3. Le *cloud computing* permet d'accéder à des données via Internet.
   ☐ Vrai ☐ Faux
4. Les objets connectés sont reliés directement aux hommes.
   ☐ Vrai ☐ Faux
5. L'intelligence artificielle utilise des algorithmes puissants.
   ☐ Vrai ☐ Faux
6. Un *workflow* représente l'ensemble des tâches nécessaires pour réaliser un processus.
   ☐ Vrai ☐ Faux

2 Identifier les nouvelles technologies

Identifiez les nouvelles technologies utilisées dans les exemples ci-dessous. Justifiez vos réponses.

Cas Adidas

Dans la Speedfactory d'Adidas située à Ansbach, en Allemange, chaque pièce fabriquée est étiquetée avec un code QR scannable. Lors des contrôles de qualité, en cas de problème, il est possible de remonter la pièce jusqu'à la machine qui l'a fabriquée.

Cas Airbus

Le constructeur aéronautique Airbus [a conçu] une cloison de cabine pour la flotte d'avions A320. Les développeurs ont d'abord communiqué les contraintes techniques comme la taille et la solidité dans un algorithme. Ils ont ensuite développé les options de design avec l'aide d'un logiciel. Le système a testé des milliers d'options et de configurations, ce qui aurait pris un temps considérable de façon manuelle. Ce faisant, l'algorithme a appris à chaque passage ce qui fonctionnait ou pas. Il en est finalement sorti une cloison 45 % plus légère que le modèle précédent, mais tout aussi solide.

www.bmw.com, 17 décembre 2018.

Cas Renault-Nissan

Renault-Nissan-Mitsubishi, première alliance automobile mondiale, annonce le lancement d'une nouvelle plateforme qui permettra à Renault, Nissan et Mitsubishi Motors de fournir des services connectés à bord des véhicules vendus sur la quasi-totalité des 200 marchés couverts par les entreprises membres de l'Alliance. La nouvelle Renault Clio et certaines versions de la Nissan Leaf seront les premiers modèles à embarquer cette technologie grâce à un accès continu à Internet, et seront commercialisées au Japon et en Europe. Elles bénéficieront entre autres de « diagnostics détaillés à distance, d'un déploiement continu de logiciels, de mises à jour de *firmware* et d'un accès à des services d'info-divertissement », précise l'Alliance.

À terme, les véhicules connectés à la plateforme pourront aussi communiquer avec l'infrastructure dans des « villes intelligentes ».

3 Repérer les opportunités de l'*open data*

1. Quel nouveau service est accessible aux habitants d'Issy-les-Moulineaux ?
2. Repérez les moyens utilisés par la ville pour récolter les données et délivrer ce service.
3. Identifiez les parties prenantes qui se partagent les informations fournies par la ville d'Issy-les-Moulineaux.

DOC. 1 *Open data,* définition : qu'est-ce que c'est ? À quoi ça sert ?

Les *open data,* ou données ouvertes, sont des données auxquelles l'accès est totalement public et libre de droit, au même titre que l'exploitation et la réutilisation. Ces données offrent de nombreuses opportunités pour étendre le savoir humain et créer de nouveaux produits et services de qualité.

Bastien L., « *Open data* définition : qu'est-ce que c'est ? À quoi ça sert ? », www.lebigdata.fr, 5 novembre 2019.

DOC. 2 Les places de stationnement en temps réel et en *open data*

Alors que les épisodes de pollution se multiplient et que la qualité de l'air se dégrade, réduire le temps passé à rechercher une place de stationnement est un objectif atteignable. Or, selon plusieurs études, 20 à 30 % du trafic en ville sont liés à la recherche d'une place.
La ville d'Issy-les-Moulineaux a réfléchi à des outils facilitant la recherche de places disponibles à distance. Cela permettrait de fluidifier le trafic.
Pionnière dans le parking connecté grâce à l'adoption du paiement dématérialisé depuis 2009, la ville a décidé de rendre plus accessible l'information sur le stationnement. Ainsi, depuis avril 2017, dans le cadre du projet So Mobility, les données de disponibilités en temps réel de plus de 1 000 places de stationnement d'Issy-les-Moulineaux sont à la disposition des applications GPS et d'itinéraires via la plateforme data.issy.com.
Pour la mise en œuvre, grâce à Colas, filiale du groupe Bouygues, des capteurs « Aximum » ont été installés dans la chaussée, dans le parking en surface Jean Monnet et en voirie sur une partie de l'île Saint-Germain. Ces capteurs permettent de détecter si une place est libre et transmettent l'information en temps réel, ce qui permet de savoir, à distance, si les places de parking sont disponibles ou pas.
Issy-les-Moulineaux met à disposition les données des capteurs et celles des parkings en ouvrage ouverts par l'exploitant Indigo sur son portail *open data*, date.issy.com, développé par la start-up Opendatasoft.
Ce portail permet aux développeurs d'applications de calculs d'itinéraires d'intégrer ces données dans leurs services, grâce aux fonctionnalités avancées de data.issy.com. En effet, les entreprises ont immédiatement à disposition le code informatique correspondant – appelé API par les techniciens.
La publication de ces données est précieuse, puisqu'elle permet aux conducteurs d'avoir une information à jour. Ce flux de données n'est pas utile uniquement pour les développeurs d'applications, mais également pour les start-ups et pour la communication de la ville qui peut aider ses habitants. Par exemple, la ville a créé une carte qui met à disposition toutes les informations en temps réel, mais aussi celles associées à ces parkings.

« Les places de stationnement en temps réel et en *open data* », www.servirlepublic.fr, 2018.

4 Identifier le rôle des technologies digitales

★

1. Quelle technologie utilise Pirelli dans les pneus « Pirelli Cyber Tyre » ?
2. Qu'est-ce qu'une voiture autonome ? Recherchez une définition sur Internet.
3. Montrez que le nouveau pneu Pirelli permettra d'améliorer le système de contrôle et d'aide à la conduite des véhicules autonomes.
4. Expliquez comment, grâce à la technologie 5G et à l'*open data*, le nouveau pneu pourra contribuer à renforcer la sécurité routière.
5. Comment la société Pirelli va-t-elle exploiter cette technologie dans le cadre de sa stratégie Perfect Fit ?

DOC. Pirelli conçoit un pneu intelligent

Les voitures connectées ne se limitent pas à un ordinateur central. Elles nécessitent de nombreux capteurs et données pour assurer une conduite optimale. À ce propos, l'entreprise automobile italienne Pirelli vient de mettre au point un tout nouveau genre de pneus.

Baptisée « Pirelli Cyber Tyre », cette nouvelle génération de pneus présente la particularité d'être à la fois intelligente et connectée. Les pneus embarquent un capteur interne qui leur permet de détecter l'état et les conditions de la route sur laquelle ils roulent : mouillée ou pas, recouverte de verglas, de gravillons, évaluation des risques d'aquaplanage…
Les informations recueillies sont ensuite transmises au conducteur du véhicule qui pourra alors rouler plus prudemment dans le cas où la route est mauvaise. S'il s'agit d'une voiture autonome, cette dernière pourra adapter automatiquement ses systèmes de contrôle et d'aide à la conduite en fonction des informations reçues.
Le capteur intégré aura également pour mission de surveiller en temps réel l'état des pneus, notamment le kilométrage enregistré, la charge supportée ainsi la pression des pneus. En cas de problème, le conducteur sera immédiatement averti.
Ce n'est pas tout, le côté pratique des pneus « Pirelli Cyber Tyre » ne s'arrête pas là : **ils intègrent également la technologie 5G et peuvent de ce fait transmettre les informations sur l'état de la route** à d'autres véhicules à proximité via le réseau central.
Avec de tels pneus, Pirelli espère pouvoir contribuer à renforcer la sécurité routière et réduire les risques d'accident. « Grâce au potentiel de la 5G, Pirelli est capable de placer le pneu dans un contexte de communication plus large qui implique tout l'écosystème du transport sur route, contribuant activement au développement de solutions et services pour la mobilité du futur et les systèmes de conduite autonome. », a indiqué la marque.

Andy Rakotondrabe, « Pirelli travaille sur des pneus intelligents et connectés en 5G pour nos voitures », www.neozone.org, 27 novembre 2019.

L'innovation s'inscrit en effet dans une stratégie intitulée Perfect Fit. Il s'agit pour Pirelli de développer des services et des produits sur mesure afin de répondre aux défis du futur. Les données récoltées par Cyber Tyre permettront de mieux **répondre aux besoins futurs** [des constructeurs et des conducteurs].

« Pirelli imagine un pneu connecté », hellobiz.fr, 20 novembre 2019.

5 Se préparer au bac — Étudier une usine intelligente

Harley-Davidson est une célèbre marque de motos américaine. Souffrant d'une image vieillissante, la légendaire marque a créé une usine intelligente pour s'adapter au marché.

1. Identifiez le niveau de connectivité atteint par Harley-Davidson.
2. Quel est l'intérêt pour Harley-Davidson de connecter ses machines dans son usine de fabrication ?
3. Identifiez les avantages de la transformation numérique de l'usine pour le fabricant et les clients.

DOC. 1 Qu'est-ce qu'une usine intelligente ?

Dans les usines intelligentes, les *workflow* (flux de travaux) sont entièrement numérisés et connectés. Une usine intelligente est définie par son niveau de connectivité.

Le premier niveau est l'intégration verticale intra-entreprise où les systèmes d'une entreprise sont connectés aux systèmes d'atelier grâce au PGI. Au lieu de disposer de systèmes séparés pour la planification, l'exécution, le suivi et la traçabilité de la fabrication, ces processus sont connectés et intégrés aux systèmes d'entreprise afin d'améliorer les indicateurs clés tels que la livraison client, la qualité et les coûts.

Le deuxième niveau est la connexion de machine à machine où les machines intelligentes s'auto-diagnostiquent et se corrigent elles-mêmes. Dans ces usines intelligentes, les machines sont équipées de capteurs intégrés qui leur permettent de « se parler » et d'ajuster les flux de travail.

L'intégration du commerce électronique, ou intégration directe de configurations en ligne, constitue **le troisième niveau** de connectivité. Ce type d'usine intelligente s'adresse au consommateur en fournissant des produits personnalisés et hautement configurables, gérés depuis la saisie des commandes jusqu'à l'atelier.

Le quatrième niveau de connectivité est la collaboration dans la fabrication avec les fournisseurs. Les partenaires peuvent travailler sur des prototypes et tester des conceptions avec une intégration en temps réel aux systèmes de l'atelier.

Le dernier niveau de connectivité se situe lorsque les machines de l'usine sont connectées à un nuage permettant la surveillance à distance, la maintenance prédictive et la gestion de la qualité.

« Manufacturers get smarter for Industry 4.0 », inform.tmforum.org, novembre 2016.

DOC. 2 Harley-Davidson se regroupe avec des opérations numérisées

Dans l'usine de fabrication Harley-Davidson, chaque machine est un appareil connecté et chaque variable est continuellement mesurée et analysée. La machine fournit des données de performance que le système de fabrication utilise pour anticiper les problèmes de maintenance avant que les machines ne tombent en panne, minimisant ainsi les interruptions du flux de travail. L'intégration du commerce électronique permet aux clients de personnaliser leurs motos en choisissant des couleurs de peinture, des conceptions de cadre et des tailles de réservoir d'essence. Les concessionnaires se connectent en ligne au processus de fabrication Harley-Davidson et les clients passent leurs commandes personnalisées immédiatement à l'achat.

Harley-Davidson a connu des améliorations incroyables depuis son déménagement dans une usine intelligente. La société a réduit ses coûts d'exploitation de 200 millions de dollars dans une seule usine et a constaté une efficacité de sa chaîne de production. Le plus grand changement est la rapidité d'exécution des commandes. Harley-Davidson est passé d'un calendrier de production fixe de 21 jours pour les nouvelles commandes à seulement six heures.

Synthèse

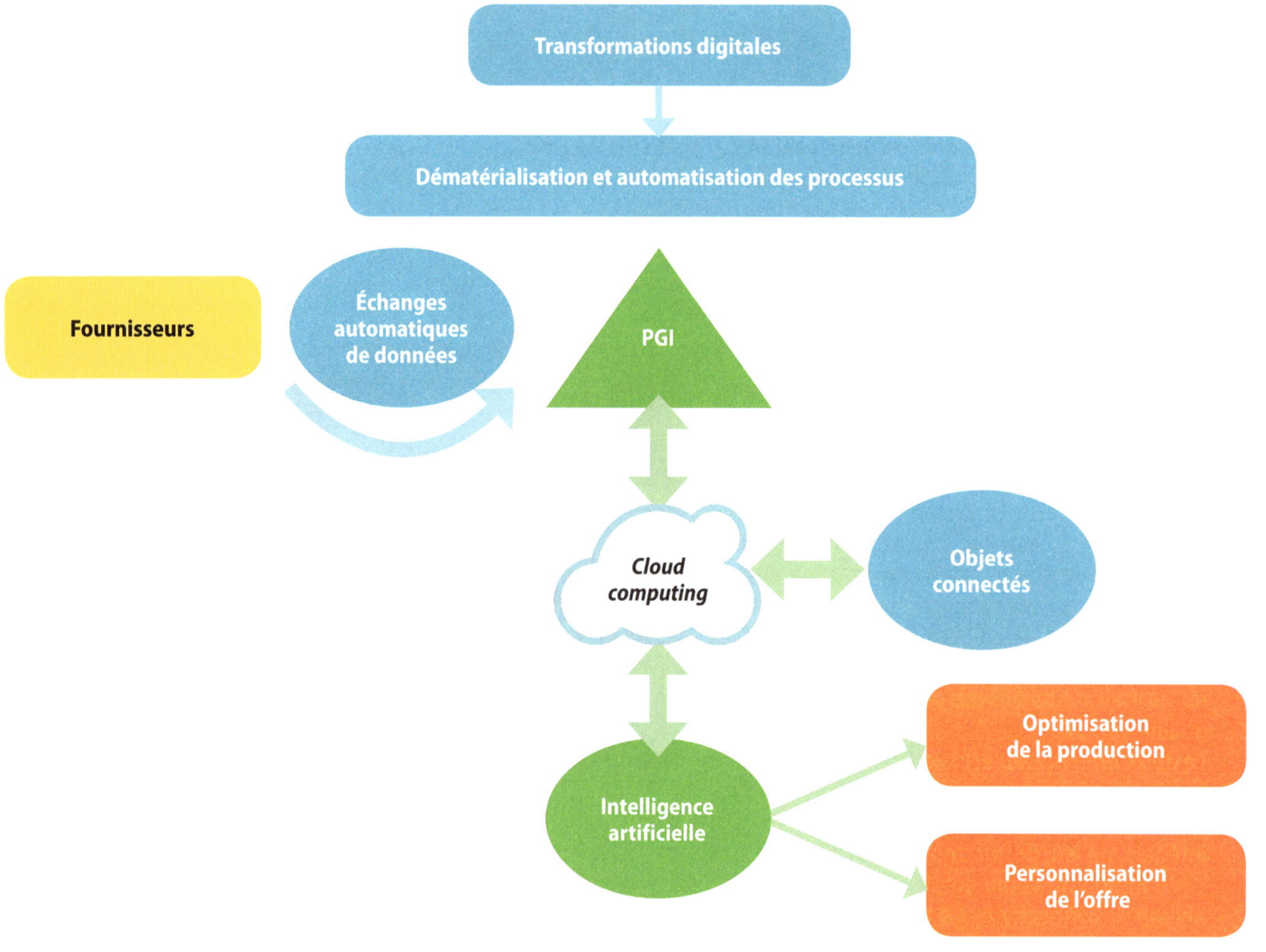

Lexique

- **Automatisation des processus :** consiste à faire exécuter des tâches par des machines avec une intervention humaine nulle ou partielle.
- **Dématérialisation :** consiste à remplacer les supports matériels par des supports immatériels informatisés.
- **Diagramme de flux :** représentation graphique d'un processus.
- **Données ouvertes :** données auxquelles l'accès est totalement public et libre de droit, au même titre que l'exploitation et la réutilisation.
- **Flux de travaux (*workflow*) :** représentent l'ensemble des tâches nécessaires et les acteurs impliqués dans la réalisation d'un processus.
- **Informatique en nuage (*cloud computing*) :** permet d'accéder à un ensemble de données à distance via Internet. Cela désigne le stockage et l'accès aux données par l'intermédiaire d'Internet plutôt que via le disque dur d'un ordinateur.
- **Intelligence artificielle :** ensemble de techniques mises en œuvre pour simuler l'intelligence humaine.
- **Objet connecté :** objet équipé d'un capteur ou d'une puce qui peut recevoir et transmettre des données et/ou des instructions en se connectant à un réseau.
- **Transformation digitale :** consiste pour une organisation à intégrer les technologies digitales dans l'ensemble de ses activités. La transformation digitale se traduit par une automatisation des processus et une dématérialisation.

Comment organiser et coordonner le travail ?

8

Capacités

- Distinguer et justifier le type d'organisation du travail choisi.
- Décrire les mécanismes de coordination mis en place.

Avant la classe

Vidéo : « Retour sur l'histoire de Netflix »
liennathan.fr/uk982p

▶ **Expliquez comment l'entreprise Netflix a révolutionné la consommation de films et de séries TV.**

Situation

Leader mondial du divertissement en ligne, l'entreprise Netflix diffuse des programmes dans une multitude de genres et de langues dans plus de 190 pays. Avec un forfait sans engagement, les 148 millions d'abonnés Netflix bénéficient d'un accès illimité aux séries, documentaires et films que propose la plateforme. Ils peuvent regarder, suspendre puis reprendre leur lecture depuis n'importe quel écran connecté à tout moment et sans publicité.

L'aventure Netflix commence en 1997 lorsque Reed Hastings fonde, avec Marc Randolph, l'entreprise spécialisée dans la location de DVD par correspondance, *via* Internet. Selon la journaliste Gina Keating, auteur d'un livre sur l'histoire de Netflix, les fondateurs voulaient être « les Amazon de quelque chose ! ». Reed Hastings raconte que le concept est né lorsqu'il a dû payer des pénalités de retard en rapportant un film à un loueur de DVD. Il est alors convaincu de l'avenir du streaming et de la diffusion de films en ligne. En 2009, son catalogue compte déjà plus de 100 000 références.

Mais le point fort de la plateforme réside dans son puissant algorithme de recommandations mis au point par ses ingénieurs. Le comportement de chaque utilisateur et l'historique de ses visionnages sont analysés afin de lui proposer des programmes adaptés à son profil. L'algorithme permet aussi à Netflix de fabriquer son propre contenu en produisant des films et des séries adaptés aux goûts des utilisateurs. Reed Hastings révolutionne également le mode de consommation en laissant à ses abonnés le choix de regarder leurs séries à leur rythme.

1 Caractériser la division du travail

DOC. 1 La production de séries TV aux États-Unis : du script au tournage de l'épisode

Engager le *showrunner* et les producteurs
Une fois que la chaîne a sélectionné un script pour une nouvelle série et donné son feu vert pour lancer le projet, la production engage le showrunner […] qui […] suit le bon déroulement de la série […], écrit le scénario, les épisodes les plus importants […] et recrute les talents. […] Il assure la direction artistique de la série. Il doit être aussi un vrai gestionnaire et bon manager capable de superviser l'ensemble du processus : écriture, production, tournage, relations avec les chaînes, promotion…
Le producteur et le *showrunner* forment l'équipe de scénaristes qui va travailler sur la série et procèdent à l'embauche des acteurs et de l'équipe technique.
Ensemble, ils doivent également établir le budget et veiller à ce qu'il ne soit pas dépassé.

Recruter les acteurs et l'équipe technique
Durant cette étape de pré-production d'un épisode […], le *showrunner* et les producteurs peuvent s'adresser à une agence artistique ou à un directeur de casting pour recruter les acteurs.
Au sein de l'équipe technique, à la différence du cinéma, le réalisateur est un employé comme les autres, au même titre que le directeur de la photographie, le chef décorateur […] ou le monteur. Il dépend du showrunner et peut changer d'un épisode à l'autre.
Au total, plus de 80 personnes peuvent travailler ensemble à la conception d'un épisode de série TV.

Tourner
Le tournage d'un épisode, très rapide par rapport au cinéma, prend en général 6 à 10 jours. Sur le tournage d'une série, l'équipe de scénaristes […] peut interrompre le tournage pour réécrire. C'est le *showrunner* qui affecte les écritures, supervise les réécritures, tout en gérant le planning global de la production. […] Pendant le tournage, c'est le *showrunner* qui donne les instructions au réalisateur. Il peut faire remplacer un acteur si besoin. Il supervise le montage, et le contrôle du produit final.
Le tournage se déroule en flux tendus, l'écriture et la production étant menées ensemble concomitamment.

http://mediamerica.org

DOC. 2 La division du travail dans une organisation

Division verticale du travail

Séparation des tâches d'encadrement et d'exécution

→ Les lignes hiérarchiques peuvent être plus ou moins importantes.

Division horizontale du travail

Répartition des tâches entre salariés d'un même niveau hiérarchique : **définition des postes de travail**

Polyvalence des salariés réalisant des tâches variées
→ Favorise l'**enrichissement des tâches**

ou

Spécialisation des salariés réalisant des tâches réduites et répétitives
→ Le travail est parcellisé.

Situation Reed Hastings, le PDG de Netflix, mise sur l'excellence et l'envie de révolutionner la télévision. Il estime que l'organisation du travail doit reposer sur deux principes indissociables : « liberté et responsabilité » de chacun. Considérer chaque employé comme un adulte aux commandes de son job, tel est son credo. Cependant, le temps est compté sur le tournage d'une série et l'organisation du travail doit être parfaitement cadrée pour ne pas prendre de retard.

1 Repérez les différents postes présents sur le tournage d'une série TV. Doc. 1

2 Comment sont réparties les tâches dans l'équipe technique ?

Peut-on dire qu'une spécialisation des postes apparaît au sein de cette équipe ? Justifiez votre réponse. Docs 1 et 2

3 À votre avis, pourquoi cette spécialisation des postes est-elle nécessaire sur le tournage d'une série TV ? Doc. 1

4 Repérez le lien hiérarchique entre le poste de *showrunner* et les autres postes de travail. Justifiez votre réponse. Docs 1 et 2

5 Identifiez les tâches réalisées par le *showrunner*. Montrez que ce poste favorise la polyvalence. Docs 1 et 2

6 À votre avis, pourquoi cette polyvalence est-elle nécessaire sur le tournage d'une série TV ? Doc. 1

Faites le point ! STMG_Management_Term_ch08_point_partie1.pdf

2 Distinguer les types d'organisation du travail

DOC. 3 Pourquoi Netflix entre dans une phase de turbulences

Pour la première fois depuis son lancement en 2011 aux États-Unis, la plateforme de vidéos à la demande a enregistré une baisse du nombre d'abonnés.
Le groupe américain dépense des milliards de dollars chaque année pour produire ses contenus originaux et cela se répercute sur les utilisateurs. Après les États-Unis et le Royaume-Uni, Netflix a décidé de gonfler les prix des abonnements en France. Les plateformes concurrentes […] proposent des prix plus attractifs.
L'autre problème de Netflix est la concurrence accrue des plateformes […] comme Amazon Prime Video ou Hulu […]. [Apple] a annoncé le lancement d'Apple TV + […]. Disney aussi est sur la ligne de départ, avec le lancement de Disney+ […]. […] Warner Media a aussi décidé d'investir dans le streaming vidéo en lançant HBO Max […].

Netflix perd des contenus stratégiques

[Le] groupe Warner Media a annoncé qu'il allait reprendre à Netflix les 10 saisons et 256 épisodes de *Friends*.
L'offre de la plateforme de Reed Hastings risque d'autant plus de maigrir avec le lancement de Disney+. La firme aux grandes oreilles souhaite en effet rapatrier en exclusivité la totalité de ses productions […].

www.franceinfo.fr

DOC. 4 Les abonnés lancent le « #CancelNetflix » pour exprimer leur colère

[Les] annulations se suivent dans le catalogue de Netflix. […] La dernière annulation […] de la série *The OA* a provoqué un nouveau tollé sur les réseaux sociaux, où quelques fans en colère ont lancé un mouvement de désabonnement […] suivi par un nombre impressionnant d'internautes.

www.20minutes.fr

DOC. 5 L'évolution de l'organisation du travail

1880

Les Trente Glorieuses 1950-1973

Taylorisme : une « organisation rigide » du travail

1er modèle d'organisation du travail (OST : organisation scientifique du travail) mis en place par l'ingénieur américain Taylor dans un contexte d'essor de l'industrialisation

- Une spécialisation des postes de travail (division horizontale)
- Une forte hiérarchie (division verticale)
- Un salaire au rendement pour plus de productivité

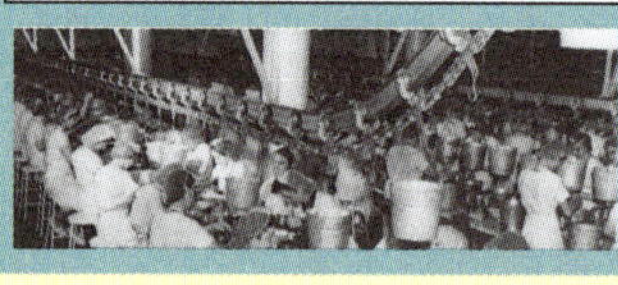

Une organisation du travail adaptée à un environnement stable, prévisible et à un mode de production en grande série avec des produits standardisés

1962 chez Toyota et 1970 en France

Toyotisme : une « organisation souple » du travail

Modèle d'organisation du travail inventé par l'ingénieur japonais Ohno et mis en place chez Toyota dans un nouveau contexte économique

- Une polyvalence des salariés (autonomes et responsables)
- Une production en flux tendus à la demande du client avec moins de gaspillages (*lean management*)

Une organisation du travail adaptée à un environnement instable, complexe, changeant, difficilement prévisible (concurrence accrue, clients plus exigeants) et à un mode de production à l'unité ou en petites séries avec des produits différenciés. Elle permet d'obtenir un haut niveau de **flexibilité** (adaptation aux sollicitations de l'environnement) et de **réactivité** (rapidité de réponse à la demande).

Vidéo : « L'évolution des organisations vers le *lean management* »
liennathan.fr/t133qz

Situation Netflix a non seulement révolutionné le marché de la vidéo en ligne mais a également réinventé la façon de gérer les ressources humaines. Patty McCord, qui a occupé le poste de directrice des ressources humaines pendant 14 ans, a mis en place avec Reed Hastings un management innovant.

7 Montrez que l'environnement dans lequel Netflix évolue est complexe et instable. Docs 3 et 4

....

....

....

....

8 À partir des situations ci-dessous, repérez le principe du taylorisme en rupture avec l'organisation du travail mise en place chez Netflix. Doc. 5

- Les primes récompensant le rendement des salariés habituellement distribuées dans les organisations traditionnelles sont abandonnées par la direction de Netflix, qui estime qu'elles n'améliorent pas la performance des « adultes responsables ».

....

....

- Les managers, plutôt que d'être dans une relation « décideur / exécutant », sont encouragés à définir clairement les rôles dans l'équipe. Les salariés sont responsabilisés et autonomes dans leur travail.

....

....

- Netflix favorise le travail en équipe. Le travail doit être inventif et collégial. Les salariés interagissent dans une logique d'enrichissement et d'entraide.

....

....

9 En observant l'évolution historique de l'organisation du travail, caractérisez l'organisation du travail de Netflix. Doc. 5

....

....

....

....

10 Pourquoi cette organisation permet-elle d'être plus flexible et réactive ? Docs 3, 4, 5

....

....

....

....

....

Faites le point ! STMG_Management_Term_ch08_point_partie2.pdf

3 Décrire les mécanismes de coordination du travail

DOC. 6 Extrait d'une interview de Reed Hastings, PDG de Netflix

AlloCiné : ***Avant Netflix, vous avez créé une autre société, Pure Software. Avec le recul, […] vous avez appris des choses à ne pas reproduire justement avec Netflix ?***

Reed Hastings : Tout avait bien commencé avec Pure Software. Et plus nous sommes devenus « gros », plus ça s'est gâté. Neil Hunt, notre directeur technique chez Netflix, était déjà à mes côtés. Et il pourra vous en dire un peu plus justement… […] Et précisément peut-être sur le trop grand nombre de règles que nous avions établies à l'époque. Avec Netflix, nous avons essayé d'aborder ces problèmes différemment.

www.allocine.fr

DOC. 7 La culture Netflix : liberté et responsabilité

L'augmentation de la taille d'une entreprise entraîne un fonctionnement plus complexe et une nécessité de faire évoluer les mécanismes de coordination. Par exemple, une entreprise dont le volume d'activité augmente peut avoir tendance à accentuer le contrôle des salariés par le biais de procédures de plus en nombreuses.

Avec le développement de Netflix, Reed Hastings prend le chemin inverse. Selon lui, les talents peuvent fuir des procédures rigides qui nuisent à la créativité. Il aime se référer à la citation d'Antoine de Saint-Exupéry : « Si vous voulez construire un bateau, il est inutile de réunir des hommes, de leur donner des ordres et de répartir les tâches. Donnez-leur simplement l'envie de partir à la découverte des mers lointaines. »

DOC. 8 Les mécanismes de coordination selon Henry Mintzberg

Henry Mintzberg (1939), professeur de management à l'université de Montréal, met en évidence six mécanismes principaux de coordination permettant d'articuler les tâches divisées et réparties entre les membres de l'organisation.

	**L'ajustement mutuel** La coordination du travail est effectuée par simple communication informelle (généralement orale).
	**La supervision directe** La coordination du travail est effectuée grâce à un responsable hiérarchique qui donne des ordres à ses subordonnés et contrôle leur travail.
	**La standardisation des procédés de travail** La coordination du travail est effectuée grâce à des procédures de travail définies avec précision. Ces procédures peuvent être automatisées. Par exemple, chez Pizza Hut en Asie, le robot Pepper a permis d'automatiser certaines tâches répétitives (prise de commande, paiement…).
	**La standardisation des résultats** La coordination du travail est effectuée par la fixation d'objectifs à atteindre. Elle nécessite un système de contrôle (reporting). Par exemple, un commercial doit atteindre un certain montant de chiffre d'affaires mensuellement.
	**La standardisation des qualifications** Cette méthode est utilisée quand le travail nécessite une large autonomie due à la formation spécifique de celui qui exécute le travail. Par exemple, l'expert-comptable a besoin d'un diplôme professionnel spécifique pour exercer son métier. Ses qualifications lui permettent d'exécuter son travail en toute autonomie.
	**La standardisation des normes** Les membres de l'organisation adhèrent à des normes qui sont établies pour l'organisation dans sa globalité. Ces normes correspondent à des valeurs collectives partagées, des croyances qui peuvent provenir de l'histoire de l'organisation, de pratiques communes aux membres de l'organisation. Ce mode de coordination apparaît notamment dans certains ordres religieux.

Situation En 1991, Reed Hastings cofonde Pure Software, société spécialisée dans la détection et la réparation de bugs de logiciels qui connaît un vrai succès. Il la revend pour 750 millions et utilise l'argent pour créer Netflix. Entre les deux entreprises, sa façon d'organiser le travail et de manager les hommes a changé. Surnommé « L'Animal » chez Pure Software, il est déterminé à créer, chez Netflix, une culture favorisant l'épanouissement des salariés.

11 Pourquoi Reed Hastings a-t-il fait évoluer les mécanismes de coordination en créant l'entreprise Netflix ? Docs 6 et 7

....

....

....

....

12 À partir des situations ci-dessous, repérez les mécanismes de coordination utilisés. Doc. 8

- Chez Pure Software, Reed Hastings préférait la communication à sens unique et imposait ses directives à son personnel. La mise en place de procédures n'a fait qu'augmenter avec la croissance de l'entreprise.

....

- Chez Netflix, les salariés hautement qualifiés sont autonomes pour réaliser leur travail. Reed Hastings mise sur la liberté des salariés qui interagissent de manière informelle, renforçant ainsi leur créativité.

....

- La direction des ressources humaines de l'entreprise Amazon exige que chaque salarié pointe matin et soir en décomptant les temps de pause. Ces règles permettent aux salariés de percevoir, le cas échéant, des heures supplémentaires.

....

- Les avocats de Price Waterhouse Coopers sont évalués au temps facturé au client. Ils sont autonomes pour gérer leurs dossiers, chacun maîtrisant parfaitement son domaine (droit du travail, des sociétés, de la concurrence…).

....

- Chez Decathlon, chaque responsable de rayon est évalué sur plusieurs critères, comme la marge dégagée sur son rayon, le nombre de clients, le panier moyen… Tous ces indicateurs sont regroupés dans un tableau de bord mensuel.

....

13 Identifiez les mécanismes de coordination privilégiés en fonction de l'organisation du travail choisie. Docs 5 et 8

– dans une organisation du travail rigide ;

....

....

– dans une organisation du travail souple.

....

....

Faites le point ! STMG_Management_Term_ch08_point_partie3.pdf

4 Caractériser le degré de centralisation du pouvoir

9 Les ingénieurs Netflix spécialisés dans le développement des algorithmes

L'évolution technologique de la plateforme Netflix entraîne une complexification des tâches. Le développement d'algorithmes de plus en plus puissants nécessite de confier des tâches très spécialisées à des ingénieurs. Ces derniers ont besoin d'être autonomes et responsables dans la réalisation de ces tâches complexes. Par conséquent, la direction générale doit déléguer son pouvoir de décision afin qu'ils puissent prendre librement les décisions nécessaires. Reed Hastings, PDG de Netflix, n'hésite pas à déléguer son pouvoir de décision à ses équipes. Cela signifie concrètement que les niveaux intermédiaires de l'entreprise, c'est-à-dire les cadres se trouvant sur la ligne hiérarchique, sont à même de prendre des décisions sans avoir à lui en référer. La délégation de pouvoir accordée nécessite alors de mettre en place un système de contrôle (reporting) qui permet à la direction de s'assurer que les bonnes décisions ont été prises. « Le retour d'information fait partie intégrante de notre façon de communiquer et de travailler », souligne Reed Hastings.

DOC. 10 Comment Netflix réinvente le conseil d'administration

Obsédé par la transparence, le leader du streaming vidéo donne l'accès aux réunions des dirigeants et aux mémos internes de l'entreprise aux administrateurs indépendants.
Les membres du conseil d'administration des entreprises de la Silicon Valley n'ont souvent qu'un rôle de façade. […] Le leader du streaming a adopté une approche radicalement différente du partage d'information, dans le but d'augmenter la transparence entre le PDG, l'équipe dirigeante et les administrateurs […]. Le débat alimenté par une meilleure circulation de l'information aide à prendre des décisions difficiles, comme le passage de la vente de DVD au streaming et les investissements dans les contenus originaux. […] D'abord, tous les membres du conseil d'administration ont le droit d'assister aux réunions mensuelles et trimestrielles organisées par les cadres dirigeants […]. Ils ont également accès à un mémo trimestriel […] mis en ligne en amont de la réunion du conseil d'administration […] et peuvent questionner directement l'équipe dirigeante sur la plate-forme hébergeant le mémo interactif […]. Cette transparence […] est centrale à la philosophie d'entreprise de Netflix […]. La société indique partager « systématiquement » les documents internes avec chaque salarié, de l'audience des contenus aux avancées des concurrents. Cinq cents salariés ont également accès aux rémunérations de tous les employés, indique le *Wall Street Journal*. Reed Hastings tient en horreur la culture du secret d'Apple, où les salariés d'un département ne savent pas sur quoi les autres travaillent. Selon le […] patron de Netflix, la transparence débouche sur un fonctionnement horizontal responsabilisant chaque employé. « Je suis fier de prendre aussi peu de décisions que possible », déclare-t-il souvent.

Anaïs Moutot, www.Les Echos.fr, 18 janvier 2019.

DOC. 11 Le degré de centralisation du pouvoir

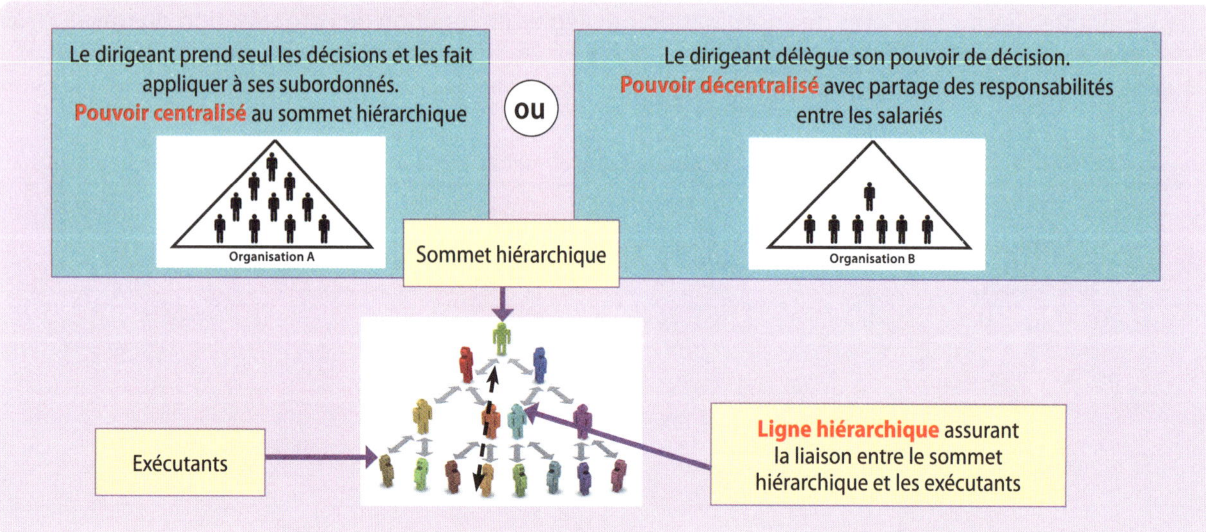

Situation Reed Hastings et Patty McCord (ex-directrice des ressources humaines) ont mis en ligne une présentation de 124 diapositives résumant l'esprit de la culture Netflix. Ce document, consulté plus de 11 millions de fois, met en avant la confiance dans la gestion des équipes, l'absence de contrôle des salariés considérés comme des « adultes responsables ». L'entreprise va même leur offrir des vacances illimitées pour qu'ils soient plus performants dans leur travail. Cette mesure est cependant largement critiquée dans la Silicon Valley, où la culture de l'effort et de la performance est si forte que personne n'oserait abuser des vacances !

14 En vous basant sur l'exemple de l'ingénieur spécialisé dans le développement des algorithmes, expliquez pourquoi Reed Hastings délègue son pouvoir de décision à la ligne hiérarchique. Doc. 9

....

....

....

....

15 Pourquoi est-il important de mettre en place un système de contrôle lorsque le pouvoir est délégué ? Doc. 9

....

....

....

....

16 Comment est diffusé le pouvoir de décision chez Netflix ? Justifiez votre réponse. Doc. 10

....

....

....

....

....

17 Quel est l'intérêt pour Reed Hastings d'augmenter la transparence dans la prise de décision ? Doc. 10

....

....

....

....

18 Caractérisez le degré de centralisation du pouvoir chez Netflix. Docs 9, 10, 11

....

....

....

Faites le point ! STMG_Management_Term_ch08_point_partie4.pdf

Applications

1 Testez vos connaissances

Indiquez la ou les bonnes réponses aux propositions suivantes.

1. La flexibilité correspond à la capacité de l'organisation à :
   a. partager le pouvoir de décision.
   b. s'adapter à son environnement.
   c. répondre rapidement aux intérêts des actionnaires.
2. Le taylorisme est :
   a. une forme souple d'organisation du travail.
   b. une forme rigide d'organisation du travail.
   c. un mécanisme de coordination basé sur la confiance.
3. L'ajustement mutuel :
   a. permet aux collaborateurs de se coordonner par de simples échanges.
   b. consiste à désigner un supérieur hiérarchique pour superviser le travail de l'équipe.
   c. consiste à fixer des normes pour assurer la coordination des tâches dans l'organisation.
4. Un salarié polyvalent :
   a. réalise des tâches variées.
   b. réalise la même tâche de façon répétitive.

2 Différencier organisation du travail rigide et organisation du travail souple

★

Pour chaque situation, précisez s'il s'agit d'une organisation du travail rigide ou souple. Justifiez vos réponses.

1

2

3

4

3 Analyser une organisation du travail

1. Peut-on dire que les salariés de Zara travaillent en équipe et en autonomie ?
2. Identifiez les principes du *lean management* chez Zara ?
3. Montrez que le système du « juste-à-temps » mis en œuvre chez Zara permet à l'entreprise d'être flexible et réactive.
4. À quelle forme d'organisation s'apparente l'entreprise Zara ?

DOC. 1 L'histoire de Zara

Zara, chaîne de magasins de vêtements appartenant au groupe espagnol Inditex (qui possède aussi les marques Massimo Dutti, Bershka, Pull and Bear, Stradivarius, Oysho…), affiche une forte croissance avec 2000 magasins dans 88 pays et une nouvelle boutique ouvrant toutes les trois semaines. Une belle histoire qui commence en 1963, lorsque Amancio Ortega et sa femme Rosalia Mera ouvrent un atelier de confection spécialisé dans le pyjama et la robe de chambre à La Corogne, en Espagne. Tombés sous le charme de la ville de Zadar à l'occasion d'un voyage en Croatie, ils donnent le nom de Zara à leur marque et ouvrent en 1975 leur première boutique.

Vidéo : « Zara, l'histoire de la marque »
liennathan.fr/2p8k2p

DOC. 2 Le *lean management* chez Zara

La clientèle de Zara est […] constamment tenue en haleine par le haut niveau de flexibilité et de réactivité que l'entreprise est capable d'atteindre grâce à un système sophistiqué de retour d'information constant de ses points de vente à ses 200 créateurs. En moyenne, un client visite un magasin Zara dix-sept fois par an, contre trois fois seulement pour la plupart des autres points de vente de mode […] grâce à la mise en œuvre d'une stratégie d'abord employée dans l'industrie automobile chez Toyota, celle de la fabrication juste à temps et […] d'une production dite « allégée ». En utilisant les principes fondamentaux du lean management, modèle de fabrication sans gaspillage, Zara a maintenu sa base d'approvisionnement […] en Espagne. Son stock est remarquablement bas […]. Grâce à une approche kanban[1] […] utilisant des radio-étiquettes RFID (*Radio Frequency Identification*), l'entreprise peut suivre de près son inventaire. Des petites commandes sont passées fréquemment afin que les clients ne soient pas obligés d'attendre, […] ce qui lui permet alors de livrer de tous nouveaux modèles à ses points de vente en seulement 15 jours. Un flux constant de données concernant les produits les plus populaires permet également d'analyser les tendances actuelles et futures.
À la fin de chaque journée, les directeurs de magasin transmettent électroniquement les commentaires des clients, y compris les retours, les plaintes, les conseils afin de développer un processus d'amélioration continue pour aider les centres de distribution et de conception à corriger rapidement tout problème et à assurer une amélioration continue de la satisfaction des clients.

www.willpowerediting.com

1. « *Kanban* » est un mot japonais qui signifie « étiquette ».

4 Analyser l'évolution d'une organisation du travail

★★

1. Identifiez le modèle d'organisation du travail mis en œuvre chez Harley Davidson jusqu'aux années 1980.
2. Pourquoi l'entreprise Harley-Davidson a-t-elle fait évoluer l'organisation de son travail ?
3. Quels sont les principaux changements en matière d'organisation du travail ?
4. Montrez que la performance sociale contribue à améliorer la performance économique.

DOC. 1 L'Américaine concurrencée par les Japonaises

« Permettre [aux Américains] d'aller plus vite et plus loin de façon plus confortable que ne le permet une simple bicyclette » : tel était le projet d'association proposé par Arthur Davidson à son ami d'enfance, William Harley. […] L'entreprise américaine Harley Davidson était alors structurée selon un modèle pyramidal favorisant la silotisation des tâches et une stricte hiérarchie séparant les fameux « cols blancs » et « cols bleus ». La croissance de l'entreprise américaine est rapide : en 1920, elle compte déjà 2 400 ouvriers qui produisent 27 000 deux-roues, ce qui lui permet d'être présente dans environ trente pays et de devenir le numéro un mondial de son secteur.

Mais le succès de Harley Davidson entre les années 1920 et 1960 est subitement freiné par l'arrivée d'un nouvel entrant sur le marché américain : en 1959, l'American Honda Motor Company est créée et fait chuter drastiquement les parts de marché du leader américain. Entre 1960 et 1965, les ventes de Honda aux États-Unis passent de 500 000 dollars à 77 millions de dollars […]. En 1982, Honda détient 85 % des parts de marché. Le secteur de l'automobile en général et de la moto en particulier figure donc parmi les premiers secteurs économiques ayant subi la confrontation de deux modèles d'organisation : le modèle « *lean* » développé dans les usines japonaises s'avère bien plus efficace que le modèle fordiste qui était alors la norme américaine.

Clara Bader, Quentin Gouttebaron, Dora De Lima et Florian Morandeau, www.managerlenchanteur.org, 4 février 2017.

DOC. 2 Harley Davidson change son organisation du travail

Tout d'abord, au niveau structurel, le groupe a décidé d'en finir avec les structures verticales rigides ! À la place, des groupes sont créés sur le tas en fonction des projets du moment. Ainsi, des cercles de travail ont été mis en place afin de fonctionner par projet et non selon la position hiérarchique des collaborateurs concernés.
La fin des structures hiérarchiques a permis de remettre les collaborateurs et leurs compétences au centre des décisions managériales […].

https://changethework.com

En donnant plus de responsabilités à ses salariés, le constructeur Harley Davidson a mieux résisté à la concurrence.
[Dans] les années 1980, l'entreprise […] a rencontré des difficultés face à la forte concurrence japonaise. En réaction, la direction de l'entreprise a décidé de responsabiliser ses employés, en transformant ses opérateurs-automates en travailleurs intelligents, clé de survie pour cette entreprise en crise.
Lignes hiérarchiques raccourcies
En faisant confiance aux équipes, les résultats ont été spectaculaires (avec des marges d'exploitation supérieures à 30 %), c'est pourquoi la direction a décidé d'aller plus loin dans cette démarche en l'appliquant à l'échelle de toute l'entreprise, y compris en allant jusqu'à la suppression du comité exécutif.

Étienne Roy, Les Echos, 23 octobre 2016.

5 Se préparer au bac

Identifier le type d'organisation du travail et les mécanismes de coordination mis en place par Amazon Mechanical Turk

1. Quelle forme d'organisation adopte Amazon Mechanikal Turk ?
2. Retrouvez les principes de cette organisation du travail.
3. Quels sont les mécanismes de coordination mis en œuvre par Amazon Mechanical Turk ? Justifiez votre réponse.

DOC. 1 Amazon Mechanical Turk

Amazon Mechanical Turk est une marketplace 1 de *crowdsourcing* créée en 2005 qui utilise l'intelligence humaine pour réaliser des tâches que les ordinateurs sont actuellement incapables d'effectuer en mettant en relation des start-up, des entreprises, des chercheurs, des artistes, avec des particuliers. Le nom donné par Amazon fait référence au canular du « Turc mécanique », automate joueur d'échecs construit à la fin du XVIIIe siècle, dans lequel se cachait en réalité un être humain !

1. Plateforme sur Internet qui met en relation des acheteurs et des vendeurs.

DOC. 2 Amazon et le *crowdsourcing*

[Par] *crowdsourcing*, on entend le fait de mobiliser l'intelligence d'un très grand nombre de personnes, la foule, pour réaliser des missions sous-traitées par des entreprises, des organisations ou encore des particuliers. [...] Le contexte économique tendu pour les particuliers et le besoin d'optimisation rapide pour les entreprises n'ont fait que renforcer ce qu'on pourrait définir comme une [...] nouvelle forme de travail [...].

Des micro-tâches peu rémunératrices que la machine ne peut réaliser

Concrètement, ces petites missions peuvent consister en [...] de la transcription de sons, de la traduction de courts textes ou encore de la catégorisation de données, du tagging[1], [...] de l'extraction et de la digitalisation d'information depuis un support physique (dans la construction d'un site de vente en ligne) mais aussi de la simple recherche et vérification de données sur le Web (horaires d'ouverture, etc.).

[Par exemple,] on peut se voir proposer de trouver l'URL [identifiant d'accès] d'une image correspondant à une description de boisson alcoolisée. [Cette] tâche auquel l'offreur alloue 5 minutes de temps [...] sera rémunéré[e] 0,04 $.

[Si] la tâche n'est pas effectuée dans le temps imparti, la mission est automatiquement remise sur le marché.

Pour les membres de ces communautés, l'avantage réside dans la liberté offerte par les plateformes de crowdsourcing. Comme sait le mettre en avant [Amazon Mechanical Turk] en première page de son site, le contributeur peut travailler depuis chez lui, en toute flexibilité, donc quand il le souhaite.

Cette forme de travail contemporaine [...] gêne [...] parce que les contributeurs, qui n'ont certes pas de devoirs vis-à-vis de la plateforme elle-même ou de l'entreprise commanditaire, ne semblent pas avoir de droits non plus. Les membres de ses communautés ne disposent pas de contrat de travail. D'ailleurs, le mot « travail » est rarement employé. On parle à la place de contribution, de récompense ou défraiement et non de salaire ou rémunération. Face aux voix qui s'élèvent pour dénoncer une forme de travail dissimulé, les plateformes répondent que la participation du contributeur est libre, volontaire. Celui-ci n'est en effet nullement contraint de réaliser un minimum d'heures ou un minimum de missions. Aussi, il n'est pas manifestement en mesure de dégager de revenus comparables à un salaire.

https://atelier.bnpparibas

1. Le tag est un mot-clé qui permet de regrouper une série de pages ou d'articles sous un même thème.

DOC. 3 Les « clickworkers »

Les « clickworkers » ou travailleurs du clic [...] travaillent chez eux, derrière leur ordinateur, à des horaires qui sont dictés par les clients, pour des tâches simples et répétitives [...]. Ces travailleurs se disent « enchaînés » à leur ordinateur. Les tâches peuvent apparaître n'importe quand, et il faut être rapide. Certains se créent des alertes qui les réveillent au milieu de la nuit. Ensuite, le temps pour réaliser le travail étant limité, il ne faut pas traîner. Avec les conséquences que l'on peut imaginer sur la vie familiale. Car, comme ces tâches sont très peu rémunérées, il faut en effectuer beaucoup.

www.franceculture.fr

Synthèse

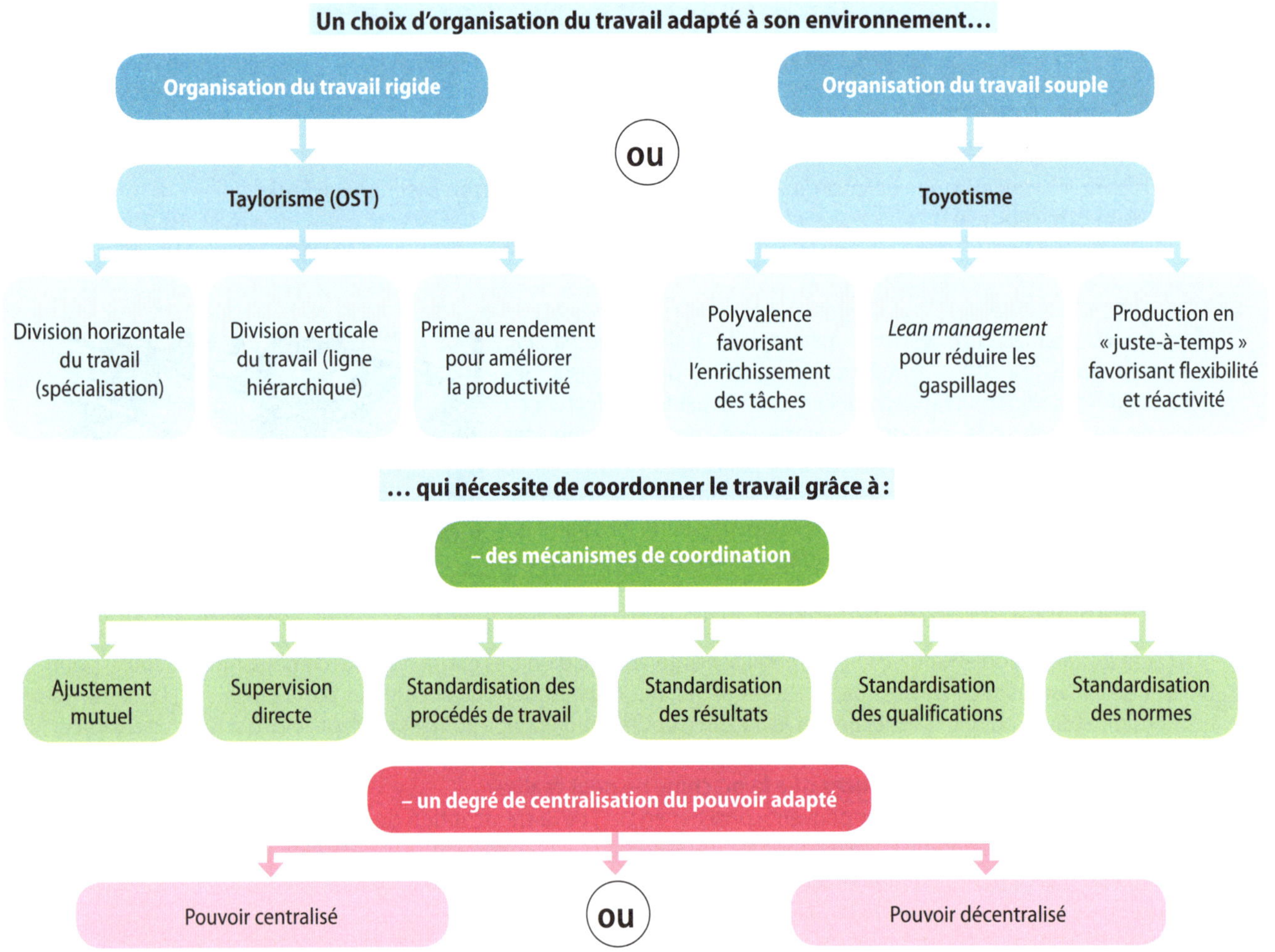

Lexique

- **Flexibilité :** capacité de l'organisation du travail à s'adapter pour mieux répondre aux sollicitations de son environnement.
- **Enrichissement des tâches :** le salarié réalise des tâches d'un contenu plus qualifié et responsable.
- ***Lean management* :** (*lean* : « maigre, sans gras ») participation de l'ensemble des salariés à la lutte contre le gaspillage en éliminant toutes les activités non rentables de l'entreprise.
- **Ligne hiérarchique :** cadres assurant la liaison entre la direction générale et les exécutants.
- **Mécanismes de coordination du travail :** modes de répartition des tâches entre les membres de l'organisation visant à assurer la cohérence de l'ensemble du travail.
- **Organisation du travail rigide :** organisation dans laquelle le pouvoir est centralisé avec une division du travail importante et généralement associée à un environnement stable.
- **Organisation du travail souple :** organisation dans laquelle le pouvoir est décentralisé avec un faible nombre de niveaux hiérarchiques et généralement associée à un environnement instable et incertain.
- **Polyvalence :** capacité du salarié à réaliser des tâches différentes et variées.
- **Pouvoir centralisé :** la direction générale prend seule toutes les décisions dans l'organisation.
- **Pouvoir décentralisé :** la direction générale délègue la prise de décision tout au long de la ligne hiérarchique. Il nécessite un système de contrôle (reporting).
- **Réactivité :** capacité de l'organisation du travail à répondre rapidement à la demande.
- **Spécialisation des postes :** le salarié réalise un nombre réduit de tâches répétitives.

Les Tissages de Charlieu (LTC)

L'entreprise évolue dans un contexte dans lequel elle doit innover pour survivre.

À l'aide de vos connaissances et des annexes 1 à 7, vous analyserez la situation de management et de gestion proposée en répondant aux questions suivantes.

Première partie : Analyse du contexte

1. Repérez les finalités de l'entreprise Les Tissages de Charlieu.
2. Décrivez les mécanismes de coordination mis en place au sein de l'entreprise.
3. Relevez et justifiez le mode de production choisi par l'entreprise.
4. Analysez la modalité de croissance retenue par l'entreprise Les Tissages de Charlieu.
5. Repérez les moyens mis en œuvre par l'entreprise Les Tissages de Charlieu pour adapter les compétences de ses ressources humaines à ses besoins.

Deuxième partie : Identification du problème de management et de gestion et proposition de solutions

6. Identifiez le problème de management et de gestion lié à l'évolution de l'entreprise.
7. Indiquez en quoi les technologies numériques pourraient résoudre ce problème.

ANNEXE 1 Les Tissages de Charlieu, entre tradition et modernité

Fondée en 1967 mais installée sur un site existant depuis 1902, l'entreprise Les Tissages de Charlieu est l'héritière d'une longue tradition de tissage dans la ville. Elle a déjà connu plusieurs propriétaires lorsqu'Éric Boël la reprend en 1997. L'activité est alors en perte de vitesse, le carnet de commandes est presque vide et la moitié des métiers est à l'arrêt.

« Le savoir-faire était là, explique le PDG des Tissages de Charlieu. Malgré les changements de propriétaires, l'activité ne s'est jamais arrêtée. Les ouvriers, les tisserands, les gareurs sont restés et leur expertise s'est transmise de personne à personne. Ils sont bien plus importants que les patrons. Lorsque j'ai repris l'entreprise, nous avons eu de la chance. Nous avons reçu un certain nombre de nouvelles commandes qui nous a permis de relancer l'activité. Vingt ans plus tard, nous avons doublé le nombre de salariés. » Dans un secteur textile français qui vit au rythme des fermetures d'usines et des délocalisations face à une concurrence mondiale à bas prix, qu'est-ce qui explique le petit miracle de Charlieu ?

Créativité, diversité et rapidité de production

Éric Boël ne voit qu'une réponse possible : « Notre créativité, notre capacité de production et notre rapidité de livraison. Si nos délais de livraison dépassent trois semaines, non seulement personne n'achètera chez nous, mais nous pouvons être certains que les produits que nous avons créés seront entre-temps reproduits à l'identique en Turquie, en Chine ou en Inde. La contrefaçon dans notre secteur d'activité est un véritable fléau. » Résultat, ici, les métiers tournent 7 jours sur 7, 24 heures sur 24. Chaque mois, 200 000 mètres de tissu sortent des ateliers de Charlieu et 700 nouveaux tissus voient le jour. Depuis 1997, l'équipe de recherche et développement est passée d'une à 16 personnes.
« Notre ADN, ce sont les tissus destinés à l'habillement. Ils représentent 70 % de notre chiffre d'affaires. La plupart de nos clients sont des entreprises françaises de confection qui destinent leurs produits à l'export. Nous développons également des tissus techniques – pour 20 % du chiffre d'affaires – qui

sont tissés avec des fibres techniques (acier, kevlar, microfibres) aux propriétés précises : anti-feu, très absorbants ou connectés . Enfin, nous avons nos propres produits. Ils sont le résultat du travail de nos intra-entreprises. » [...]

En 2011, les Tissages de Charlieu lancent par exemple la marque Létol, une ligne d'étoles en coton bio. Le projet est porté par une des salariés, designer textile, qui, en plus de la marque commerciale, a reçu un compte d'exploitation autonome. Aujourd'hui, l'équipe de Létol regroupe sept personnes. Les étoles sont distribuées dans 450 boutiques dans 23 pays du monde entier. « C'est Sophie Badot la patronne. Personne d'autre qu'elle n'intervient sur les décisions stratégiques qui concernent le choix de son équipe, la marque et les produits. Moi le dernier ! », ajoute Éric Boël. Le succès de la marque a fait des émules parmi les autres salariés de Charlieu. Depuis, elle a été rejointe en 2014 par Tonnerre de Belt, des ceintures en tissu jacquard, et en 2016 par Bis Repetisac, des sacs tissés à partir de fibres recyclées. Une démarche sociale innovante au cœur des valeurs de l'entreprise. Dans l'équipe de création, le télétravail est une pratique courante : « Pas de contrôle, pour qu'ils soient efficaces, les salariés doivent se sentir autonomes et responsables. D'autant plus que nous avons les outils pour travailler à distance, explique Éric Boël. Une liaison par webcam avec les ateliers leur permet de travailler efficacement. Notre ancrage dans le XXIe siècle se fait tout naturellement en fonction des besoins de nos clients et de l'agilité intellectuelle des personnes qui travaillent avec nous pour s'y adapter. » Un modèle social qui attire : l'entreprise n'éprouve aucune difficulté à recruter. Sur les 70 salariés que comptent les Tissages de Charlieu, 10 % ont moins de 25 ans. L'effectif compte aussi 12 % de travailleurs handicapés, un taux supérieur aux minima légaux. Les salariés perçoivent enfin tous les six mois un intéressement calculé sur 25 % du résultat net avant impôt de l'entreprise.

« Les Tissages de Charlieu : un fil entre tradition et modernité », www.inpi.fr.

ANNEXE 2 Les Tissages de Charlieu, une PME qui mise sur le développement durable

Interview d'Éric Boël, dirigeant de la société Les Tissages de Charlieu

Éric Boël [...] dirige depuis une vingtaine d'années les Tissages de Charlieu (LTC), PME spécialisée dans le tissage jacquard pour l'habillement et les textiles techniques, labellisée Entreprise du Patrimoine Vivant (EPV) en septembre dernier. [...] Défenseur d'une entreprise libérée (ou plutôt « partagée ») et d'un management nouveau, ouvert à toutes les initiatives, Éric Boël a une certitude : c'est l'implication des collaborateurs qui fait la performance de la société. Et cela fonctionne. Fortes de son soutien, quatre intra-entreprises incubées chez LTC représentent même aujourd'hui une part non négligeable du chiffre d'affaires en croissance de la PME.

Engagement, échange, créativité et innovation sont au cœur d'une industrie forte de ses savoir-faire et qui a de l'avenir, et c'est donc le modèle que s'applique à défendre Éric Boël, qui revient pour nous sur les facteurs de succès de cette aventure entrepreneuriale et humaine.

Vous proposez 700 nouveaux tissus par mois, 15 de vos collaborateurs travaillent en R&D, ce qui représente un quart de votre effectif ; entre tradition et modernité, l'innovation a pris naturellement une place centrale au sein de LTC, comment pourriez-vous la définir aujourd'hui ?

Pour tisser ensemble du fil, avec de l'innovation, de la créativité, de l'intelligence, de la performance avec de l'exigence, il faut avant tout tisser les liens entre les hommes, c'est-à-dire entre nous, mais aussi avec nos clients et nos fournisseurs. Notre équipe de R&D est la parfaite illustration de cela. Sur les 15 personnes dédiées, 12 d'entre elles fonctionnent en télétravail depuis plus de dix ans, en complète autonomie, elles gèrent leur temps et la relation client de A à Z ; notre conviction est que, pour que chacun puisse donner le meilleur, chacun doit avoir son territoire d'autonomie afin de pouvoir y exercer son art et son intelligence, et cela ne peut se faire que si chacun est responsable.

Créativité et réactivité sont deux axes essentiels de la stratégie de LTC, comme c'est le cas chez la plupart des entreprises toujours en activité en France. Et à travers les différentes armures, les colorations, les types de fils utilisés, nous rendons nos produits plus intelligents.

Nadège Righi, « Interview : Éric Boël, dirigeant de la société Les Tissages de Charlieu », www.modeintextile.fr, 10 juillet 2018.

ANNEXE 3 Éric Boël : « Se démarquer et gagner en compétitivité »

Comment se porte l'industrie textile aujourd'hui ? Quel est le poids du textile français ?

En France, ce secteur représente 2 300 entreprises, 60 000 emplois et 13 Md€ de chiffre d'affaires, dont 8,5 Md€ à l'export. Auvergne-Rhône-Alpes est la première région textile de France avec 640 établissements, 20 000 emplois et 3 Md€ de chiffre d'affaires.

Comment le secteur tire-t-il son épingle du jeu ?

L'industrie textile, qui comprend la filature, le tissage, le tricotage et l'ennoblissement, est moins impactée par la concurrence des pays à faible coût de main-d'œuvre que la filière confection. L'industrie textile française est compétitive par l'intelligence technologique et créative de ses produits.

Vous avez des exemples ?

L'aéronautique, l'automobile, le médical, le bâtiment, la haute couture, la décoration : tous ces secteurs utilisent nos produits. Les fibres de carbone pour l'avion Rafale, les vêtements du GIGN ou des pilotes de F1, les ceintures de sécurité et les airbags des voitures, les rideaux et les sièges des châteaux et grands monuments... sont quelques-unes des applications de nos textiles. Nous sommes une industrie qui comprend des débouchés intéressants.

Quel est l'avenir de la filière ?

La haute technologie et la créativité sont nos deux cartes à jouer. Le potentiel autour du textile connecté est immense et ce marché va beaucoup se développer. Notre savoir-faire est recherché par le milieu de la mode et du luxe : nous maîtrisons des techniques ancestrales tout en faisant preuve d'une grande créativité.

Séverine Renard, « Éric Boël : "Se démarquer et gagner en compétitivité" », www.lejournaldesentreprises.com, 3 juin 2016.

ANNEXE 4 LTC se fait accompagner pour s'adapter aux mutations de son secteur

Le déclin de l'industrie textile en France n'a rien d'inéluctable à condition d'innover. C'est le parti pris d'Éric Boël [...] Pour s'adapter à ces nouveaux marchés, l'entreprise a dû profondément réorganiser la façon de travailler. « On s'emploie à ce que chaque salarié soit épanoui. Pour cela, chacun doit pouvoir être autonome et responsabilisé, se sentir reconnu et utile, trouver du sens à ce qu'il fait », précise Éric Boël. [...] Les changements organisationnels entrepris par le dirigeant ont abouti à ce que le système pyramidal, fondé sur le contrôle, la vigilance, les rapports hiérarchiques figés, laisse place à un système plus horizontal, responsabilisant à chaque niveau de l'entreprise. Cet accompagnement s'effectue dans le cadre du projet Mutéco « Industrie 4.0 et Formation pour le futur ». [...] « Ce projet a pour but d'accompagner les entreprises et les salariés sur le passage d'un niveau de maturité à un autre en termes de transformations numérique et énergétique. Il s'agit d'accompagner les entreprises dans la définition de leur besoin de développement de compétences sur l'évolution des outils de production, la digitalisation des process de fabrication, la sauvegarde des savoir-faire, etc. », précise Erika Gaubert, chef de projet Opcalia en charge du suivi des projets Mutéco. [...]

L'un des récents chantiers d'Éric Boël accompagné par Opcalia consiste à accroître encore plus l'agilité de son entreprise « en développant les compétences globales de l'entreprise, l'entraide entre les collaborateurs et leur sens des responsabilités. » 165 tâches distinctes ont été identifiées dans 60 métiers différents. « Nous avons demandé à chaque salarié de définir son métier, d'identifier les tâches sur lesquelles il peut intervenir pour donner un coup de main, ses souhaits de formation, afin de mettre en adéquation les besoins de l'entreprise et les ressources disponibles », témoigne le directeur, qui s'appuie sur le système de production juste-à-temps d'origine japonaise, le Kanban (« étiquette » en japonais). « Chaque service qui a un besoin l'inscrit sur un tableau à double entrée : besoins et ressources », décrit Éric Boël. « Nous sommes organisés en trois équipes avec des horaires différents. Comme nous ne voulons pas que ce soit le chef d'équipe qui décide, nous avons adopté un système de post-it sur lequel chacun inscrit la compétence dont il a besoin et l'heure à laquelle il souhaite la mobiliser. Les salariés disponibles et aptes à effectuer cette tâche s'emparent du post-it pour signifier qu'ils acceptent de la réaliser. » Cette démarche initiée par l'entreprise en 2015 « prend de l'ampleur et exige la mise en place d'un plan de formation de grande ampleur avec des solutions numériques (Mooc, *rapide learning*...) ». [...] « L'appétence des collaborateurs pour se former est telle que 65 des 70 salariés de l'entreprise demandent à être formés, les cinq autres s'apprêtent à partir à la retraite ».

« Se faire accompagner dans une gestion des compétences qui concilie dimension humaine et développement économique », www.opcalia.com, 24 avril 2018.

ANNEXE 5 Des projets innovants chez LTC

Créative, réactive, humaine et durable, la société LTC (Les Tissages de Charlieu), spécialisée en tissu jacquard, réunit tous les ingrédients de l'entreprise du futur. Classée PERL (Potentiel Enterprise to Real Leader) et ciblée à ce titre comme société à haut potentiel de développement par la région. LTC pourrait ainsi bénéficier d'un accompagnement financier lié à son plan de transformation industrielle prévoyant 2 M€ d'investissement.

L'idée consisterait à robotiser à 100 % la confection de sacs en fibres recyclées puis celle d'autres produits finis, sans perte d'emplois. Un programme innovant d'intelligence artificielle est également sur les rails, sur la foi des premiers essais réalisés avec succès. Les métiers reposeraient sur des mécaniques plus grandes, plus rapides et plus connectées. Objectif : prendre des parts de marché à l'Asie et encourager ainsi un processus vertueux d'économie circulaire. « Pour décarboner la filière textile en France, il suffit de produire en France », rappelle Éric Boël, PDG de LTC. Dès 2008, l'entreprise de Charlieu a pris un tournant écologique, passant de 2 % de ses produits en fibres recyclées ou bio à 40 %. Sur le plan humain, LTC veille à être un vrai support d'épanouissement : « Si on est heureux d'aller travailler, on est plus efficace », estime le dirigeant. Et elle a fait de la difficulté de produire en France une vraie opportunité. « Dans une économie mondialisée, vue comme injuste, inhumaine, qui exclut et pollue, nous essayons de faire tout l'inverse, avec humilité. »

« Des projets innovants chez LTC », www.lessor42.fr, 4 février 2020.

ANNEXE 6 La filière textile va créer un millier d'emplois

Finie, la filière textile ? Elle ne s'est jamais aussi bien portée ! Installé depuis cinq siècles dans la région lyonnaise autour de la soierie, le textile a traversé les crises, et notamment les délocalisations vers les pays « *low-cost* », en misant sur l'innovation. [...] « Le train du textile du futur est en train de démarrer. Il sera connecté, créatif et durable », promet Éric Boël [...]. « L'un des axes de développement du textile est la connexion des objets que l'on va retrouver partout, sur le corps avec les vêtements techniques, mais aussi dans le corps avec le médical, dans les maisons, les voitures, les avions, sur les routes [...]. Une effervescence qui se répercute directement sur les emplois. En Auvergne-Rhône-Alpes, la filière va en créer un millier par an dans les cinq années à venir et ceci dans tous les métiers, du technicien à la création, en passant par la recherche et développement. « C'est un véritable défi », commente Éric Boël. Les entreprises du secteur ont en effet du mal à recruter. Ce n'est pas ici un problème de formation, puisque les écoles existent et que les entreprises de niche n'hésitent pas à former en interne, mais plutôt une question d'attractivité. Le secteur a évolué plus vite que son image. Le textile, qui est l'une des filières françaises les plus innovantes, créatives, et vertueuses à la fois sur le plan social et environnemental, a encore du mal à être perçu comme un secteur d'avenir.

C. Lagrange et C. Michaud, « Les secteurs qui recrutent en Auvergne-Rhône-Alpes en 2018 », www.leparisien.fr, 18 janvier 2018.

ANNEXE 7 LTC invente le textile de demain

« Le textile est un secteur d'avenir. En Auvergne-Rhône-Alpes, son besoin atteint 1 000 emplois par an sur cinq ans », annonçait dernièrement Éric Boël [...]. Les perspectives offertes par le textile du futur lui paraissent immenses. « La France a l'industrie textile la plus propre de la planète. Elle est au deuxième rang pour la créativité et les tissus connectés. »

Jean-François Vaizand, « LTC invente le textile de demain », www.lessor42.fr, 4 décembre 2018.

Comment le management prend-il en compte les attentes des acteurs dans l'organisation ?

9

Capacités
- Identifier les différents acteurs dans les organisations et leurs intérêts respectifs
- Apprécier le degré de concentration du pouvoir de décision
- Reconnaître les différents types et styles de direction

Avant la classe

Vidéo : « Les savoir-être chez Decathlon »
liennathan.fr/94i7vl
▸ **Quelles sont les valeurs de Decathlon ?**

Situation

Decathlon est une entreprise française de distribution d'articles de sport et loisirs créée en 1976 par Michel Leclercq qui compte aujourd'hui plus de 1500 magasins implantés dans 54 pays.
C'est à partir des années 1990 que Decathlon commence à concevoir des modèles d'articles de sport sous différentes marques propres à l'enseigne : Tribord pour les sports aquatiques, Quechua pour la montagne ou encore Kalenji pour le running. Durant toutes ces années, la marque ne cesse d'innover en proposant des produits toujours plus performants, comme la tente Quechua qui se déplie en deux secondes ou le masque facial de plongée qui intègre le tuba et permet de voir et respirer sous l'eau. En 2018, l'enseigne a réalisé un chiffre d'affaires de 11,3 milliards d'euros.

1 Identifier la divergence et la convergence des intérêts entre les acteurs internes de l'organisation

DOC. 1 Les acteurs internes de Decathlon

Decathlon compte, en 2019, 90 000 salariés dans 54 pays qui offrent leur force de travail à travers plus de 300 métiers : responsables de magasin, chefs de rayon, vendeurs, techniciens d'ateliers, mais aussi des ingénieurs, des designers qui conçoivent les produits ou encore des informaticiens et des comptables pour les services administratifs. Les salariés sont représentés auprès de la direction par des délégués du personnel et des syndicats. Les salariés de Decathlon sont aussi des actionnaires, ils détiennent environ 15 % de l'entreprise. Le reste du capital de l'entreprise (85 %) est détenu aujourd'hui par deux groupes d'actionnaires propriétaires de l'entreprise : des membres de la famille du fondateur Michel Leclercq et des membres de la famille Mulliez (groupe Auchan). Leur rôle est de définir les grands objectifs stratégiques du groupe : les nouveaux pays où s'implanter ou les nouveaux produits à développer.

Depuis 2015, le directeur général de l'enseigne est Michel Aballea. Il doit mettre en œuvre toutes les actions qui permettront à l'entreprise d'atteindre les grands objectifs stratégiques et il doit aussi s'assurer de la rentabilité de l'entreprise.

DOC. 2 Comment Decathlon « bichonne » ses salariés

Chez Decathlon, 89 % des salariés estiment qu'« il fait vraiment bon travailler » dans leur entreprise. Un score très élevé, fruit d'un engagement sur le long terme. « Cela fait huit années de suite que Decathlon figure en très bonne position dans notre palmarès », rappelle Patrick Dumoulin[, directeur de l'institut Great Place to Work]. Le fait de conjuguer performance économique et attention aux salariés a toujours été un axe stratégique très fort pour [Decathlon]. Les ingrédients qui fondent le bien-être chez l'équipementier sportif, ce sont ses salariés qui en parlent le mieux : 90 % d'entre eux se félicitent de la grande autonomie qui leur est accordée.

La responsabilisation des salariés chez Decathlon se retrouve jusqu'en bout de chaîne : les vendeurs, eux aussi, sont incités à se montrer force de proposition.

Clara Bamberger, « Comment Decathlon bichonne ses salariés », www.lejdd.fr, 14 octobre 2017.

DOC. 3 Pourquoi Decathlon est à fond la forme ?

Decathlon bat tous les records. […] L'enseigne créée il y a 40 ans par Michel Leclercq […] vient de franchir la barre symbolique des 10 milliards d'euros de chiffre d'affaires, en hausse de 12 %. […] Le distributeur est aussi très rentable. […] Des résultats qui permettent au groupe Decathlon d'annoncer une revalorisation de « l'action » Decaval (les salariés sont actionnaires minoritaires de l'enseigne) de 15,48 % […]. Un vendeur Decathlon qui a investi 100 euros il y a trois ans pourrait récupérer 143 euros s'il vendait ses titres demain.

Thiébault Dromard, « Pourquoi Decathlon est à fond la forme », www.challenges.fr, 10 février 2017.

DOC. 4 Crise chez Decathlon

Quechua et B-Twin sont sans doute les plus connues. Mais il existe plus d'une vingtaine d'autres marques « maison » de Decathlon, selon les rayons : Artengo (tennis), Caperlan (pêche), Kalenji (course), Kipsta (sports collectifs), Nabaiji (natation)…

Ces griffes à bas prix sont, avec les innovations, la clé du succès de la chaîne de magasins de sport, elles permettent au groupe de se libérer du diktat des tout-puissants fabricants, qui imposent aux distributeurs des marges très importantes.

Mais Decathlon est peut-être allé trop loin. C'est du moins ce que pense Mathieu Leclercq, président du conseil de surveillance, dont le mandat se terminait fin juin. En désaccord avec la famille Mulliez, avec laquelle il partage le capital, il a décidé de ne pas se représenter, révèle le magazine *Challenges*. En cause, notamment, une politique trop agressive envers les grandes marques. Nike, Adidas ou Puma ont rarement été aussi peu présentes dans les rayons de Decathlon.

www.ouest-france.fr

Situation Les différents acteurs internes au groupe Decathlon ont parfois des intérêts convergents et parfois des intérêts divergents qui peuvent être sources de conflits.

1 Citez les différents acteurs internes au groupe Decathlon et le rôle de chacun. Doc. 1

....

....

....

....

2 Quels sont les intérêts des actionnaires de Decathlon ? Docs 2 et 3

....

....

....

3 Quels sont les intérêts des salariés de l'entreprise ? Docs 2 et 3

....

....

....

4 Ces intérêts sont-ils divergents ou convergents ? Justifiez votre réponse. Docs 2 et 3

....

....

....

5 Quel conflit a opposé récemment les différents actionnaires de Decathlon ? Quelle était la divergence d'intérêts entre les différents actionnaires ? Doc. 4

....

....

....

....

6 Quelles sont les conséquences pour l'entreprise de cette divergence d'intérêts entre les différents acteurs ? Doc. 4

....

....

....

7 Quelles conséquences ce conflit va-t-il avoir sur les intérêts des salariés de Decathlon ? Doc. 4

....

....

....

Faites le point ! STMG_Management_Term_ch09_point_partie1.pdf

2 Montrer comment la culture d'organisation permet d'assurer la cohésion entre les acteurs internes de l'organisation

DOC. 5 L'ADN de Decathlon

La **culture d'organisation** peut être définie comme un ensemble de valeurs, de mythes, de rituels et de symboles qui participent à la cohérence de tous les acteurs internes à l'entreprise en suscitant leur adhésion et leur permettant de se reconnaître et de se mobiliser autour d'objectifs communs.

Une place pour chacun : les diplômes les plus importants chez nous sont : la passion du sport, la passion de l'autre et la passion d'entreprendre... Tu l'auras compris, c'est évidemment ta personnalité qui nous intéresse, ce sont ton envie, ton engagement, ta générosité, ta sincérité qui feront la différence.
Tout comme dans une team sportive, nous sommes convaincus : c'est la mixité de nos coéquipier-e-s, leurs différences, leurs complémentarités qui sont nos atouts et les bases de notre ADN.
On te fait confiance : promis, tu seras bien entouré(e) car tu feras partie d'un collectif ! On t'accompagnera dans tes challenges au quotidien. C'est aussi ça l'esprit Decathlon : l'assurance d'une belle solidarité !
Ose ! : on te prévient, chez Decathlon, tu n'auras pas le temps de t'ennuyer ! Tu as du talent, sers-t'en ! Et ça tombe bien, car on aime les initiatives et on aime encore plus les valoriser. Eh oui, on part du principe que chaque jour est une nouvelle ligne de départ. Tu as le droit d'essayer, de te tromper et de réessayer.
Tu l'as compris, on te poussera à être force de proposition. C'est ce qui te et nous fera avancer.

« L'ADN Decathlon », www.decathlon.fr.

DOC. 6 Le « sang bleu »

Les salariés de Decathlon disent qu'ils ont le « sang bleu » : ils courent entre eux, mangent entre eux, sortent entre eux et parfois, lorsqu'un chant de supporters retentit dans un magasin Decathlon, ils s'échangent un sourire discret car pour tous les vendeurs, c'est un signe qu'ils ont atteint le chiffre d'affaires qu'on leur avait fixé pour la journée et qu'ils toucheront une prime.

DOC. 7 La méthode Decathlon pour des salariés satisfaits

« À fond la forme » pour les clients et « à fond le bien-être » pour les collaborateurs. Pour la deuxième année de suite, Decathlon a été distinguée par le cabinet Great Place to Work comme entreprise la plus appréciée par ses salariés en France (parmi celles de plus de 5 000 employés).
Dans le détail, 90 % des 23 000 salariés de l'enseigne sportive déclarent être « fiers » d'y travailler, 89 % affirment que l'ambiance est « conviviale » et 88 % estiment que « le management gère l'entreprise de façon honnête et en respectant des règles éthiques ».
Cette confiance accordée aux managers, on la retrouve effectivement dans la bouche des salariés de Decathlon, qu'ils soient restés quelques mois ou quelques années[, qu'ils soient en CDD ou intérimaires]. « Il y a vraiment une bonne ambiance comme il y a beaucoup d'étudiants. Les managers sont assez jeunes aussi en général, donc au niveau hiérarchique c'est assez sympa », se souvient Kévin, qui a travaillé cinq ans au magasin de La Défense.

Clément Lesaffre, « C'est quoi la "méthode" Decathlon pour des salariés satisfaits ? », www.europe1.fr, 28 mars 2018.

Situation La culture d'organisation de Decathlon permet à l'entreprise d'assurer la cohésion de ses membres autour de valeurs communes.

8 Quelles sont les valeurs véhiculées par la culture d'organisation de Decathlon ? ▶ Doc. 5

9 Quels sont les autres éléments de la culture d'organisation de Decathlon (mythes, rituels, symboles) ? ▶ Doc. 6

10 D'après les témoignages des salariés de Decathlon, peut-on dire que ces valeurs sont partagées par tous au sein de l'entreprise ? Justifiez votre réponse. ▶ Doc. 7

11 Expliquez comment la culture d'organisation de Decathlon permet d'impliquer l'ensemble des acteurs internes quel que soit leur statut. ▶ Docs 5, 6, 7

12 D'après vous, comment la culture d'organisation permet-elle d'éviter les conflits dans l'entreprise ? ▶ Docs 5, 6, 7

13 Expliquez comment la culture d'organisation de Decathlon lui permet de se distinguer de ses concurrents. ▶ Docs 5, 6, 7

Faites le point ! STMG_Management_Term_ch09_point_partie2.pdf

3 Reconnaître les différents styles de direction et les facteurs de la dynamique de groupe

DOC. 8 Les styles de direction

Chaque dirigeant exerce un style de direction qui lui est propre et qui est propre à son entreprise.
Rensis Likert (1903-1981) distingue quatre grands styles de direction :
– le **style autoritaire** : le dirigeant ne laisse aucune autonomie à ses salariés, il donne des ordres et exige qu'on les respecte. Il fonde son pouvoir sur la peur, la menace et la sanction ;
– **le style paternaliste** : le dirigeant est à la fois autoritaire et proche de ses salariés. Il utilise les sanctions et les récompenses comme outil de motivation ;
– le **style consultatif** : le dirigeant fait confiance à ses subordonnés, qui sont régulièrement consultés pour donner leur avis lors de la prise de décision. Il favorise le travail d'équipe et l'implication de tous ;
– le **style participatif** : le dirigeant encourage les salariés à participer activement à toutes les décisions et à la gestion de l'organisation. Les salariés sont totalement impliqués et intéressés aux résultats.

DOC. 9 Le management chez Decathlon

« Nous misons sur un management qui rend les équipes responsables. Les objectifs sont humains avant d'être économiques », avance ainsi Xavier Rivoire, responsable [du recrutement] de Decathlon. Une méthode éprouvée par Kévin alors qu'il portait le célèbre gilet blanc et bleu de l'enseigne, en CDI à temps partiel. « C'était du management de proximité, avec tutoiement de rigueur, pas mal de confiance et d'autonomie », détaille-t-il.

Clément Lesaffre, « C'est quoi la "méthode" Decathlon pour des salariés satisfaits ? », www.europe1.fr, 28 mars 2018.

Chez Decathlon, le système de gouvernance adopté et la forte culture d'entreprise font preuve d'une grande attractivité pour les jeunes talents. Aujourd'hui, Decathlon est la première entreprise visée par les étudiants, l'entreprise a été élue troisième meilleur employeur en France en 2017 selon une étude Glassdoor, et est leader national concernant là où il fait bon travailler d'après l'institut Great Place To Work.

Margaretta El Khoury, « Management responsabilisant : l'extase chez Decathlon ? », www.changethework.com, 23 octobre 2018.

DOC. 10 La dynamique de groupe

Kurt Lewin, psychologue d'origine allemande (1890-1947) est à l'origine de la théorie de la « dynamique de groupe » à travers laquelle il met l'accent sur l'amélioration de l'efficacité individuelle et sociale par le groupe. Un groupe est une association d'individus entrant en interaction dans un contexte donné et poursuivant des buts communs. Les individus vont se doter de rôles, se soumettre à des normes, partager des valeurs et réaliser des actions dans le cadre du groupe auquel ils appartiennent. La dynamique du groupe réside dans ce système d'interdépendance. [...] Le sentiment d'appartenance, la solidarité ou les échanges vont permettre d'orienter l'action du groupe dans deux directions : la pérennité de son existence et l'atteinte des objectifs fixés. [...] Lewin a particulièrement étudié l'interdépendance existante entre le leader (le chef [du groupe]) et les membres du groupe. Selon le comportement adopté par le leader, les effets diffèrent sur le travail réalisé et la satisfaction des collaborateurs.

Justine Lefebvre, « Kurt Lewin : qu'est-ce que la dynamique de groupe ? », www.lesechos.fr, 20 mars 2012.

La **cohésion du groupe** est l'ensemble des forces qui agissent sur les membres pour les faire demeurer au sein du groupe.

DOC. 11 La gestion d'un rayon chez Decathlon

Laure, passionée de VTT et cycliste confirmée, est responsable du rayon « Cycles » chez Decatlon Gennevilliers. « Un rayon est géré comme une petite entreprise », nous dit-elle. « J'ai la possibilité de recruter mon équipe de vendeurs, en général passionnés de vélo comme moi. Ensemble, on choisit les produits vendus sur le rayon et, avec eux, je décide aussi des animations que l'on va organiser. Les réponses aux attentes des clients, nous les apportons ensemble », précise Laure. Je leur confie de nombreuses tâches, nous formons un groupe très autonome, très solidaire et très soudé. L'an dernier, nous avons dépassé nos objectifs, nous étions très fiers !

Situation Le style de direction chez Decathlon résulte de la combinaison de différents facteurs propres à l'entreprise. Parallèlement, l'enseigne de sport et loisirs cherche à favoriser, au sein de ses équipes, la dynamique de groupe.

14 Quel est le style de direction privilégié par Decathlon ? Justifiez votre réponse. ◗ Docs 8 et 9

....

....

15 Expliquez comment le style de direction de Decathlon est adapté à son activité de distribution d'articles de sport et loisirs et à sa culture d'entreprise. ◗ Docs 8 et 9

....

....

....

16 Peut-on dire que ce style de direction est efficace ? Justifiez votre réponse. ◗ Docs 8 et 9

....

....

....

17 Peut-on dire que Decathlon favorise la dynamique de groupe ? Justifiez votre réponse. ◗ Docs 10 et 11

....

....

....

18 Quel est le rôle du responsable de rayon (leader) dans la dynamique de groupe chez Decathlon ? ◗ Docs 10 et 11

....

....

....

19 Quelles sont les décisions prises par la chef de rayon chez Decathlon ? et par son équipe ? ◗ Docs 10 et 11

....

....

....

20 Montrez que le pouvoir de décision est déconcentré chez Decathlon. ◗ Docs 10 et 11

....

....

....

21 Pour quelles raisons les entreprises ont-elles intérêt à favoriser la dynamique de groupe ? ◗ Docs 10 et 11

....

....

....

Faites le point ! STMG_Management_Term_ch09_point_partie3.pdf

Applications

1 Teste vos connaissances

Répondez par vrai ou faux aux propositions suivantes.

1. Les syndicats sont des acteurs internes de l'entreprise.
   ☐ Vrai ☐ Faux
2. Développer l'activité de l'entreprise et augmenter son chiffre d'affaires sont dans l'intérêt commun de tous les acteurs de l'entreprise.
   ☐ Vrai ☐ Faux
3. Les intérêts entre salariés et dirigeants de l'entreprise sont toujours divergents.
   ☐ Vrai ☐ Faux
4. La culture d'organisation permet la cohésion entre tous les acteurs internes de l'entreprise.
   ☐ Vrai ☐ Faux
5. La culture d'organisation est un facteur d'aggravation des conflits dans l'entreprise.
   ☐ Vrai ☐ Faux
6. Le tenue vestimentaire des salariés fait partie de la culture d'entreprise.
   ☐ Vrai ☐ Faux

2 Identifier la divergence et la convergence des intérêts entre les acteurs internes de l'organisation

★

1. Quelle est la nature du conflit qui oppose Amazon à deux de ses employés ? Quels sont les intérêts défendus par les deux salariés ? et ceux d'Amazon ?
2. Expliquez comment Amazon a réglé ce conflit. La méthode de règlement de ce conflit s'inspire-t-elle des thèses de Fayol ou de celles de Follet ? Justifiez votre réponse.

DOC. 1 Amazon accusé de faire pression sur des salariés protestataires

« Amazon menace de licencier les employés qui dénoncent le rôle de l'entreprise dans la crise climatique. » Le collectif Employés d'Amazon pour la justice climatique, qui critique depuis plusieurs mois la politique environnementale du leader mondial de l'e-commerce, dénonce, dans un communiqué du jeudi 2 janvier, des mesures de rétorsion. Un avocat d'Amazon a envoyé une lettre à deux membres de ce groupe [leur signifiant] qu'une infraction aux règles de communication externe de l'entreprise pourrait « engendrer une action corrective, allant jusqu'au licenciement ». [...] De son côté, le collectif note que l'e-mail exposant ces nouvelles règles a été envoyé le 5 septembre 2019, le lendemain de l'annonce de la participation d'employés d'Amazon à la marche pour le climat du 20 septembre. Et que la veille de la marche, l'entreprise a fini par s'engager à réduire ses émissions nettes de CO_2 à zéro d'ici à 2040 et à utiliser 100 % d'énergies renouvelables d'ici à 2030 – une « claire victoire » pour la mobilisation des employés protestataires.

Alexandre Piquard, « Après Google, Amazon accusé de faire pression sur des salariés protestataires », www.lemonde.fr, 3 janvier 2020.

DOC. 2 La notion de conflits chez Fayol et Follet

Pour Henri Fayol, les conflits au sein de l'entreprise sont à classer parmi les accidents et catastrophes naturelles, ne relevant pas de la « fonction administrative », mais de la « fonction de sécurité », au même titre que « le vol, l'incendie, l'inondation », il propose de les réprimer durement. Mary Follett a une autre vision des conflits. Elle considère que « ce que les gens entendent souvent par "éliminer les conflits" est en fait "éliminer la diversité". Mais ce n'est pas la même chose. Nous pouvons souhaiter abolir les conflits, mais nous ne pouvons pas supprimer la diversité. [...] Le conflit n'est pas nécessairement l'expression brutale et coûteuse d'incompatibilités, mais un processus normal par lequel des différences précieuses pour la société s'affirment et font progresser tous ceux qui sont concernés. » Donc, le conflit n'est ni bon ni mauvais, c'est la manifestation d'une différence, l'expression naturelle de la diversité indispensable à la vie. Il faut simplement chercher à en tirer le meilleur parti.

D'après Marc Mousli, « Éloge du conflit. Mary Parker Follett et le conflit constructif », *Négociations*, 2005.

3 Identifier la divergence et la convergence des intérêts entre les acteurs internes de l'organisation

1. Quel est le statut juridique des Restos du Cœur ?
2. Quels sont les acteurs internes des Restos du Cœur ?
3. Quels sont les intérêts communs à tous les acteurs internes ?
4. Quels sont les intérêts des bénévoles ?
5. Quelles peuvent être les sources éventuelles de conflits entre les différents acteurs internes ?
6. Comment se fait le management d'une association ? Est-il différent de celui d'une entreprise ? Justifiez votre réponse.
7. Peut-on parler d'une culture d'organisation aux Restos du Cœur ? Justifiez votre réponse.

DOC. 1 Les Restos du Cœur

Fondés par Coluche en 1985, les Restos du Cœur est une association loi de 1901, reconnue d'utilité publique, sous le nom officiel de « les Restaurants du Cœur – les Relais du Cœur ». Ils ont pour but « d'aider et d'apporter une assistance bénévole aux personnes démunies, notamment dans le domaine alimentaire par l'accès à des repas gratuits, et par la participation à leur insertion sociale et économique, ainsi qu'à toute action contre la pauvreté sous toutes ses formes ». L'association, dirigée par un conseil d'administration national, compte aujourd'hui 73 000 bénévoles et 2 370 salariés.

www.restosducoeur.fr

DOC. 2 Interview de Brigitte Miché, responsable du service ressources bénévoles aux Restos du Cœur

Comment faites-vous pour motiver les 69 000 bénévoles de l'association ?

[…] Les Restos du Cœur étant l'association préférée des Français, l'image que nous véhiculons apporte de nombreuses candidatures et insuffle la motivation aux bénévoles. D'ailleurs, les résultats d'une étude sur le bénévolat fait ressortir que les motivations d'un engagement associatif sont au nombre de trois : se sentir utile, créer du lien social et développer son épanouissement personnel. Nous cherchons à répondre à chacune de ces trois attentes implicites chez nos bénévoles.
Venir faire du bénévolat parce qu'on veut être utile, c'est la nature même de l'objet social de l'association. Nous répondons à la deuxième motivation de l'engagement, le lien social, en cherchant à favoriser le partage, les échanges et les rencontres autour d'un projet qui va se construire en équipe. En ce qui concerne l'épanouissement personnel, il nous faut pouvoir être capable de garantir un certain confort au bénévole, écouter ses souhaits, respecter ses disponibilités, valoriser son travail et lui apporter de la reconnaissance. Un des freins possibles à faire du bénévolat, c'est la peur d'être submergé, de donner la main et d'avoir à donner le bras, de ne plus avoir de temps libre et de se retrouver piégé. C'est pour cela qu'il est important d'écouter les souhaits des bénévoles et de leur garantir qu'ils seront respectés.

Y a-t-il une différence entre motiver des bénévoles et motiver des salariés ?

Oui, il y a une différence puisque le principe du bénévolat, c'est de donner de son temps sans recevoir de compensation en retour, si ce n'est de la reconnaissance, un merci… Il y a une véritable envie de défendre une cause et de travailler (car cela reste un travail) pour un objet social qui tient à cœur : chez nous, c'est celui d'aider les plus démunis. Les Restos du Cœur, ce n'est pas seulement donner à manger, c'est aussi apporter un accompagnement pour que les personnes se sortent d'une difficulté et retrouvent une inclusion sociale. […] Je pense donc que la motivation est en tout premier lieu la nature de l'objet social : on est sensibilisé par un problème de société qui va permettre de se motiver. Puis en association, et c'est là une grande différence avec le milieu du travail, il n'y a pas de hiérarchie : on ne doit rien à personne, il n'y a pas de sanction ni de pression, aucun rapport de pouvoir.

« Motiver les bénévoles aux Restos du Cœur », www.mieux-lemag.fr, 11 décembre 2015.

DOC. 3 Conflit aux Restos du Cœur de Brest

Les Restos du Cœur de Brest sont fermés provisoirement pour cause de conflit interne. Après la pause estivale, ils devaient rouvrir ce mardi, mais la direction départementale des Restos a décidé de retirer l'agrément à la responsable brestoise. Le responsable départemental du Finistère reproche aux Brestois d'avoir fermé pendant l'été, malgré les consignes nationales. Il parle aussi de dysfonctionnements. Alors, par solidarité avec la responsable brestoise désavouée, 70 bénévoles ont démissionné. Le site brestois des Restos est donc fermé pour 15 jours environ. De nouveaux bénévoles seront recrutés.

Benjamin Bourgine, « Conflit aux Restos du Cœur de Brest », www.francebleu.fr, 2 septembre 2013.

DOC. 4 Les Restos du Cœur : une association pas comme les autres

Les Restos du Cœur, c'est Coluche avant tout, l'humoriste qui décide en 1985 de créer une association pour fournir des repas aux plus démunis. Mais les Restos du Cœur, c'est aussi la chanson de Goldman que tout le monde connaît : « Aujourd'hui, on n'a plus le droit ni d'avoir faim, ni d'avoir froid », c'est aussi chaque année la tournée du concert des Enfoirés pour financer l'association, c'est le cœur rose avec la fourchette et le couteau, et ce sont surtout tous les bénévoles qui, chaque semaine, donnent de leur temps. Ce sont évidemment aussi les bénéficiaires : 800 000 personnes accueillies et 100 millions de repas distribués.

4 Identifier la divergence et la convergence des intérêts entre les acteurs internes de l'organisation

★★

1. Quels sont les acteurs de ce conflit ? Quelle est la particularité de ces acteurs ?
2. Quels sont les intérêts de chacun de ces acteurs ? Sont-ils divergents ou convergents ?
3. Quelles propositions sont faites par le directeur général de l'AP-HP pour sortir de ce conflit ?

DOC. 1 La grève dans le service des urgences

Balafres dessinées sur les joues et pansements sur le visage, les quelques infirmiers et aides-soignants des urgences rassemblés vendredi 19 avril devant le siège parisien de l'Assistance publique-Hôpitaux de Paris (AP-HP), à l'occasion d'une journée de protestation organisée par les syndicats du groupe hospitalier, sont formels. Le mouvement de grève, qui a débuté au service d'accueil des urgences (SAU) de l'hôpital Saint-Antoine (12e arrondissement) le 18 mars et qui s'est propagé depuis à plus d'une dizaine d'autres sites est d'une ampleur inédite « depuis au moins quinze ans ».

Si ces soignants se sont mis en grève et ont appelé les autres SAU de France à les rejoindre, c'est pour dénoncer la dégradation de leurs conditions de travail et faire reconnaître la violence quotidienne à laquelle ils sont confrontés. La nuit précédente, une rixe entre deux bandes rivales a d'ailleurs eu lieu dans les locaux de l'hôpital Beaujon, à Clichy, dans les Hauts-de-Seine. [...] En début de semaine, Martin Hirsch, le directeur général du groupe, a musclé ses premières propositions. Outre des engagements renouvelés pour renforcer la sécurité dans les services, il a notamment promis seize postes supplémentaires aux quarante-cinq déjà annoncés la semaine précédente pour les vingt-cinq SAU du groupe. Il s'est également engagé à augmenter le nombre de personnels proportionnellement à l'activité.

François Béguin, « La grève s'étend dans les services d'urgences de l'AP-HP », www.lemonde.fr, 20 avril 2019.

DOC. 2 L'AP-HP

L'Assistance publique-Hôpitaux de Paris (AP-HP) est un établissement public de santé et le centre hospitalier universitaire (CHU) de la région Île-de-France. Elle est le premier employeur d'Île-de-France : 100 000 personnes – médecins, chercheurs, paramédicaux, personnels administratif et ouvriers – y travaillent, tous fonctionnaires de l'État. L'AP-HP est dirigée par depuis 2013 par Martin Hirsch, haut fonctionnaire de l'État.

D'après www.aphp.fr.

5 Reconnaître les différents styles de direction et les facteurs de la dynamique de groupe

★★

1. Quelles sont les valeurs de la culture d'organisation de BlaBlaCar ? Quels sont les mythes ? les rituels ? et les symboles ?
2. Expliquez comment cette culture d'organisation permet à l'entreprise la cohésion de ses membres.
3. Quel est le style de direction des managers de BlaBlaCar ? Justifiez votre réponse.
4. Peut-on parler de dynamique de groupe chez BlaBlaCar ? Justifiez votre réponse.

Vidéo : « L'état d'esprit dans l'économie collaborative : l'exemple de BlablaCar »
liennathan.fr/dvlc48

DOC. 1 BlaBlaCar a tout compris : la culture d'entreprise est plus importante que la stratégie

Bienvenue chez BlaBlaCar, où il fait bon travailler. L'entreprise, du haut de son ascension fulgurante, mise beaucoup sur le bien-être de ses collaborateurs et multiplie pour cela les initiatives RH originales. Plus qu'un idéal, une véritable culture d'entreprise.

Entreprise spécialisée dans le covoiturage, BlaBlaCar a vu sa croissance exploser en quelques années. Créée en 2006, la start-up a grossi au point de compter aujourd'hui 350 salariés, rien qu'à Paris, et d'étendre sa présence à travers 22 pays. Pour autant, elle n'a pas abandonné en cours de route son esprit des « débuts ». Au contraire, la culture start-up fait partie de son ADN. L'intérêt pour les salariés ? Tout est fait pour soigner leur bien-être et leur qualité de vie au travail. Pour cela, Laure Wagner veille à ce que chacun évolue dans de bonnes conditions. Elle est Culture Captain, autrement dit, elle s'assure à ce que soient respectées les devises de BlaBlaCar, sortes de mantras collés aux murs des bureaux parisiens : « Partagez plus, apprenez plus », « Échouez, apprenez, réussissez », « Nous sommes passionnés. Nous innovons », etc. Et en matière de ressources humaines, c'est justement d'innovation dont il est question. « L'esprit start-up est très dynamique, il pousse à développer de nouvelles idées. C'est pourquoi, nous voulons le conserver chez BlaBlaCar. Dans les grosses structures, souvent salariés et direction n'arrivent plus à se parler. Nous, nous essayons d'être toujours aussi transparents, grâce à des rituels qui permettent aux collaborateurs de se connaître », commente Laure Wagner.

Les rituels dont parle Laure Wagner, ce sont des initiatives originales, toutes déclinées sur le nom de l'entreprise et fidèles à une vision commune, *« fun and serious »*. Parmi les dernières trouvailles, les BlaBlaLunch, organisés grâce à une application développée en interne et qui permet à chacun de s'inscrire à un tirage au sort pour déjeuner avec trois collègues, choisis au hasard. Cette initiative s'ajoute à celles qui ont déjà fait leurs preuves, comme les BlaBlaTalk, où, chaque mercredi, un manager est convié à présenter le travail de son équipe à l'ensemble de l'entreprise. Sans oublier les soirées thématiques, les petits déjeuners du vendredi ou encore le blog interne où chacun peut s'exprimer et où les décisions sont prises ensemble. « Il faut savoir parler à la fois au cerveau et au cœur », souligne Laure Wagner. Les collaborateurs doivent non seulement comprendre leur rôle dans l'entreprise, être heureux intellectuellement, mais aussi partager une certaine confiance et convivialité avec leurs collègues. C'est ce qui fait le bien-être au travail. »

Céline Tridon, « BlaBlaCar veut rendre ses salariés heureux », www.travail-prevention-sante.fr, 31 août 2016.

DOC. 2 Frédéric Mazzella : fondateur de BlaBlaCar

Frédéric Mazzella a initié et mené l'aventure entrepreneuriale de BlaBlaCar, de l'idée originelle jusqu'à la création de la première communauté mondiale de covoiturage longue distance.

L'idée de BlaBlaCar est née d'un besoin personnel. Il devait rentrer en Vendée depuis Paris pour passer les fêtes de Noël en famille en 2003. Mais tous les trains affichaient complet. C'est finalement sa sœur, habitant alors à Rouen, qui est passée le prendre. Et sur la route, il s'est rendu compte que la plupart des voitures étaient vides. Il a alors réalisé qu'il y avait des places libres pour rentrer chez lui : seulement, elles n'étaient pas dans les trains mais dans les voitures ! C'est ainsi que l'idée de BlaBlaCar est née.

www.blablacar.fr

Synthèse

Les acteurs internes à l'organisation

- **Salariés, représentants des salariés et syndicats**
- **Actionnaires**
- **Dirigeants**

Intérêts convergents
Relations partenariales entre les acteurs internes

Intérêts divergents
Relations conflictuelles entre les acteurs internes

La culture d'organisation : ensemble de valeurs, de mythes, de rituels et de symboles

- **Cohérence de tous les acteurs internes**
- **Adhésion des acteurs autour d'objectifs communs**

Les différents styles de direction

- **Style autoritaire**
- **Style paternaliste**
- **Style consultatif**
- **Style participatif**

Dynamique de groupe : système d'interdépendance entre les membres du groupe assurée par le rôle du leadership, le degré de cohésion du groupe et la prise de décisions communes

Lexique

- **Culture d'organisation :** la culture d'organisation peut être définie comme un ensemble de valeurs, de mythes, de rituels et de symboles qui participent à la cohérence de tous les acteurs internes à l'entreprise en suscitant leur adhésion et leur permettant de se reconnaître et de se mobiliser autour d'objectifs communs.
- **Dynamique de groupe :** Kurt Lewin définit la dynamique de groupe comme un système d'interdépendance entre les membres d'un groupe, dont la cohésion est assurée par un sentiment d'appartenance, des solidarités, des échanges et des décisions communes. Le rôle du leader est essentiel à cette dynamique.
- **Intérêts divergents :** relations conflictuelles entre les acteurs internes.
- **Intérêts convergents :** relations partenariales entre les acteurs internes.
- **Styles de direction :** façon d'exercer le pouvoir pour un dirigeant d'entreprise. Rensis Likert distingue quatre grands styles de direction : autoritaire, paternaliste, consultatif et participatif.

Comment fédérer les acteurs de l'organisation ?

10

Capacités

- Identifier les modalités de coopération dans une organisation
- Distinguer les facteurs de motivation

Avant la classe

Vidéo : « La coopération »
liennathan.fr/176dyo

▶ **À partir de ces trois scènes, expliquez comment la coopération entre les individus permet d'être plus performant.**

Situation

L'Oréal a été créée en 1909 par un jeune chimiste qui invente cette année-là une teinture capillaire qu'il fera breveter. L'entreprise française ne cessera ensuite de se développer pour devenir, aujourd'hui, le premier groupe de cosmétiques mondial.
Le groupe est présent sur le segment grand public avec des marques comme Garnier, Essie ou Ombrelle. Il propose aussi des produits capillaires pour les professionnels avec sa marque Kérastase, et des produits cosmétiques haut de gamme avec les marques Vichy, La Roche-Posay et Biotherm. Mais L'Oréal, c'est aussi la distribution de produits de luxe avec Diesel ou Ralph Lauren.
Le groupe est aujourd'hui implanté dans 150 pays, compte 86 000 collaborateurs et a réalisé un chiffre d'affaires de près de 27 millions d'euros en 2018.

1 Identifier les modalités de coopération dans une organisation

DOC. 1 Le programme « Simplicity » de L'Oréal

« Pour soutenir une croissance forte et durable et continuer à être attractif auprès des jeunes générations, nous avons entrepris de faire évoluer notre culture managériale et nos façons de travailler pour y insuffler davantage de collaboratif et d'agilité », déclare Jean-Claude Le Grand, Directeur général des relations humaines de L'Oréal. En 2016, le groupe L'Oréal a lancé le programme « Simplicity » pour transformer les modes de travail et la culture managériale : « insuffler un nouvel état d'esprit, développer la coopération et favoriser un management basé sur la confiance et la responsabilisation ». […] « [Par] exemple, chez nous, l'échange d'idées était plus souvent organisé sous forme de confrontations musclées dans lesquelles chacun devait défendre son point de vue avec vigueur. Nous préférons aujourd'hui utiliser une méthode plus collaborative [au sein de groupes-projets], dans laquelle l'écoute et la bienveillance sont plus importantes que la compétition. […] Ce mode de management inspiré des start-up permet de renforcer la fidélité des salariés et l'attractivité de l'entreprise auprès des jeunes diplômés. »

www.rh.newstank.fr

- La **coopération** est un mode de relation où les individus participent volontairement à un travail commun dans le but d'atteindre des objectifs en partageant leurs compétences.
- Une **communauté de pratique** est un groupe de personnes qui partagent un domaine d'expertise et échangent des idées en transmettant leurs expériences et leurs connaissances au sein de cette communauté.

DOC. 2 L'Oréal mise sur les idées de ses salariés

Au total, près de 800 salariés de L'Oréal en France participent [au concours « Agitateurs de Beauté » organisé par l'entreprise]. « La grande force de ce programme est de permettre aux collaborateurs de mettre en pratique leurs idées. Les équipes doivent intégrer toutes les données nécessaires pour réaliser leur projet. Qu'il s'agisse de l'investissement, de la rentabilité, du nombre de personnes nécessaires […], explique Frédéric Herlin, directeur général de L'Oréal France grand public. Ce travail est réalisé pendant les heures de travail. […] Notre objectif est d'encourager l'esprit d'entrepreneuriat et de start-up, de favoriser la créativité et l'innovation en donnant la parole à nos collaborateurs. Tout le monde peut participer », affirme Frédéric Herlin.

Yann Le Galès, www.lefigaro.fr, 16 décembre 2013.

DOC. 3 L'Oréal lance sa plateforme collaborative : Well Comm'

Le groupe leader des cosmétiques a fait réaliser une nouvelle plateforme collaborative de partage d'information afin de piloter les processus internes du service de communication [qui se nomme] Well Comm'. […] Chaque collaborateur concerné se voit proposer un contenu enrichi et priorisé, pour mener à bien ses actions de communication interne et externe en local. La plateforme s'inspire des sites e-commerce. Le dispositif met en avant les données que les collaborateurs ajoutent dans leur panier tels des produits sur un site e-commerce. Ils accèdent aux articles très rapidement, peuvent […] télécharger les éléments en quelques clics et évaluer d'un seul coup d'œil le niveau d'urgence du traitement de l'information et les priorités d'action. Un système d'alerte intégré les informe en temps réel des nouveautés disponibles sur Well Comm'.

www.larevuedudigital.com

DOC. 4 ePOP ePowered, le réseau social de L'Oréal

L'Oréal s'est lancé dans le déploiement d'un projet pilote de réseau social d'entreprise [baptisé ePOP ePowered by L'Oréal People]. Sa mise en place a été motivée par la volonté des dirigeants de proposer des outils collaboratifs à tous les salariés de l'entreprise. Mais également par le souhait de ces derniers de disposer d'un outil leur permettant de mieux travailler ensemble. […] L'outil permet à la fois de mieux collaborer, en partageant des informations et Doc.s, et d'entretenir son réseau au sein de l'entreprise (grâce au profil enrichi). Un partage de Doc.s qui a d'ailleurs rencontré le plus de succès, directement suivi par les forums.

D. Filippone, « L'Oréal : un réseau social d'entreprise qui vise 50 000 utilisateurs », www.journaldunet.com, 11 juin 2012.

Situation La coopération entre les salariés est possible chez L'Oréal grâce à des processus qui créent des interdépendances dans le travail et à des outils numériques qui accompagnent ces processus.

1 Quelles sont les actions menées par L'Oréal pour favoriser la coopération entre ses salariés ? ▶ Docs 1 et 2

....

....

....

....

2 Quel est l'intérêt pour L'Oréal de favoriser la coopération entre ses salariés ? ▶ Docs 1 et 2

....

....

....

3 Expliquez comment cette coopération permet aux salariés d'être plus créatifs et plus performants. ▶ Docs 1 et 2

....

....

....

4 Expliquez comment L'Oréal favorise la communauté de pratiques. ▶ Docs 1 et 2

....

....

....

5 Quels sont les outils numériques utilisés par L'Oréal pour accompagner la coopération entre les salariés ? ▶ Docs 3 et 4

....

....

....

6 Quelle est l'utilité de la plateforme collaborative Well Comm' mise en place par L'Oréal ? ▶ Docs 3 et 4

....

....

....

7 Montrez comment ces outils numériques permettent de renforcer davantage la coopération entre les salariés. ▶ Docs 3 et 4

....

....

....

Faites le point ! STMG_Management_Term_ch10_point_partie1.pdf

2 Distinguer les facteurs de motivation

DOC. 5 Les facteurs internes et externes de motivation

La **motivation** est le fruit d'un ensemble d'actions menées par l'entreprise pour influencer le comportement des salariés et les inciter à s'investir pleinement et efficacement dans la réalisation et l'aboutissement de leurs tâches.
– **Les facteurs internes (intrinsèques) :** le salarié agit uniquement pour son intérêt et le plaisir qu'il trouve à réaliser une tâche, sans attente de récompense autre. Il est motivé par un besoin de reconnaissance, le fait d'être valorisé, le plaisir du travail accompli, le sens du travail bien fait ou de la performance.
– **Les facteurs externes (extrinsèques) :** le salarié agit sous l'influence d'une circonstance extérieure à lui, une punition ou une récompense.

DOC. 6 Les avantages des salariés de L'Oréal

Jusqu'à 10 à 11 jours de congé supplémentaires, télétravail, jusqu'à 7 900 à 19 550 € de primes, intéressement ou participation, bonnes conditions de travail, bonne ambiance de travail, [reconnaissance et valorisation du travail des collaborateurs,] self, complémentaire retraite, mutuelle, crèche, parking, chèques-vacances, tickets cinéma, subventions vacances, chèques-cadeaux, culture et sport [...].

www.avantage-entreprise.com

DOC. 7 La qualité de vie au travail au cœur de la stratégie RH de L'Oréal

Bertrand de Senneville, Directeur Général des Relations Sociales du Groupe L'Oréal, a fait de la QVT (Qualité de Vie au Travail) une priorité, en mettant tout en œuvre pour que les collaborateurs soient épanouis. « Derrière cette démarche, nous souhaitons coller aux nouvelles aspirations des employés et, bien sûr, fidéliser et attirer les talents. » La politique QVT de L'Oréal se répartit en trois grands piliers : *« Enjoy your Environnement »*, *« Enjoy your Work »* et *« Enjoy a Positive Mindset »*.
Le premier pilier, ***« Enjoy your Environnement »***, insiste sur l'importance de l'environnement de travail : bureaux et services proposés aux collaborateurs. À ce titre, un programme spécifique pour l'Île-de-France, « Vision », définit un cadre commun pour l'ensemble des bureaux du Groupe, dont les maîtres mots sont ouverture, espaces collaboratifs, technologie et services contribuant à la balance vie pro/vie perso.
Le deuxième pilier QVT, ***« Enjoy your Work »***, promeut un accompagnement des équipes vers un management plus efficace, se basant sur un management par objectifs et résultats plutôt que sur le management présentiel. « La journée "classique" 9 h 30-19 h 00 n'a plus vraiment de sens aujourd'hui : nombreux sont ceux qui préfèrent aménager eux-mêmes leur planning en fonction de leurs contraintes. [...] » Le Groupe travaille aussi beaucoup sur la formation des managers, notamment sur l'appréhension et la gestion du stress.
Enfin, le troisième pilier, ***« Enjoy a Positive Mindset »***, concerne tout ce qui tourne autour de l'ambiance de travail. « Des apéros entre collègues à la journée de bénévolat internationale Citizen Day, en passant par les summer parties réunissant les équipes autour d'un barbecue, nous multiplions les initiatives pour créer un esprit de corps ». Résultat attendu ? Des collaborateurs plus équilibrés, plus heureux... et plus engagés !
Pour l'instant, à en croire les premiers retours, les collaborateurs sont enthousiastes et se disent bluffés par le niveau et la qualité des services proposés dans les différents sites du Groupe. Parmi eux, les nouveaux bureaux de Hudson Yards brillent d'un éclat particulier. Situés en plein cœur de Manhattan, ils veulent incarner le dynamisme et la créativité entrepreneuriale de L'Oréal USA. Espaces collaboratifs, lumière naturelle, tri sélectif et salles de réalité virtuelle : tout est fait pour que les employés se sentent bien, dans un environnement résolument moderne, écologique et connecté au reste du monde.

www.strategist-global.fr

Situation Un ensemble de facteurs internes et externes permet à L'Oréal de développer la motivation de ses salariés et de favoriser une réelle qualité de vie au travail.

8 Quelles sont les dispositions mises en œuvre par L'Oréal pour favoriser la motivation externe de ses salariés ? Docs 5 et 6

....

....

....

....

9 Quelles sont les dispositions mises en œuvre par L'Oréal qui sont susceptibles d'agir sur la motivation interne des salariés ? Docs 5 et 6

....

....

....

....

10 Pour quelles raisons est-il important pour L'Oréal de développer la motivation de ses salariés ? Docs 5 et 6

....

....

....

....

11 Listez toutes les actions menées par L'Oréal pour améliorer la qualité de vie au travail. Doc. 7

....

....

....

....

12 Pour quelles raisons L'Oréal cherche-t-elle à améliorer les conditions de vie de ses salariés ? Doc. 7

....

....

....

....

13 Expliquez comment l'amélioration de la qualité de vie au travail permet à l'entreprise d'être plus performante. Doc. 7

....

....

....

....

Faites le point ! STMG_Management_Term_ch10_point_partie2.pdf

Applications

1 Testez vos connaissances

Répondez par vrai ou faux aux propositions suivantes.

1. Le groupe-projet est un mode de management favorisant la coopération.
   ☐ Vrai ☐ Faux
2. Une plateforme collaborative permet aux salariés d'échanger des informations.
   ☐ Vrai ☐ Faux
3. Le réseau social d'entreprise facilite la coopération des salariés.
   ☐ Vrai ☐ Faux
4. Travailler pour obtenir une prime correspond à une motivation interne.
   ☐ Vrai ☐ Faux
5. Des horaires fixes imposés aux salariés permettent d'améliorer la qualité de vie au travail.
   ☐ Vrai ☐ Faux
6. Une bonne qualité de vie au travail permet d'améliorer les performances de l'entreprise.
   ☐ Vrai ☐ Faux

2 Identifier les modalités de coopération dans une organisation

★

1. Quel est l'outil numérique choisi par la chaîne de télévision M6 pour ses collaborateurs ?
2. Quelle est l'utilité de cet outil ?
3. Expliquez comment cet outil renforce la coopération entre les salariés.

DOC. Le réseau social d'entreprise de M6

La petite chaîne qui monte est devenue grande. M6, c'est désormais 2 000 collaborateurs, aux métiers très variés, répartis sur plusieurs sites en France. La moyenne d'âge ? 37 ans. « Pour moderniser notre Intranet vieillissant, nous avons choisi de le remplacer par un réseau social d'entreprise, a expliqué Thierry Combrexelle, chargé de mission chez M6, au dernier Hubday "Future of work" [...]. » Après un an de travail, le réseau social de M6, baptisé « Blender », était lancé en septembre [2016]. Il répond à plusieurs objectifs :

– Renforcer la politique des talents du groupe. Chaque collaborateur dispose d'une fiche profil enrichie qui indique ses expertises professionnelles et extra-professionnelles. Grâce au moteur de recherche, les salariés sont plus facilement identifiables par leurs compétences ;

– Libérer la parole. L'accent est mis sur l'interactivité, le contenu pouvant être liké, commenté et partagé par tous ;

– Fluidifier la communication interne en la rendant plus transversale, plus directe entre les salariés et la direction générale ou les ressources humaines. Le PDG, Nicolas de Tavernost, a ainsi été l'invité du premier « Rendez-vous avec » pour répondre aux questions des salariés en direct. Chaque mois, un membre différent du Directoire y participe. L'information est ainsi mieux partagée, moins source de pouvoir ;

– Recréer du lien. Plus de 150 communautés ont été lancées, ce qui contribue au sentiment d'appartenance.

« En deux mois, 90 % des collaborateurs s'y sont connectés au moins une fois et 60 % l'utilisent quotidiennement, a précisé Thierry Combrexelle. En moyenne, ils y passent huit minutes par jour. À l'avenir, nous souhaitons y développer le travail collaboratif et impliquer davantage le *middle management* pour le repositionner vers un rôle d'animateur de communautés. À terme, on aimerait également réduire les échanges internes par mails au profit de ce réseau social d'entreprise. » Quand on sait, qu'en moyenne, un salarié reçoit 121 mails par jour, c'est plutôt une bonne idée...

www.myhappyjob.fr

3 Distinguer les facteurs de motivation

1. Quelles sont les actions mises en œuvre par Facebook pour améliorer la qualité de vie au travail de ses salariés ?
2. Pour quelles raisons Facebook cherche-t-elle à améliorer les conditions de travail de ses salariés ?
3. Les actions mises en œuvre par Facebook ont-elles pour objectif de favoriser la motivation interne du salarié ou sa motivation externe ? Justifiez votre réponse.
4. La politique de motivation de Facebook est-elle efficace ? Justifiez votre réponse.

DOC. 1 Pourquoi veulent-ils tous travailler chez Facebook ?

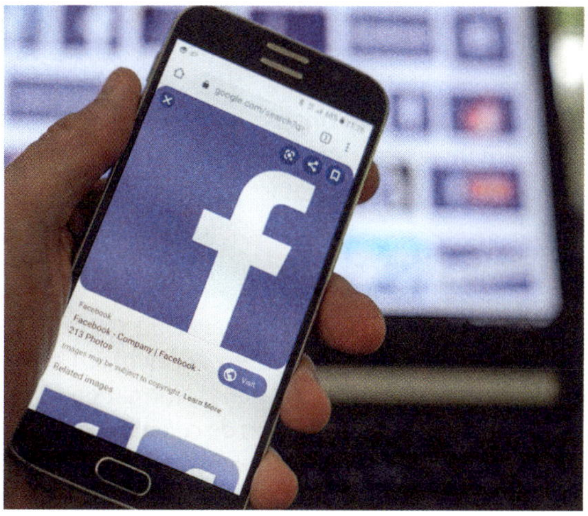

Ça y est, les résultats du classement annuel de Glassdoor.com ont été publiés. Cette année, Facebook prend la place de Google et s'impose à la première place du palmarès, c'est-à-dire comme l'entreprise où il fait bon travailler, le moteur de recherche aux quatre couleurs ayant été relégué à la 30e position. Culture d'entreprise, état d'esprit, relations hiérarchiques… quels sont les secrets de Facebook pour autant plaire en qualité d'employeur ? C'est la réponse que nous tentons d'apporter dans cet article.

Heureux qui comme un salarié Facebook… a des avantages au-dessus de la moyenne

Chez Facebook, l'acquisition et la rétention de talent se prend au sérieux. Un comité d'audit est ainsi chargé d'analyser les avantages offerts par les grandes entreprises à leurs salariés, de manière à rester compétitif et à continuer de séduire les meilleurs éléments.

Ainsi, un salarié Facebook bénéficie d'un régime de santé et retraite, de davantage de jours de congés payés (21, ce qui n'est pas une obligation aux États-Unis), une prime de 4 000 $ et un congé parental allant jusqu'à quatre mois pour les salariés à plein temps. Dès l'arrivée de leur enfant, ces derniers bénéficient également d'un remboursement capé de frais de garde jusqu'aux 5 ans du petit dernier.

Facebook ne se préoccupe pas seulement du bien-être de ses salariés sur le lieu de travail : le géant des réseaux sociaux encourage ses collaborateurs à la pratique du sport avec notamment un remboursement de 50 % sur un abonnement à un club de gym ; il leur simplifie le quotidien par le biais d'un service de conciergerie gratuit. Il montre également son engagement en faveur de l'environnement en contribuant aux frais de transport pour ceux qui ne disposent pas de la navette gratuite jusqu'à Palo Alto.

Chez Facebook, le lieu de travail devient un lieu de vie à l'instar d'un village de vacances où tout est compris, du petit-déjeuner au repas et au café et snacks variés à consommer sans modération au cours de la journée.

À côté des aspects matériels et tangibles que Facebook offre à ses salariés, ceux-ci apprécient particulièrement la flexibilité des horaires de travail ainsi que la possibilité de travailler depuis leur domicile.

Les salaires chez Facebook sont également conséquents, au même titre que les stock-options [actions de l'entreprise] proposés aux salariés, qui non seulement rétribuent leur engagement dans la société mais qui leur permettent également de prendre une partie de responsabilité dans la réussite de leur employeur.

Dans son organisation de travail, Facebook séduit également : des « Hackatons », réunions ressemblant à des brainstormings laissant libre cours à toutes les idées nouvelles quelles qu'elles soient, au concert surprise de Kanye West et au « Game Day », tournoi sportif annuel interne, le réseau social plébiscité par ses employés bichonne ceux et celles qui leur accordent leur temps et leurs compétences. En retour, des salariés heureux, libres et valorisés qui contribuent à l'expansion de l'entreprise américaine.

Une stratégie gagnante, dans la mesure où Facebook réussit aujourd'hui à acquérir de nombreux talents, dont certains puisés directement dans les effectifs de Google, à l'image de Paul Adams, responsable de l'expérience utilisateur chez Google, par exemple.

www.myrhline.com

4 Distinguer les facteurs de motivation

★★

1. Quels sont les risques psychosociaux auxquels sont exposés les salariés de l'entreprise Bouygues Construction ?
2. Quelles sont les actions de Bouygues pour prévenir ces risques ?
3. Expliquez comment la prévention des risques est un élément de la qualité de vie au travail dans l'entreprise.

DOC. 1 La prévention des risques chez Bouygues Construction

La principale richesse de Bouygues, ce sont nos collaborateurs.
Garantir leur santé et leur sécurité est donc notre priorité.
Le groupe Bouygues est présent dans des métiers particulièrement exposés aux risques d'accidents du travail. Il se donne pour objectifs de réduire le nombre et la gravité de ces derniers, et d'améliorer la santé de ses collaborateurs. La prévention du risque routier ou des risques psychosociaux fait ainsi l'objet d'actions dans tous les métiers.
C'est toutefois sur les chantiers, lieux recelant des dangers par nature, que la nécessité de la prévention est cruciale. Les filiales de la construction tant en France qu'à l'international déploient donc des efforts très intenses et s'appuient sur un réseau mondial de préventeurs. Elles obtiennent dans ce domaine des performances meilleures que les standards du secteur BTP.

Les **risques psychosociaux** sont définis comme des risques pour la santé physique et mentale des travailleurs. Leurs causes sont à rechercher tant dans les conditions d'emploi que dans les facteurs liés à l'organisation du travail et aux relations de travail.

[L'engagement pour la santé et la sécurité des collaborateurs est la priorité de Bouygues Construction avec un seul standard partout dans le monde : l'objectif « zéro accident ». Cette volonté s'exprime à travers plusieurs démarches : formation des équipes, amélioration continue des méthodes de construction, lutte contre les addictions, contrôles renforcés sur les sites…]
[…] En France, les politiques en matière de santé et de sécurité au travail sont déployées en concertation avec les CHSCT[1]. Enfin, la mise en place d'un système de management de la sécurité […] constitue la base organisationnelle des unités opérationnelles du groupe Bouygues.

1. Comité d'Hygiène, de Sécurité et des Conditions de Travail.

www.bouygues.com

DOC. 2 Bouygues : bâtir en toute sécurité

Bouygues Bâtiment Île-de-France interrompt aujourd'hui l'ensemble de ses 700 chantiers pour réaliser une opération d'envergure inégalée en France : la journée « Bâtir en toute sécurité ». Afin de parvenir au résultat « Zéro accident », les 6 400 collaborateurs de l'entreprise, mais aussi tous les sous-traitants et des intérimaires intervenant sur les chantiers, soit plus de 11 000 personnes, sont sensibilisés à la déclinaison de la politique de prévention santé et sécurité au travail.
[…] L'opération s'articule autour de séquences d'information (présentation des indicateurs de sécurité, témoignages de salariés) et de mises en situation à travers des exercices pratiques (montage de tour, risques de chute, etc.). Cinq thématiques clés et incontournables pour parvenir à une réduction des risques sont ainsi abordées : la préparation physique et mentale (adopter une hygiène de vie personnelle saine et compatible avec les exigences du métier et prendre des postures de travail ergonomiques), l'anticipation (identifier les risques en amont pour agir en toute sécurité et pour transmettre aux acteurs sur chantier les éléments nécessaires à leur intervention), le respect des règles (appliquer les modes opératoires, les modes d'emploi du matériel et les consignes de sécurité, en particulier sur le port obligatoire des équipements de protection individuelle), les aléas (identifier les aléas qui pourraient survenir et les conduites qu'il faudrait alors adopter), le retour d'expérience (signaler tout incident à la hiérarchie et participer en transparence à l'analyse de ses causes).
Temps fort de la journée qui marque la participation de tous pour atteindre le « Zéro accident », l'ensemble des collaborateurs signe une charte par laquelle ils s'engagent à respecter et appliquer quotidiennement les 5 actions clés identifiées comme levier d'amélioration de la sécurité sur les chantiers.

www.bouygues-construction.fr

5 Se préparer au bac — Identifier les modalités de coopération dans une organisation

★★

1. Quelles sont les actions mises en œuvre par EDF pour offrir la possibilité à ses salariés de proposer des projets ?
2. Montrez comment le travail sur ces projets favorise la créativité et la coopération entre les salariés.
3. Expliquez comment ce travail en équipe-projet permet de développer la motivation des salariés.
4. Pour quelles raisons EDF a-t-elle intérêt à favoriser ces projets ? Quels sont les bénéfices pour un salarié d'EDF de participer à un de ces projets ?

DOC. 1 Chez EDF, innover au travail en mode start-up… Oui, c'est possible

Depuis plusieurs années, le groupe EDF engage des actions pour améliorer la qualité de vie au travail et in fine apporter plus de performance aux collectifs. Cette démarche conduit les salariés à plus d'agilité et d'autonomie. Elle s'inscrit dans l'esprit des nouveaux modes de travail insufflés par les start-up. Environnement collaboratif, lieux d'innovation, nouvelles méthodes de travail, transversalité… Au-delà des dispositifs relatifs au télétravail ou aux espaces de co-working, le groupe EDF donne à ses salariés la possibilité de concilier épanouissement dans leur mission et performance en leur permettant de développer leur esprit d'entreprendre et de coopération au sein du groupe, d'expérimenter de nouvelles méthodes de travail, et de décloisonner les métiers pour créer de la valeur.
« Prendre en compte l'avis des équipes sur la vie de l'entreprise, les responsabiliser davantage sur leurs missions, susciter l'innovation… Ces démarches créent un essaimage positif et une émulation globale dont tirera profit de facto le collectif », explique Christophe Carval, directeur des ressources humaines chez EDF. Au sein du Groupe, de plus en plus de salariés, à tous les niveaux, expriment le souhait de développer leurs propres projets dans des logiques de start-up. Pionner de cette facilitation dans l'expression d'idées, le Challenge du nucléaire rassemble toutes les équipes du nucléaire du groupe : du parc en exploitation, du nouveau nucléaire, de l'ingénierie, de la division technique générale et de la R&D. Chaque année, les équipes proposent près de 200 innovations au service de la sûreté, de la sécurité et de la performance du parc nucléaire.
EDF offre aussi à ses salariés la possibilité de bénéficier, sur leur temps de travail, de moyens pour mener un projet innovant. Ils deviennent ainsi des intrapreneurs. C'est une opportunité de pouvoir, tout en gardant son poste et son salaire, s'investir dans des projets stimulants. Il peut ainsi développer de nouvelles compétences ainsi qu'alimenter et/ou construire son projet professionnel.
Dans les entreprises, de plus en plus de laboratoires, d'espaces et programmes d'innovation fleurissent. Leur but : apporter et diffuser de nouvelles méthodes de travail dans les équipes. Rester connecté aux tendances, se renouveler dans un monde qui évolue de plus en plus vite, donner envie aux salariés de s'épanouir dans leur mission, tels sont les objectifs de ces lieux d'expression.

DOC. 2 La Chocolaterie d'EDF

La Chocolaterie [d'EDF] est un espace et un programme d'accélération de projets. Les salariés y concrétisent leurs idées pour le Groupe tout en se formant aux postures des entrepreneurs. […] Plus de 4 500 salariés ont déjà franchi la porte de cet espace pour participer à des ateliers. Créativité, co-construction, improvisation, motivation… sont autant d'éléments au rendez-vous. Les participants aux programmes d'accélération bénéficient aussi d'accompagnements personnalisés pour faire préciser, construire et tester leurs idées. Ainsi, plus de 100 projets de nature business, technologique, organisationnelle, etc. ont déjà vu le jour.
La Chocolaterie [est un lieu Design Thinking : il s'agit d'accompagner] les salariés porteurs de projets pour le groupe en s'inspirant des designers. Elle reprend les 3 dimensions-clés qu'ils utilisent : la faisabilité technique, la viabilité économique et la désirabilité de chaque projet, car l'utilisateur final reste au cœur des préoccupations tout le long du processus. Pour cela, La Chocolaterie fait appel à des coaches et des designers. Grâce à eux, chaque projet passe de l'idée au prototype, testé grandeur nature auprès de vrais utilisateurs. Les participants apprennent ainsi à s'ajuster, s'adapter… ou à recommencer, mais aussi à embarquer des partenaires et des sponsors.

www.edf.fr

Synthèse

Coopération : mode de relation où les individus participent volontairement à un travail commun dans le but d'atteindre des objectifs en partageant leurs compétences.

- Groupe-projet
- Réunion
- Technique de créativité
- Communautés de pratique

Dispositifs numériques de la coopération : agendas partagés, messagerie instantanée, plateforme collaborative, intranet, extranet.

Motivation : ensemble d'actions menées par l'entreprise pour influencer le comportement des salariés et les inciter à s'investir pleinement et efficacement dans la réalisation et l'aboutissement de leurs tâches.

- Facteurs de motivation internes
- Facteurs de motivation externes

QVT : Qualité de Vie au Travail

- Conditions de travail
- Ambiance
- Autonomie
- Responsabilisation

Lexique

- **Coopération :** mode de relation où les individus participent volontairement à un travail commun dans le but d'atteindre des objectifs en partageant leurs compétences. Les modes d'action coopératifs sont : les groupes-projets, les réunions, les techniques de créativité, les communautés de pratique.
- **Facteurs internes (intrinsèques) de la motivation :** le salarié agit uniquement pour son intérêt et le plaisir qu'il trouve à réaliser une tâche, sans attente de récompense autre. Il est motivé par un besoin de reconnaissance, le fait d'être valorisé, le plaisir du travail accompli, le sens du travail bien fait ou de la performance.
- **Facteurs externes (extrinsèques) de la motivation :** le salarié agit sous l'influence d'une circonstance extérieure à lui, une punition ou une récompense.
- **Motivation :** fruit d'un ensemble d'actions menées par l'entreprise pour influencer le comportement des salariés et les inciter à s'investir pleinement et efficacement dans la réalisation et l'aboutissement de leurs tâches.
- **Qualité de vie au travail :** sentiment de bien-être au travail perçu par les salariés et qui dépend des conditions de travail, de l'ambiance générale, de l'intérêt au travail, de l'autonomie et de la responsabilisation de chacun.

11 Les transformations numériques, vecteurs d'amélioration de la relation avec les clients et les usagers ?

Capacité

- Décrire l'apport des technologies numériques aux relations entre l'organisation, ses clients ou ses usagers

Avant la classe

Vidéo : « Comment Darty réinvente l'expérience client ? »
liennathan.fr/7w9z5s

▸ **Quel est l'intérêt pour Darty de connaître les attentes de ses clients ?**

Situation

Darty, créée par deux frères en 1957, est une enseigne spécialisée dans la vente de produits d'électroménager, TV, vidéo, Hi-Fi, téléphonie et multimédia.
Le réseau Darty compte aujourd'hui en France, 382 magasins, dont 175 franchisés.
La stratégie marketing de Darty repose depuis 1973 sur le « contrat de confiance », qui garantit des prix bas toute l'année, un large choix de produits, des grandes marques et la qualité du service avant, pendant et après la vente.
En 1999, l'enseigne ouvre son site Internet marchand : www.darty.com.
En 2016, la Fnac rachète Darty et mutualise ainsi un parc de 510 magasins en France. Le groupe continue aujourd'hui sa mutation vers un modèle omnicanal, où magasins physiques et virtuels sont en totale synergie.

1 Identifier l'apport du numérique dans l'amélioration de la connaissance client

DOC. 1 Le processus d'achat

Le processus d'achat client comprend toutes les étapes d'un achat depuis la prise de conscience du besoin jusqu'à l'achat lui-même. Il est dit « digitalisé » lorsque les consommateurs utilisent des canaux digitaux lors de toutes ces étapes : Internet, les achats en ligne ou les réseaux sociaux

DOC. 2 Le consommateur au cœur du processus d'achat

Le consommateur d'aujourd'hui est de plus en plus informé grâce aux informations disponibles sur le web et d'autres supports, grâce à la tribune que lui donne l'accès aux réseaux sociaux et aux communautés virtuelles, il a le pouvoir de nuire à la réputation d'une entreprise ou d'une marque, il a le pouvoir de donner des recommandations, des prescriptions (*buzz*, bouche-à-oreille électronique, commentaires sur Facebook et autres réseaux…) et d'influencer les décisions de ceux qui font partie de son entourage et qui peuvent lui faire confiance plus que n'importe quel autre message à caractère publicitaire. [La révolution numérique, avec l'utilisation permanente des ordinateurs, d'Internet et des réseaux sociaux, a donné du pouvoir au consommateur.]

Rachid Amin, « Le marketing face à l'évolution du comportement du consommateur », www.journaldunet.com.

DOC. 3 Les étapes du processus d'achat d'un ordinateur

À chaque étape du processus d'achat, Darty enregistre des traces numériques sur l'activité et l'identité de ses utilisateurs, soit automatiquement (utilisation des cookies) soit par un dépôt intentionnel des clients.
Lors de l'achat d'un ordinateur par exemple, après la première étape du processus d'achat qui est la prise de conscience de son besoin, le client va généralement consulter plusieurs sites Internet pour rechercher des informations et comparer les produits et les marques.
On nomme cela le ZMOT (*Zero Moment Of Truth*), c'est-à-dire le moment où le consommateur va se mettre à rechercher une série d'informations sur Internet sur le produit qu'il désire acquérir.
Darty profite de cette visite sur son site pour recueillir et analyser toutes les données de navigation : pages consultées, temps passé sur chaque page, produits vus, comparaison avec d'autres produits, délais entre la première visite et la commande…
Puis, lors de l'étape suivante du processus d'achat, celle de l'achat en ligne ou en magasin, Darty collecte des informations sur l'historique des produits achetés, sur la fréquence d'achat, sur le mode de livraison choisi, le mode de paiement, le montant des achats, l'adresse de livraison…
L'ouverture de l'espace client Darty et la création de la carte de fidélité connectée sont encore une occasion de collecter des informations sur les clients : noms, prénoms, adresses, âges, numéros de téléphone, adresses e-mail…
Enfin, lors de la dernière étape, après l'achat, Darty recueillera des informations du service client et du SAV (service après-vente) sur d'éventuels incidents de livraison ou sur des réclamations clients. L'enseigne peut aussi collecter des informations en analysant les commentaires et les réactions sur les réseaux sociaux : Instagram, Facebook, Twitter… Les produits « likés », les commentaires positifs ou négatifs sont encore une source d'information pour l'enseigne.

Situation Chaque étape du processus d'achat digitalisé est une occasion pour Darty de recueillir des informations sur ses clients.

1 Expliquez pour quelles raisons la révolution numérique a placé les consommateurs au cœur du processus d'achat. ▶ Docs 1 et 2

2 Citez les différentes étapes du processus d'achat d'un ordinateur. ▶ Doc. 3

3 Expliquez de quelle manière Darty recueille des traces numériques sur ses clients. ▶ Doc. 3

4 Quelles sont les informations sur les clients recueillies par Darty lors de chaque étape du processus d'achat d'un ordinateur ? ▶ Doc. 3

5 Pourquoi peut-on dire que le processus d'achat chez Darty est digitalisé ? ▶ Doc. 3

6 Expliquez comment la digitalisation du processus d'achat chez Darty facilite le recueil d'informations sur les clients. ▶ Doc. 3

Faites le point ! STMG_Management_Term_ch11_point_partie1.pdf

2 Identifier l'apport du numérique dans l'analyse du comportement du consommateur

DOC. 4 Le comportement des consommateurs lors de l'achat d'un ordinateur

Le recueil de toutes ces informations a permis à Darty d'analyser le comportement de ses clients lors de l'achat d'un ordinateur. L'analyse des résultats permet de dégager les tendances suivantes :
– 85 % des clients achètent un ordinateur pour un usage personnel et 15 % pour l'offrir ;
– 60 % estiment qu'ils peuvent renoncer à l'achat d'un ordinateur à cause d'un prix trop élevé.
La grande tendance aujourd'hui est les petits ordinateurs portables. En effet, la grande majorité des clients recherchent des ordinateurs performants et légers et veulent évidemment qu'ils aient une grande autonomie. Pour la plupart des clients, la marque Apple reste un gage de qualité et de haute technologie, elle reste la marque préférée des consommateurs même si ces derniers n'achètent pas forcément un ordinateur Apple. La marque est fortement concurrencée aujourd'hui par les nouveaux ordinateurs Surface de Microsoft (augmentation des ventes de 39 % en 2019). D'autre part, dans un contexte de développement du e-commerce et de digitalisation du processus d'achat, 52 % des Français dont 68 % des millenials (18-24 ans) confirment aussi préférer se rendre en point de vente pour tester leurs produits et bénéficier de l'expertise des vendeurs.

DOC. 5 L'analyse du comportement du consommateur

Le besoin est un état de tension ou de désir ressenti par un individu. La pyramide de Maslow comporte cinq niveaux partant des besoins de base d'un individu (sécurité, besoins physiologiques) jusqu'à ceux les plus élaborés qui convergent vers la réalisation de soi.
Une **motivation d'achat** est une raison poussant le consommateur à acheter un produit. H. Joannis distingue : les motivations oblatives (faire plaisir aux autres), les motivations hédonistes (se faire plaisir) et les motivations d'auto-expression (s'affirmer, exprimer ce que l'on est).
Les **freins à l'achat** sont des pulsions négatives qui empêchent l'achat. Il peut s'agir de peurs réelles ou irraisonnées des risques liés à l'achat (ex. : les ondes du smartphone sont dangereuses), d'inhibitions (difficulté à agir, ex. : « Je n'arriverai jamais à me servir de cet ordinateur ») ou de doutes (ex. : « Ai-je vraiment besoin de cette nouvelle télévision ? »).
L'**attitude** se définit comme l'ensemble des éléments d'évaluation personnelle dont dispose un individu vis-à-vis d'une marque ou d'un produit. Elle se compose :
– d'éléments cognitifs, relatifs à ce que l'individu connaît ou croit connaître sur le produit ;
– d'éléments affectifs, regroupant les sentiments éprouvés à l'égard du produit ou de la marque ;
– d'éléments conatifs, qui se composent des intentions d'actions éprouvées à l'égard de la marque (essai, achat…).

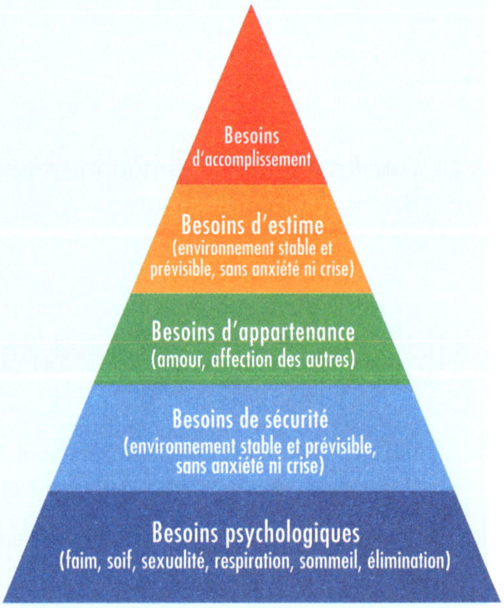

DOC. 6 Darty et Microsoft réinventent l'expérience client

Microsoft et Fnac Darty allient […] leur expertise pour offrir aux clients une expérience optimisée en magasin, pour répondre aux nouveaux besoins des consommateurs. Ainsi, 152 enseignes du groupe Fnac Darty présenteront l'offre des PC Windows de nouvelle génération [de Microsoft1] de manière simplifiée et clarifiée. Cet ambitieux concept de réorganisation physique – que le groupe Fnac Darty est le premier partenaire *retail* de Microsoft à déployer dans le monde – se traduira notamment par une segmentation des appareils par prix (du PC d'exception au PC à prix malin) et par usage pour plus de clarté, en donnant au consommateur plus d'espace pour tester et expérimenter les produits.

1. PC nouvelle génération : des PC fins avec une épaisseur de moins de 2 cm, légers (moins de 2 kg), avec une autonomie supérieure à 8 heures, avec des processeurs nouvelle génération et des écrans tactiles.

Capucine Simon, « Microsoft et Fnac Darty réinventent l'expérience client pour l'achat d'un PC », www.news.microsoft.com, 18 juillet 2019.

Situation L'ensemble des informations recueillies par Darty tout au long du processus d'achat digitalisé permet à l'enseigne d'avoir une connaissance plus approfondie du comportement de ses clients et d'adapter son offre à leurs attentes.

7 À quel besoin de la pyramide de Maslow correspond l'achat d'un ordinateur chez Darty ? Justifiez votre réponse. Docs 4 et 5

8 Comment pourrait-on qualifier la motivation de la majorité des clients de Darty lors de l'achat d'un ordinateur ? Quels sont les principaux freins ? Justifiez votre réponse. Docs 4 et 5

9 Quelle est l'attitude des consommateurs de Darty vis-à-vis de la marque Apple (éléments conatifs, cognitifs et affectifs) ? Docs 4 et 5

10 Expliquez comment le numérique facilite la connaissance du comportement du consommateur. Doc. 6

11 Quel est l'enjeu pour Darty de connaître le comportement de ses clients ? Doc. 6

12 Montrez comment Darty adapte son offre en fonction de l'analyse des comportements de ses clients. Doc. 6

Faites le point ! STMG_Management_Term_ch11_point_partie2.pdf

3 Décrire l'apport du numérique dans la gestion de la relation client

DOC. 7 Espace client Darty : une expérience personnalisée

Ayez le réflexe espace client Darty ! Créé lors de votre achat en magasin ou en ligne, il centralise toutes les informations concernant vos appareils. Avec l'espace client, vous accédez en un clic à une interface personnalisée en fonction de vos achats. Indispensable pour commander sur darty.com ou par téléphone, l'espace client vous permet aussi de suivre une commande en cours, suivre l'acheminement de votre colis, éditer vos factures, notices, faire une demande de remboursement de la différence de prix, éditer un formulaire de rétractation pour une commande darty.com, consulter votre contrat de confiance personnalisé ou encore suivre votre produit qui est en cours de réparation.

« Utiliser votre espace client Darty », www.darty.com.

La **gestion de la relation client (GRC)** est un ensemble de techniques et d'actions ayant pour but d'optimiser la relation avec le client et ainsi de le fidéliser.

DOC. 8 Le Bouton : appuyez, Darty vous dépanne !

Le Bouton Darty, c'est l'assistance Darty chez vous en un seul geste, 24 h/24 et sur 7 j/7. Inutile désormais d'appeler à l'aide un ami féru de nouvelles technologies pour brancher votre appareil photo à votre TV ou de lancer un SOS à son voisin bricoleur car votre machine n'essore plus correctement. Appuyez : un conseiller vous rappelle aussitôt pour vous dépanner à distance ou répondre à toutes vos questions, qu'elles concernent un produit acheté chez Darty ou ailleurs, sous garantie ou non. Il connaît vos équipements et pourra trouver la meilleure solution à votre problème, que ce soit une panne, une question d'utilisation, un achat ou le suivi d'une commande.

« Darty le Bouton », www.darty.com.

DOC. 9 Darty et les réseaux sociaux

Présent sur Facebook et Twitter, Darty vous propose d'y découvrir les dernières nouveautés en photos et vidéos, avec de multiples déballages et tests produits au programme. Vous pourrez également tenter de gagner le smartphone, l'ordinateur portable ou encore le robot cuiseur de vos rêves en participant à nos différents jeux-concours. Vous serez également informés des promos et bons plans en cours. Sur notre page Facebook dédiée à la cuisine, vous pourrez trouver toutes nos idées recettes (en photos et vidéos), les produits les plus innovants ainsi des informations sur nos offres de cuisine sur mesure.

« De vous à nous », www.darty.com.

DOC. 10 La digitalisation de la relation client : une force pour Darty

La digitalisation de la relation client permet à Darty d'offrir à ses clients une offre personnalisée : avoir le bon produit au bon moment, au bon endroit. Elle permet aussi de faciliter leurs recherches, de gagner du temps, en leur assurant la disponibilité d'un produit. Elle offre aussi la possibilité de commander depuis un ordinateur ou en magasin ou sur son smartphone. Elle permet enfin de profiter de promotions et d'offres avantageuses qui répondent à un besoin précis à un moment précis.
Pour Darty, la GRC digitalisée est un outil qui lui permet dans un premier temps d'augmenter son chiffre d'affaires, mais aussi, dans un second temps, de maximiser l'expérience client et donc sa satisfaction pour à terme le fidéliser.

Situation La digitalisation du processus d'achat permet aussi à Darty d'améliorer sa gestion de la relation client.

13 Quels sont les outils utilisés par Darty pour gérer la relation avec ses clients ? Docs 7 et 10

14 Pourquoi peut-on dire qu'il s'agit d'une gestion de la relation client digitalisée ? Docs 7 et 10

15 Montrez comment cette gestion de la relation client permet une interactivité entre Darty et ses clients. Docs 7 et 10

16 Pourquoi peut-on dire que l'espace client Darty est un système d'information partagé ? Docs 7 et 10

17 Comment Darty utilise-t-il les réseaux sociaux pour être en interaction avec ses clients ? Doc. 10

18 Quels sont les avantages de la digitalisation de la relation client pour l'entreprise et pour le client ? Docs 7 et 10

Faites le point ! STMG_Management_Term_ch11_point_partie3.pdf

Applications

1 Testez vos connaissances

Répondez par vrai ou faux aux propositions suivantes.

1. Le processus d'achat est le chemin parcouru par un produit du producteur au client.
   ☐ Vrai ☐ Faux
2. La digitalisation du processus d'achat facilite la collecte d'informations sur les clients.
   ☐ Vrai ☐ Faux
3. Les mentions des nom, prénom et adresse laissées lors d'une commande en ligne peuvent être considérées comme des traces numériques.
   ☐ Vrai ☐ Faux
4. Une motivation d'achat hédoniste consiste à faire plaisir à un proche.
   ☐ Vrai ☐ Faux
5. Penser que Nike est une marque « jeune et branchée » est un élément conatif de l'attitude.
   ☐ Vrai ☐ Faux
6. Un des objectifs de la GRC est de fidéliser ses clients.
   ☐ Vrai ☐ Faux

2 Identifier l'apport du numérique dans l'amélioration de la connaissance client

1. Qu'est-ce qu'un logiciel de CRM ?
2. Quelles sont les principales fonctions d'un logiciel de CRM ?
3. Expliquez comment cette solution logicielle permet de répondre aux attentes des clients et donc de les fidéliser.

DOC. 1 Logiciel de CRM

Un logiciel de CRM (*Customer Relationship Management*, GRC en français) rassemble toutes les informations sur les clients (nom, prénom, adresse, e-mail, achats réalisés, fréquence des achats…) et, grâce à ces informations, permet de faire des offres personnalisées, par exemple : envoi d'une offre promotionnelle par e-mail adpatée au besoin du client et au moment où il en a besoin.

DOC. 2 Salesforce : le logiciel de CRM d'Afflelou

En ce début 2019, l'exploitation fine des données est plus que jamais au cœur de la stratégie digitale du groupe Afflelou. Alors que la fameuse marque de lunettes bascule sur Salesforce, tout l'enjeu du groupe est de bien embarquer ses franchisés dans cette petite révolution interne. […] L'objectif pour le groupe en 2019 est clair : être à la pointe de la gestion de données afin de mieux fidéliser les clients existant et d'en capter de nouveaux aussi bien en optique qu'en audio. Pour cela, Afflelou a décidé d'investir massivement. « Notre poste [de dépenses] le plus important de 2019 porte sur le digital », relève [le PDG]. Ces investissements sont dans la lignée d'une augmentation significative du budget communication et digital du groupe ces dernières années : réseaux sociaux, applications mobiles, etc. « Aujourd'hui, nous nous attaquons au CRM », assure-t-il. Pour remplacer son ancien outil de CRM devenu obsolète, Afflelou s'est tourné vers le leader du marché Salesforce.

« La data, dans le visuer du group Afflelou », www.apax.fr.

Ce logiciel permet à l'enseigne de récolter de nombreuses informations sur les clients, de les traiter, de les recouper et d'envoyer ensuite des offres personnalisées par e-mail, par sms, sur le site Internet de l'entreprise ou encore sur les réseaux sociaux. Il s'agit pour l'entreprise de développer son chiffre d'affaires et de fidéliser ses clients en instaurant une relation de proximité permanente avec eux.

3 Identifier l'apport du numérique dans la relation avec les usagers

★★

1. Expliquez comment les services administratifs français utilisent les technologies numériques pour faciliter leur communication avec leurs usagers.
2. Montrez comment l'utilisation des nouvelles technologies permet aux services administratifs français de simplifier les démarches des usagers.
3. Expliquez comment les nouvelles technologies permettent à l'administration française d'être en conformité avec la loi sur la liberté d'accès aux documents administratifs de 1978.
4. Qu'est-ce que la fracture numérique ? Quelles sont les personnes les plus exposées à cette forme d'exclusion sociale ?

DOC. 1 La digitalisation des services administratifs français

Usager : personne qui utilise un service public.

Liberté • Égalité • Fraternité
RÉPUBLIQUE FRANÇAISE

La digitalisation des services administratifs est en marche. Le développement de la version 2.0 des services publics est devenu un enjeu particulièrement fort pour de nombreux élus comme pour les usagers. […] Il est désormais possible de tout faire ou presque depuis son ordinateur, son smartphone ou sa tablette. L'e-administration est en train d'entrer dans les mœurs des Français, lentement mais sûrement.

L'obtention d'un acte de naissance en ligne est aujourd'hui une procédure simple et rapide grâce à des portails gouvernementaux, mais aussi des sites spécialisés. Plusieurs formalités réalisables en mairie ont suivi comme l'acte de décès, le renouvellement du passeport ou du CIN. Désormais, il est possible de réaliser des actes basiques comme le changement d'adresse jusqu'à des procédures plus complexes et plus pénibles comme la réclamation d'une aide sociale (prime d'activité ou encore RSA), la déclaration d'impôts ou encore la demande d'une bourse. Le centre fiscal est un service public qui ne peut plus désormais se passer de la déclaration de revenus en ligne. Il en est de même pour le ministère des Transports qui a mis en place le système de paiement ou de réclamations de contraventions en ligne. Les avancées technologies et conceptuelles, comme le Big Data ou la centralisation des données, permettent de généraliser des actions. Il est par exemple possible de changer une adresse personnelle auprès de plusieurs organismes en une seule déclaration. Autrement dit, il suffit de changer son adresse sur le site du gouvernement dans la rubrique correspondante pour que les principaux organismes français soient avertis (ANPE, Sécurité sociale, La Poste, Pôle emploi, service des impôts, Caf, Caisse des retraites…). Les progrès ne s'arrêtent pas là puisque des *bots*[1] pourraient, très bientôt, remplacer les conseillers hotline sur les sites et seraient capables de répondre à des questions basiques.

Les queues interminables dans les bureaux des services publics, la lenteur administrative si légendaire et les va-et-vient indispensables aux paperasses administratives pourraient bien n'être plus que de mauvais souvenirs avec l'ère numérique. […] Le développement de l'e-administration permet également de réduire les déplacements puisque les usagers n'auront plus besoin de se déplacer vers leur commune de naissance pour obtenir un acte d'état-civil par exemple. Les demandes sont déposées en quelques clics et les documents sont reçus en quelques jours par courrier ou récupérés en ligne.

1. *Bot* : logiciel opérant de manière autonome et automatique. Il est la contraction de « robot ».

Matthieu Espaze, « Digitalisation : au tour de l'administration », www.journaldunet.com, 28 août 2017.

DOC. 2 Loi sur la liberté d'accès aux documents administratifs de 1978

Les principes des modalités d'exercice du droit d'accès aux documents administratifs sont fixés par l'article 4 de la loi n° 78-753 du 17 juillet 1978 portant diverses mesures d'amélioration des relations entre l'administration et le public et diverses dispositions d'ordre administratif, social et fiscal.

« L'accès aux documents administratifs s'exerce, au choix du demandeur et dans la limite des possibilités techniques de l'administration, soit par consultation gratuite sur place, soit par courrier électronique et sans frais lorsque le document est disponible sous forme électronique, soit, sous réserve que la reproduction ne nuise pas à la conservation du document, par la délivrance d'une copie sur un support identique à celui utilisé par l'administration ou compatible avec celui-ci et aux frais du demandeur, sans que ces frais puissent excéder le coût de cette reproduction. »

« Accès aux documents administratifs », www.nord.gouv.fr.

DOC. 3 La fracture numérique

C'est un chiffre alarmant. En décembre 2017, le gouvernement lançait une « stratégie nationale d'inclusion numérique », destinée à venir en aide aux laissés-pour-compte du digital. Face à un État qui se veut toujours plus connecté, les citoyens devaient pouvoir être sur la même ligne. Patatras. Ce mardi 25 juin, le Syndicat de la presse sociale (SPS) publie un livre blanc sur « l'illectronisme », relayé par Le Figaro. On y apprend que cette situation concerne aujourd'hui 11 millions de Français, soit 23 % de la population.
Cette dénomination recouvre évidemment plusieurs réalités, comme le détaille Annie Ripon-Serre, coauteure du rapport. Les premiers concernés sont les plus âgés. « La fracture numérique concerne particulièrement les personnes âgées. Si 27 % des 60 ans n'utilisent jamais Internet, ce chiffre passe à 42 % pour les plus de 80 ans. » Pour autant, impossible de faire l'impasse sur les plus jeunes, chez qui la situation est loin d'être uniforme. « Pourtant nés avec ces nouvelles technologies et très à l'aise sur certaines applications, réseaux sociaux ou consoles de jeu, ils se trouvent désemparés dès que l'utilisation devient moins ludique », précise la spécialiste. Les personnes illettrées, qui représentent 7 % de la population française, sont aussi touchées. Enfin, les zones blanches, là où Internet ne parvient pas ou presque, constituent aussi des zones souvent touchées par l'illectronisme.

« Illectronisme » : la fracture numérique touche 11 millions de Français, www.lepoint.fr, 24 juin 2019.

4 Identifier les limites du numérique dans la relation avec les clients et les usagers

★★

À partir de l'exemple de YouTube et de Facebook, expliquez quels sont les risques de la collecte d'informations sur les clients.

DOC. 1 Amende record pour YouTube

YouTube, épinglé pour sa politique de collecte des données, a accepté de payer une amende record de 170 millions de dollars aux États-Unis.
En avril 2018, 23 organisations de défense des droits numériques et de protection de l'enfance avaient déposé une plainte. Elles accusaient YouTube de collecter les informations personnelles de mineurs (localisation, appareil utilisé, numéros de téléphone) sans que les parents le sachent, et de s'en servir pour permettre de la publicité ciblée. Les publicités taillées sur mesure, parce qu'elles s'appuient sur d'innombrables données collectées automatiquement sur les usagers, permettent à Alphabet (la maison-mère de Google et YouTube) d'engranger des milliards de dollars de bénéfices.

« Amende record pour YouTube qui s'engage à mieux protéger les données des enfants », www.leparisien.fr.

DOC. 2 Le nouveau scandale qui éclabousse Facebook

« Vingt dollars en chèques-cadeaux contre données personnelles » : ce pourrait être le titre du nouveau scandale qui éclabousse Facebook. D'après l'enquête […], le réseau social a, entre 2016 et 2018, rémunéré des usagers âgés de 13 à 35 ans ayant accepté de télécharger l'application « Facebook Research ». Or, celle-ci donnait un accès très étendu aux données de leur appareil : e-mails, recherches sur Internet, SMS, photos et vidéos échangées, historique d'achats chez Amazon, localisation de l'utilisateur.

Laurence Neuer, « Protection des données : les abus de Facebook aboutiront-ils à un RGPD américain ? », www.lepoint.fr, 14 février 2019.

5 Se préparer au bac — Décrire l'apport du numérique dans la gestion de la relation client (GRC)

1. Quels sont les principaux outils de la GRC digitalisée utilisés par Sephora ?
2. Quels sont les avantages de la GRC digitalisée pour les clientes de Sephora ? et pour l'enseigne ?
3. Quels sont, pour Sephora, les perspectives de développement de la digitalisation de sa GRC ?

DOC. 1 My Sephora

Une stratégie phygitale [(contraction de physique et de digital)] de toute beauté. Tel est le reflet renvoyé par l'enseigne de produits cosmétiques Sephora. Celle-ci multiplie depuis quelques années les services digitaux dans ses magasins, pour « créer une expérience client sans couture », explique Elisabeth Sehmer, directrice marketing France, soit « un niveau d'expérience et de satisfaction des consommateurs similaire entre le magasin physique et l'e-store, avec l'objectif constant de ne pas créer de frictions ». Sephora se veut d'ailleurs « précurseur dans la compréhension du parcours client et la personnalisation de la relation ». D'où l'utilisation des technologies et des méthodes du digital dans ses boutiques, et ce, dès 2012. À cette date, l'enseigne teste et déploie dans son réseau, « My Sephora », application activée avec la carte de fidélité ou le nom de la cliente et installée sur les tablettes des conseillers beauté. Ces derniers disposent des informations CRM clés sur leurs clientes – historique d'achat et habitudes de consommation, notamment – sur lesquelles s'appuyer pour leur transmettre des recommandations de produits et d'offres, ou des conseils.

Floriane Salgues, « Comment Sephora réussit à ne plus jamais dire non aux clientes », www.emarketing.fr, 28 septembre 2018.

DOC. 2 Sephora Plus

La nouvelle arme secrète phygitale de Sephora, lancée il y a quelques mois, porte le nom de « **Sephora Plus** ». À partir de bornes connectées installées dans les magasins, la cliente, épaulée par un conseiller de ventes, accède à l'ensemble de l'offre de Sephora. « La très riche offre de produits de Sephora ne se traduisait pas dans chacun de nos magasins, notamment en raison de la taille de l'espace », contextualise la directrice marketing France du spécialiste de la beauté. Ainsi, en cas d'absence des produits dans les présentoirs – en raison de la capacité du magasin, mais, également, d'éventuelles ruptures de stock –, les commandes passées par les clientes sur les écrans digitaux sont livrées gratuitement à leur domicile, ou à l'adresse de leur choix, dans les 48 heures. « Cet outil change totalement l'expérience de shopping vécue par nos clientes, et également, par nos conseillers beauté, fait part Elisabeth Sehmer. Car le service, qui complète parfaitement l'offre en magasin, est une façon de ne plus jamais dire non à nos clientes ».
Au cœur des boutiques connectées, se situent le « Beauty Hub » et sa déclinaison de services clients autour de tests virtuels de looks beauté. Ainsi, un « look book » digital offre aux clientes la possibilité de trouver l'inspiration maquillage et d'élaborer un programme de beauté personnalisé quand le « Virtual Artist » permet de tester sur iPad ou miroir connecté plusieurs styles de maquillage et de produits, et de sélectionner les teintes les plus adaptées à sa physionomie. Développée avec Pantone, l'application « Color Profile » est ainsi dédiée au choix de sa nuance de fond de teint, avec une recommandation de plusieurs références disponibles au sein de l'enseigne.

Floriane Salgues, « Comment Sephora réussit à ne plus jamais dire non aux clientes », www.emarketing.fr, 28 septembre 2018.

DOC. 3 Sephora et Google

Et pour demain ? Sephora croit au conversationnel, toujours dans l'optique d'offrir de nouvelles expériences à ses clients… et d'entrer en contact avec eux. Elisabeth Sehmer témoigne en ce sens : « Google et Facebook ont connaissance de notre soif constante d'innovation et de notre motivation à rester pionnier, c'est pourquoi Google nous a sollicités pour être présent sur Google Home et l'assistant Google. Avec ce partenariat, nous ne nous sommes pas fixé d'autres objectifs que celui d'apporter plus de satisfaction aux clientes en utilisant ces nouveaux outils ». Au programme : la réservation d'un service beauté, maquillage ou épilation des sourcils par exemple, avec le bot conversationnel par un simple « OK Google… Je veux parler à Sephora ». Mais, également, la possibilité d'écouter sur Google Home deux minutes de podcast quotidien sur les secrets cosmétiques des influenceurs beauté.

Floriane Salgues, « Comment Sephora réussit à ne plus jamais dire non aux clientes », www.emarketing.fr, 28 septembre 2018.

Synthèse

Les nouvelles technologies du numérique permettent d'améliorer la connaissance client

- **Le consommateur est devenu le centre du processus d'achat**
- **Le processus d'achat est de plus en plus digitalisé**
- **La digitalisation du parcours d'achat facilite le recueil d'informations sur le client**

Les nouvelles technologies du numérique permettent d'améliorer la connaissance client

- **Connaissance des besoins :** pyramide de Maslow
- **Connaissance des motivations :** oblatives, hédonistes, auto-expression
- **Connaissance des freins :** peurs, inhibitions, doutes
- **Connaissance des attitudes :** éléments cognitifs, conatifs, affectifs

Les nouvelles technologies du numérique permettent d'adapter l'offre et d'améliorer la gestion de la relation client

- **Outils de la GRC digitalisée :** *chat*, réseaux sociaux, prise de commande en ligne…
- **Adaptation de l'offre** aux attentes et aux besoins des clients
- **Interactivité de la GRC avec des systèmes d'informations partagés**

Les nouvelles technologies du numérique permettent aussi aux administrations de communiquer plus facilement avec leurs usagers, de donner un accès aux documents administratifs et de simplifier leurs démarches

Lexique

- **Attitudes :** ensemble des éléments conatifs, cognitifs et affectifs d'évaluation personnelle dont dispose un individu à l'égard d'une marque ou d'un produit.
- **Besoin :** état de tension ou de désir ressenti par un individu (pyramide de Maslow).
- **Consommateur et usager :** un consommateur est une personne physique qui consomme des produits et services afin de satisfaire ses besoins. Un usager est une personne qui utilise un service public.
- **Digitalisation de la relation client :** la GRC est un ensemble de techniques et d'actions ayant pour but d'optimiser la relation avec le client et ainsi de le fidéliser. On parle de GRC digitalisée lorsque la relation client passe par des canaux digitalisés : Internet, réseaux sociaux, *chats*…
- **Frein :** pulsion négative qui empêche l'achat (peur, doute, inhibition).
- **Motivation :** raison poussant le consommateur à acheter un produit (oblative, hédoniste, auto-expression).
- **Processus d'achat :** il comprend toutes les étapes d'un achat depuis la prise de conscience du besoin jusqu'à l'achat lui-même.
- **Réseaux sociaux :** sites Internet et applications mobiles qui permettent aux utilisateurs de se constituer un réseau de relations et qui favorisent les interactions sociales (Facebook, Instagram, Twitter…).
- **Traces numériques :** ensemble des informations enregistrées sur l'activité ou l'identité des utilisateurs soit automatiquement, soit par le biais d'un dépôt intentionnel.

12 Comment une organisation communique-t-elle avec ses différents acteurs ?

Capacité

- Distinguer les différentes modalités de communication mobilisées par une organisation

Avant la classe

Vidéo : « Nous avons tous de grands pouvoirs. Nous avons tous de grandes responsabilités. »
liennathan.fr/y56r5u

Quel est l'objectif de ce film publicitaire du groupe Orange ? À qui s'adresse-t-il ?

Situation

Avec un chiffre d'affaires de 41 milliards d'euros en 2018 et une implantation dans 27 pays, le groupe Orange est l'un des principaux opérateurs de télécommunications dans le monde. Au 30 juin 2019, le groupe possédait 148 000 salariés, dont 89 000 en France, et servait 266 millions de clients dans le monde, dont 207 millions de clients mobile et 20 millions de clients haut débit fixe.

Fin 2019, le groupe Orange a présenté son plan stratégique Engage2025. Ce nouveau plan de croissance s'appuie notamment sur l'ambition de « construire ensemble l'entreprise de demain ». Pour bâtir ce plan stratégique à horizon 2025, Orange a consulté ses salariés durant plusieurs mois à travers une réflexion globale sur la raison d'être de l'opérateur. Le groupe Orange souhaite aussi relever le défi des compétences et figurer parmi les employeurs les plus attractifs.

Pour cela, Orange met en place des campagnes digitales de recrutement et surveille sa réputation sur le web. Et en tant qu'opérateur responsable, le groupe cherche à alerter le grand public sur les risques liés au numérique à travers une campagne intitulée *« Nous avons tous de grands pouvoirs. Nous avons tous de grandes responsabilités »*.

1 Identifier les rôles de la communication

DOC. 1 Deux exemples de communication du groupe Orange

O magazine, la revue du groupe Orange disponible en boutique et en ligne.

Cube, le jeu sérieux collaboratif dédié à la culture et à la stratégie du groupe Orange.

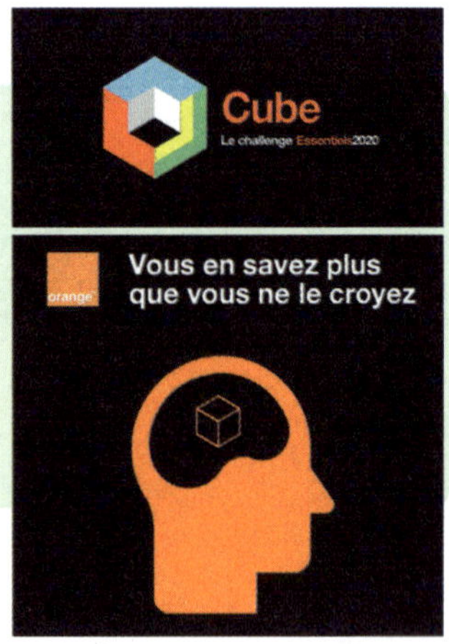

DOC. 2 La communication et ses rôles

La communication est la transmission d'un message (un contenu) d'un émetteur (la source) vers un récepteur (la cible) à travers un canal (un support : réunion, e-mail, site web, note, affichage, réseau social, publication…).

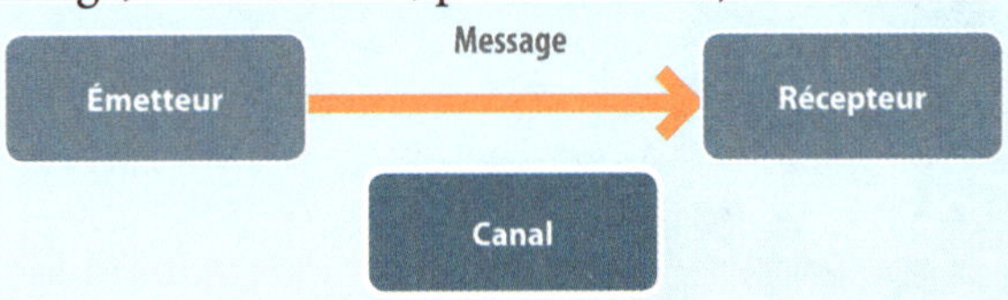

Lorsque la cible du message est interne à l'organisation, il s'agit d'une communication interne ; lorsqu'elle est externe, on parle de communication externe.

La communication d'une organisation joue un rôle essentiel pour :

- renforcer son image ;
- mobiliser autour de ses objectifs.

DOC. 3 France Télécom devient Orange

C'est la fin d'une époque : les Français doivent dire adieu lundi 1er juillet [2013] à France Télécom […]. Exit les logos qui ornaient les vieux téléphones […]. Le carré orange investit l'ensemble des activités du groupe, des factures des lignes fixes jusqu'aux navires qui posent les câbles sous-marins. « C'est un projet de longue haleine », explique au Point.fr Béatrice Mandine […]. « Le processus […] a commencé le 1er juin 2006, lorsqu'Orange est devenu la marque unique pour le mobile, la TV, l'Internet et les services digitaux », ajoute-t-elle. Puis l'étape majeure a eu lieu en 2012, lorsque la ligne fixe de France Télécom a adopté l'identité Orange.

Guerric Poncet, « Pourquoi Orange enterre France Télécom », www.lepoint.fr, 30 juin 2013.

orange™

« L'objectif majeur de la communication est la cohérence, dans le temps comme avec les différents publics. Et à l'heure du digital et de l'immédiateté, la cohérence est encore plus essentielle. C'est évidemment vrai de la communication interne et externe qui doivent travailler ensemble. Toute l'entreprise doit partager les mêmes orientations pour créer de la cohésion, de l'adhésion, de la crédibilité. » Béatrice Mandine, directrice exécutive d'Orange en charge de la communication et de la marque.

Romain Hamard, interview de Béatrice Mandine, www.wearecom.fr.

DOC. 4 La stratégie de communication

La stratégie de communication d'une organisation est la manière dont elle organise des actions pour atteindre ses objectifs de communication. Pour harmoniser sa communication interne et externe, l'organisation doit mettre en œuvre une stratégie globale.

Les risques d'une mauvaise communication sont la perte de cohésion sociale et la perte de confiance des parties prenantes.

Situation

Le groupe Orange compte 148 000 salariés, dont 89 000 en France. Présent dans 27 pays, l'opérateur sert 266 millions de clients dans le monde, dont 207 millions de clients mobile et 20 millions de clients haut débit fixe. Pour communiquer avec ses clients, le groupe Orange utilise notamment une revue qui présente les nouvelles offres, des dossiers thématiques, des informations pratiques. Auprès de ses salariés, le groupe a lancé un véritable défi inter-pays et inter-métiers via une application en ligne. Quelle équipe aura le meilleur score ?

1 Identifiez le message, la cible et le support du *O magazine*. Docs 1 et 2

2 Identifiez le message, la cible et le support du Cube du groupe Orange. Docs 1 et 2

3 Repérez les objectifs de ces deux outils de communication pour le groupe Orange. Précisez s'il s'agit de communication interne ou externe. Docs 1 et 2

Situation

Le lundi 1er juillet 2013, l'opérateur téléphonique France Télécom a définitivement changé de nom pour devenir Orange. En effet, le mot « France » était porteur dans notre Hexagone, mais beaucoup moins à l'étranger, alors que la marque Orange a une dimension mondiale.

4 Quelle décision stratégique l'opérateur téléphonique a-t-il prise ? Doc. 3

5 Auprès de quelles cibles le groupe doit-il communiquer cette décision ? Docs 2 et 3

6 Repérez les supports de communication utilisés. Citez-en d'autres. Doc. 3

7 Pourquoi la stratégie de communication mise en place par le groupe Orange doit-elle être globale ?
Docs 3 et 4

Faites le point ! STMG_Management_Term_ch12_point_partie1.pdf

2 Repérer les modalités de la communication interne

DOC. 5 Plazza, le réseau social d'entreprise (RSE) du groupe Orange

Depuis 2010, Plazza permet aux salariés :
- de communiquer rapidement et facilement avec d'autres membres du RSE ;
- de partager des expériences et des connaissances ;
- de travailler en groupe de projets ;
- de créer des communautés (groupes d'échanges) par métier, thème ou centre d'intérêt personnel.

Sur Plazza, la communauté #Bridge #NouveauSiège #Projet est entièrement dédiée au déménagement. Dans cet espace de dialogue, tout salarié peut contribuer aux différentes étapes et décisions du projet de construction du nouveau siège d'Orange. On y trouve notamment :
- des ateliers participatifs pour engager les collaborateurs dans la co-construction ;
- des appels à idées, des sondages ou des jeux qui favorisent les échanges ;
- un programme d'écoute des salariés pour mieux comprendre leurs attentes.

Vidéo : « Plazza, le réseau social interne d'Orange »
liennathan.fr/a0plf6

DOC. 6 La communication interne

La communication interne est dirigée vers les membres de l'organisation (salariés, direction, comité d'entreprise). Les rôles de la communication interne sont :
- de transmettre les instructions de travail, organiser et contrôler les activités ;
- de coordonner les tâches et d'assurer la coopération des membres de l'organisation. Elle permet de travailler en équipe, de canaliser les comportements et d'assurer une cohésion sociale ;
- de favoriser la motivation, l'implication des salariés pour les fédérer et les faire adhérer à l'organisation, ses objectifs et ses valeurs ;
- d'aider à la prise de décision.

DOC. 7 Quelle est la raison d'être du groupe Orange ?

Stéphane Richard annonçait [en mai 2019] « le lancement d'une réflexion sur la raison d'être d'Orange, qui deviendra le fil rouge de notre futur plan stratégique, à horizon 2025 ». [...] En juin, les 150 000 salariés du groupe, présent dans 27 pays d'Europe et d'Afrique, étaient invités à écrire sur un post-it leur proposition de raison d'être et à la partager sur Twitter. Plus de 3 000 contributions ont ainsi été remontées.

Sébastien Dumoulin,
« Orange à la recherche de sa "raison d'être" »,
Les Echos, 12 novembre 2019.

DOC. 8 Les trois sens de la communication interne

La communication interne circule de différentes façons au sein de l'organisation :

Situation En 2020, le groupe Orange s'installe dans un nouveau siège à Issy-les-Moulineaux (Hauts-de-Seine). Ce nouveau lieu de vie appelé « Bridge » rassemblera 3000 collaborateurs venant de 14 sites différents. Au lancement du projet de déménagement, le PDG d'Orange, Stéphane Richard, déclarait : « Bridge ne sera véritablement réussi que si vous vous y investissez résolument et que ce projet devient le vôtre ». Une communauté a été créée sur Plazza, le réseau social d'entreprise d'Orange, afin de pouvoir communiquer, dialoguer, échanger et débattre sur les différentes étapes du projet.

8 Repérez la cible, le message et le support de la communauté #Bridge #NouveauSiège #Projet du groupe Orange. Doc. 5

....

....

....

9 Montrez que cette communauté #Bridge #NouveauSiège #Projet favorise l'adhésion des salariés au projet de déménagement. Docs 5 et 6

....

....

10 Identifiez les rôles de Plazza dans la communication interne d'Orange. Docs 5 et 6

....

....

Situation Pour bâtir le nouveau plan stratégique Engage2025, Stéphane Richard a lancé en interne un large appel à la réflexion. Il annonçait fin 2019 : « Je suis fier de vous partager notre raison d'être : "Orange est l'acteur de confiance qui donne à chacune et à chacun les clés d'un monde numérique responsable". Cette mission essentielle guidera toutes nos actions. » Orange est ainsi la première entreprise du CAC 40 à avoir co-construit sa raison d'être.

11 Identifiez le(s) sens de circulation des messages sur le compte Twitter de Stéphane Richard. Docs 7 et 8

....

....

12 Quels objectifs le PDG du groupe Orange poursuit-il à travers cette action de communication ? Docs 6 et 7

....

....

13 En quoi cette communication a-t-elle apporté une aide à la décision ? Docs 6 et 7

....

....

Faites le point ! STMG_Management_Term_ch12_point_partie2.pdf

3 Repérer les modalités de la communication externe

DOC. 9 La campagne « Bien vivre le digital »

Peut-on vanter les bienfaits d'une technologie si l'on est incapable d'en pointer les insuffisances, voire les dangers ? […] La campagne de sensibilisation d'Orange [...] entend à la fois mettre en garde contre les risques inhérents aux usages numériques et attirer l'attention sur les outils mis à la disposition du consommateur. « Une marque est équilibrée quand elle a un message commercial – elle est là pour vendre – mais qu'elle apporte autre chose que le produit au meilleur prix… car sinon, c'est un peu dépressif, sourit Béatrice Mandine […]. La responsabilité de la marque Orange est de dire quels sont les risques du digital, lequel reste formidable si l'on sait se prémunir de tels risques. »

Amaury de Rochegonde, « Orange, l'opérateur de toutes les responsabilités », www.strategies.fr, 2 octobre 2019.

DOC. 10 La communication externe

La communication externe s'adresse aux parties prenantes externes de l'organisation : clients, fournisseurs, associés, actionnaires, banques, organisations publiques, associations, médias, « grand public », etc.
On distingue deux types de communication externe :
• la **communication commerciale** pour faire connaître et vendre le produit, démontrer ses qualités et celles de la marque (publicité, packaging…) ;
• la **communication institutionnelle** pour promouvoir l'organisation, transmettre une image positive et communiquer sur les valeurs, le savoir-faire, les performances, etc. (site Internet, événements, sponsoring, communiqué de presse, rapport annuel).
L'efficacité d'un message est décuplée lorsqu'il est transmis de manière complémentaire par plusieurs canaux (presse, radio, TV, affichage, réseaux sociaux, newsletter…) tout en s'adaptant aux caractéristiques de chacun (format, style…). On parle alors de **communication intégrée.**

DOC. 11 La marque employeur et l'e-réputation d'Orange

Le groupe Orange propose de découvrir sur les réseaux sociaux les métiers Orange d'aujourd'hui, au cœur de la transformation numérique, dans des domaines comme l'intelligence artificielle, la cybersécurité ou encore la banque. Cette première campagne 100 % digitale de recrutement #LifeAtOrange va permettre de toucher les principales cibles de recrutement sur Twitter, LinkedIn, Facebook, mais aussi Instagram ou Twitch pour révéler tous les atouts employeur d'Orange à une cible jeune et très digitale. #LifeAtOrange, ce sont les salariés Orange, issus des différents pays du groupe, qui racontent aux candidats toutes les bonnes raisons de rejoindre l'entreprise.

« Orange lance sur les réseaux sociaux une nouvelle campagne marque employeur #LifeAtOrange », www.orange.com/fr, 17 septembre 2018.

Bienvenue dans la salle de commandement des médias sociaux chez Orange ! Cette salle connectée, surnommée la #SocialHub, est équipée de 18 écrans géants et permet à l'équipe de six personnes en charge de l'e-réputation de la marque […] de visualiser en un coup d'œil tout ce qui se passe en direct sur la toile et de gérer plus facilement la e-présence d'Orange.

« Orange : sa stratégie sur les réseaux sociaux », culture-formations.fr, 23 novembre 2016.

Vidéo : « #LifeAtOrange : la campagne »
liennathan.fr/9g7ohO

DOC. 12 L'identité de l'organisation

La communication de l'organisation construit son identité auprès des parties prenantes : elle transmet son histoire, ses projets, ses valeurs, ses comportements, sa culture. Cette identité se manifeste notamment à travers :
– la marque employeur : l'image de l'organisation auprès des salariés potentiels et actuels ;
– l'identité numérique : l'ensemble des traces numériques laissées par l'organisation sur Internet ;
– l'e-réputation : les publications des internautes à propos de l'organisation (commentaires, articles…).

Situation Orange est le premier opérateur à prendre la parole autour des risques liés au digital. Sa communication s'appuie notamment sur le film « *Nous avons tous de grands pouvoirs. Nous avons tous de grandes responsabilités* », diffusé en version de 2 minutes, 30, 45 ou 60 secondes dans le cadre d'un vaste dispositif : TV, cinéma, digital, presse et affichage. Cette campagne est déployée dans 27 pays.

14 Identifiez le type de communication externe et le rôle de cette campagne de communication du groupe Orange. Docs 9 et 10

....

....

....

15 Montrez que le groupe a mis en place une communication intégrée. Docs 9 et 10

....

....

16 Pourquoi la communication institutionnelle peut-elle contribuer à créer une image positive de l'organisation ? Docs 9 et 10

....

....

....

Situation La révolution digitale a fait émerger de nouveaux besoins en compétences pour le groupe Orange. Dans le but d'attirer de nouveaux profils, le groupe a mis en place une campagne de marque employeur attractive. La révolution digitale a également multiplié les canaux et sources de communication. Pour s'efforcer de contrôler l'image et la réputation d'Orange sur le web, une équipe dédiée visualise en temps réel sur de grands écrans les publications et les réactions en ligne.

17 Relevez la cible de la campagne #LifeAtOrange. Docs 11 et 12

....

18 Quel est l'objectif d'Orange en valorisant son image d'employeur attractif ? Docs 11 et 12

....

....

19 Précisez comment le groupe Orange surveille son e-réputation. Docs 11 et 12

....

....

20 Pourquoi une organisation cherche-t-elle à contrôler son identité ? Doc. 12

....

....

Faites le point ! STMG_Management_Term_ch12_point_partie3.pdf

4 Identifier les besoins d'information financière des parties prenantes

DOC. 13 La communication financière, une obligation pour Orange

Lors de la clôture de chaque exercice annuel, une société commerciale doit obligatoirement déposer ses comptes sociaux (bilan, compte de résultat, annexes, rapport de gestion…) au registre du commerce et des sociétés (RCS), afin d'en garantir la transparence. À réception par le greffe, les comptes annuels font l'objet d'une publication au Bodacc [Bulletin officiel des annonces civiles et commerciales].

Direction de l'information légale et administrative, ministère chargé de la Justice, www.service-public.fr.

De nombreuses autres obligations existent, comme :
– informer les représentants du personnel sur la situation économique et financière de l'entreprise ;
– informer de tout élément susceptible d'avoir un impact sur le cours boursier des actions de l'entreprise.

Par ailleurs, toute organisation qui sollicite un financement se verra demander un *business plan*, c'est-à-dire des informations sur le projet à financer (stratégie, comptes prévisionnels).

Quels sont vos principaux supports ?
Vos temps forts dans l'année ?
– Le **communiqué de presse**
– Le **site institutionnel**
– Les **comptes sociaux corporate LinkedIn et Twitter**
– Les **interventions des dirigeants**
– Le **document de référence**
– L'**assemblée générale** […] des actionnaires
– Le **rapport annuel intégré**

Bertrand Deronchaine, directeur des relations actionnaires du groupe Orange.

DOC. 14 Les objectifs de la communication financière

L'information financière est la matière première servant aux investisseurs (et d'autres agents économiques, prêteurs, clients, employés, pouvoirs publics…) à prendre leurs décisions. La communication financière de l'organisation doit donc satisfaire les besoins d'information financière des parties prenantes internes et externes qui réclament une vision transparente, fiable et claire sur la santé, la performance et la stratégie de l'organisation.

DOC. 15 La production et le contrôle de l'information financière

Le respect des normes comptables

Comme toute société cotée en Bourse, le groupe Orange doit publier ses comptes conformément aux normes comptables internationales régies par l'IASB *(International Accounting Standards Board)*. Ces normes ont pour mission d'encadrer la communication financière, mais aussi de garantir une meilleure transparence et comparabilité des informations.

Le commissaire aux comptes (CAC)

Externe à l'entreprise […], il exécute des contrôles concernant les comptes de l'entreprise et sa situation financière […]. Disposer d'un CAC est un avantage pour la communication externe de l'entreprise envers les organismes financiers et les investisseurs. C'est une garantie de transparence des comptes de l'entreprise, dont la santé est contrôlée par le CAC.

« Transformer sa société : quel est le rôle du commissaire aux comptes ? », www.captaincontrat.com, 10 février 2017.

DOC. 16 La communication financière, un enjeu pour le groupe Orange

La communication [institutionnelle], c'est maintenant peut-être la capacité à raconter une histoire, le « storytelling ». Et surtout à prouver en quoi l'entreprise est utile au monde qui l'entoure et peut créer de la valeur financière et extra-financière… […] L'entreprise doit montrer son ancrage dans la société, son action au sein des environnements dans lesquels elle évolue. [La communication financière] est une opportunité de communiquer plus globalement sur ce que fait l'entreprise [et d'influer positivement sur sa réputation].

Dumont, interview de Bertrand Deronchaine (directeur des relations actionnaires du groupe Orange), www.wearecom.fr.

Situation L'exigence de plus en plus forte de transparence des parties prenantes a modifié la place et le rôle de l'information financière. Devenue éminemment stratégique, la communication financière vise à promouvoir la performance de l'organisation. Cette information doit être fiable et claire pour intéresser et attirer les investisseurs. Ainsi, le groupe Orange publie régulièrement des communiqués de presse sur son site dès qu'une information est susceptible d'intéresser ses parties prenantes et, chaque année, un rapport annuel présente comment le groupe crée de la valeur, financière et extra-financière.

21 Repérez les informations financières que doit communiquer le groupe Orange. Doc. 13

....

....

....

....

22 Comment l'information financière est-elle diffusée ? Doc. 13

....

....

....

23 Imaginez une décision que peut prendre un actionnaire, un établissement bancaire ou un fournisseur d'Orange à partir d'informations financières diffusées par le groupe. Doc. 14

....

....

24 En quoi les informations transmises sont-elles utiles à un actionnaire qui a placé son capital dans le groupe Orange ? Docs 13 et 14

....

....

25 Expliquez pourquoi cette information doit être juste et transparente. Doc. 14

....

....

26 Comment la fiabilité de l'information financière peut-elle être garantie ? Doc. 15

....

....

....

27 Montrez que la communication financière a un intérêt stratégique pour une organisation. Doc. 16

....

....

....

Faites le point ! STMG_Management_Term_ch12_point_partie4.pdf

Applications

1 Testez vos connaissances

Retrouvez la définition correspondant à chacun des mots suivants : communication interne, communication externe, communication globale, *business plan*, e-réputation, marque employeur.

1. Réputation que possède une marque ou une organisation sur Internet.
2. Stratégie de l'image de marque de l'organisation à l'égard des salariés potentiels ou actuels.
3. Plan de développement détaillant le projet de création d'une entreprise ou d'une activité.
4. Actions de communication qui s'adressent aux parties prenantes externes.
5. Actions de communication destinées aux membres de l'organisation.
6. Harmonisation des actions de communication interne et externe d'une organisation.

2 Distinguer les différentes modalités de communication

Repérez pour chacun des trois documents ci-dessous :
– les parties prenantes concernées par le message ;
– la nature de la communication : interne ou externe ;
– le message transmis et le support utilisé.

DOC. 1 Journée du 5 décembre : la DRH vous informe

Face aux difficultés probables à se rendre sur son lieu de travail en raison de la grève des transports annoncée pour le 5 décembre prochain, chacun est appelé à suivre les recommandations suivantes :
– compréhension sur les heures d'arrivée et de départ ;
– possibilité de prise de congés payés et RTT ;
– faciliter le co-voiturage au sein des services ;
– télétravail en cas de circonstances exceptionnelles.

E-mail reçu de la DRH, Entreprise Run Energie, le 2 décembre 2019.

DOC. 2 Groupe Casino : la lettre aux actionnaires, hiver 2019

Madame, Monsieur, Cher(e) Actionnaire,
L'année 2018, à vos côtés, a été riche de la réalisation de nombreux nouveaux projets, tant en France qu'à l'international. Votre groupe a enregistré une solide performance de son chiffre d'affaires et a poursuivi la croissance de ses formats porteurs. Nous avons continué de renforcer l'offre de produits bio et frais au sein de nos enseignes. [...] Dans votre groupe, le bio représente ainsi plus de 5 % des ventes totales, soit près d'un milliard d'euros de CA en 2018…

Jean-Charles NAOURI, président-directeur général
www.groupe-casino.fr

DOC. 3 Club de sport H2O

H2O Les Angles •••
12 août 2019 ·

PORTES OUVERTES à H2O !!!!!

C'est la rentrée dans deux semaines dans votre club H2O aux Angles, déjà la septième rentrée...

Cette année on vous réserve des nouveautés, des animations, des nouveaux concepts, une équipe avec quelques nouveaux visages,......
Afficher la suite

3 Analyser la stratégie de communication d'une ONG

1. Repérez les messages défendus par l'ONG 30 millions d'Amis à travers sa communication.
2. Identifiez les principaux supports actuels de communication de l'ONG 30 millions d'Amis.
3. Comment l'ONG 30 millions d'Amis a-t-elle réussi à adapter ses messages sur ces nouveaux canaux de communication ?

DOC. 1 Une nouvelle identité visuelle pour l'ONG

Créée en 1976, l'ONG 30 millions d'Amis fait désormais partie du patrimoine français. Adoptée par tous, elle célèbre cet attachement historique avec un nouveau logo. Après 40 ans d'existence, la célèbre émission de télévision a été supprimée du programme en 2016. Le temps pour l'organisation de renouveler ses canaux de diffusion, notamment avec une présence accrue sur les réseaux sociaux. Une stratégie de rapprochement qui soutient une lutte active pour la protection animale et redouble de proximité avec ses sympathisants.

« 30 millions d'Amis et 1 nouveau logo », logonews.fr, 15 février 2018.

Fondation 30 millions d'amis reconnue d'utilité publique

DOC. 2 La stratégie de communication digitale de 30 millions d'Amis

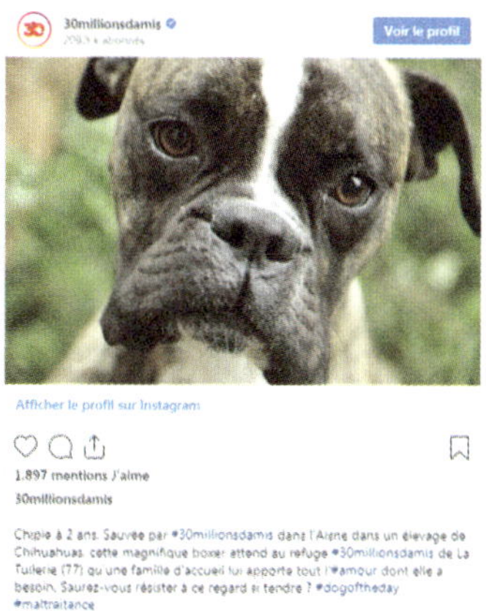

Les entreprises ont parfois du mal à trouver leur public sur les médias sociaux. Les ONG, qui disposent de ressources limitées et sont confrontées à une concurrence féroce, ont encore plus de difficultés à se faire entendre. Pourtant, [l'ONG 30 millions d'Amis] a su tirer son épingle du jeu et exploiter la puissance des médias sociaux. [...] Quatre raisons poussent les utilisateurs des médias sociaux à partager des contenus :
- informer ou divertir ;
- se définir auprès des autres ;
- développer et renforcer des relations ;
- faire connaître les causes et marques qui les intéressent.

Le contenu digital de 30 millions d'Amis est axé sur ces quatre motivations.
Sur ses canaux sociaux, l'association publie essentiellement des contenus mettant en avant des animaux à l'adoption. Ces publications présentent l'animal et sa triste histoire, et sont illustrées de photos irrésistibles destinées à vous faire craquer. Elles incluent souvent les hashtag #adoption #adoptdontshop #sauvetage ou #animalrescue et invitent les abonnés à retweeter : deux stratégies bien trouvées pour toucher un maximum de personnes.
Des études ont montré que faire appel à certaines émotions augmentait les probabilités de partage d'un contenu. La stratégie digitale de 30 millions d'Amis a parfaitement intégré cette idée.
Bien évidemment, les animaux eux-mêmes sont déjà mignons (ce qui constitue l'un des stimuli permettant de favoriser les partages). Mais, avec en plus une histoire poignante, toute personne ayant un cœur se sent tenue de partager le contenu de l'association.

Clémence Alonzo de Revel, « 4 stratégies utilisées par les ONG pour renforcer leur notoriété », blog.hootsuite.com/fr, 12 décembre 2016.

DOC. 3 Une ONG engagée pour la cause animale

Pour mieux défendre et protéger les animaux, la Fondation 30 millions d'Amis demande que leur soit accordé dans le Code civil le statut de « personne animale ». 7 Français sur 10 sont favorables à cette évolution juridique, et une pétition adressée au garde des Sceaux en faveur de la reconnaissance de la personnalité juridique de l'animal a déjà recueilli plus de 100 000 signatures en quelques jours.

« La Fondation 30 millions d'Amis pour un statut de "personne animale" dans le Code civil », www.30millionsdamis.fr, 21 octobre 2019.

4 Développer une marque employeur pour attirer les talents

1. Quel est le rôle du département « marque employeur » au sein du groupe AXA ?
2. Quels sont les moyens de communication utilisés par AXA pour attirer de nouveaux talents ?
3. Comment les collaborateurs participent-ils à la construction de la marque employeur ?

DOC. 1 De la nécessité de se différencier dans sa marque employeur

Afin de capter l'attention des profils ciblés, les entreprises redoublent d'efforts pour se démarquer : poster une offre d'emploi ne suffit plus. Elles ne peuvent plus se permettre de rester dans une position passive d'attente de candidatures. Ce sont désormais à elles de faire le premier pas et de travailler leur image pour la rendre la plus attractive et la plus authentique possible. Des sociétés comme le groupe AXA ont choisi d'être plus proches des candidats en capitalisant sur de nouvelles tendances pour renforcer leur marque employeur. Événements, réseaux sociaux, conseils carrière, inbound marketing, etc. : autant de leviers à actionner pour améliorer l'expérience candidat en amont, pendant et après le processus de recrutement. Muriel Nicou, responsable marque employeur pour AXA en France, nous explique l'approche servicielle qu'elle a choisi d'adopter auprès de ses candidats.

Aujourd'hui, un développeur qui actualise son profil sur les réseaux sociaux peut recevoir jusqu'à 10 ou 15 demandes de contact dans la journée. Dans un contexte où 83 % des candidats se renseignent sur une entreprise avant de postuler, et où celles-ci s'arrachent les talents, les départements marque employeur sont en première ligne pour créer de la différenciation employeur et susciter l'intérêt.

Pour Muriel Nicou, sa mission se rapproche du marketing opérationnel. « Nous développons des stratégies par cible, tant sur les messages portés que les supports de communication utilisés, avec une approche centrée sur le candidat. Notre stratégie est de plus en plus personnalisée. »

DOC. 2 Proximité, engagement et service

Maîtrise des réseaux sociaux, campagnes digitales ou événements sont autant de portes d'entrée et de moyens de toucher des profils qui n'auraient pas pu être captés autrement.

« Les communications génériques ont très peu d'impact aujourd'hui, déclare-t-elle. [...] Les collaborateurs sont les mieux placés pour en parler et se faire les ambassadeurs de leur entreprise. Notre rôle est de les accompagner dans la communication et de leur offrir des opportunités de partager leurs activités, expertises et fiertés avec des candidats lors d'événements. Les candidats recherchent ce type d'échanges, ils nous choisissent autant qu'ils sont choisis ! » Générations connectées oblige, les premières prises de contact passent également par Internet. AXA est par exemple sur ce terrain avec l'organisation de *« chatlive »*. Ce sont des conférences interactives où les candidats peuvent poser en direct des questions à des opérationnels. « Nous mettons régulièrement "à disposition" d'étudiants des recruteurs pour répondre à toutes leurs questions sans tabou et les conseiller ! Une inversion des rôles si l'on y pense ! »

Cyrielle Maurice, « Recruter efficacement grâce à une marque employeur au service de ses candidats », www.blogdumoderateur.com, 8 novembre 2018.

DOC. 3 Escape game et chat vidéo chez AXA

Récemment, le groupe a également construit « un escape game spécifique AXA, explique Muriel Nicou. Nous avons accueilli jusqu'à 90 participants, répartis en équipes dans nos locaux. Il s'agissait de reproduire un cas de cyberattaque par des hackers que les joueurs devaient endiguer. Nous avons notamment fait en sorte que chaque équipe soit composée d'au moins un développeur AXA parmi des coéquipiers externes, potentiels candidats. L'objectif était pour nous de faire partager des valeurs communes, d'esprit d'équipe et d'agilité dans nos environnements de travail pour leur donner envie de rejoindre une entreprise qui de prime abord ne serait pas attendue sur ce type d'événement ».

Vous êtes un jeune talent passionné par l'IT et souhaitez rejoindre des équipes innovantes au sein d'un groupe de taille mondiale en pleine transformation ? Vous parlez Features teams, méthode Agile, Code Legacy... ou simplement curieux de découvrir les métiers au cœur de la transformation d'AXA. Ce chat live est fait pour vous !

Cyrielle Maurice, « Recruter efficacement grâce à une marque employeur au service de ses candidats », www.blogdumoderateur.com, 8 novembre 2018.

5 Se préparer au bac — Analyser la stratégie de communication de la Société Générale

1. Repérez les différentes modalités de communication mobilisées par la Société Générale.
2. Présentez les différents supports utilisés, les cibles et les rôles de cette communication.
3. Montrez que la communication mise en œuvre par la Société Générale est globale.
4. Montrez que cette communication vise à améliorer l'image de la Société Générale auprès de ses parties prenantes.

Vidéo : « C'est vous l'avenir – Publicité Société Générale »
liennathan.fr/l3s5j5

DOC. 1 Une nouvelle signature pour la Société Générale

Deux ans de réflexion, la mobilisation de plusieurs agences de communication (à commencer par Havas 04) et, au final, un slogan nouveau et bref: « C'est vous l'avenir ». La Société Générale présente [...] la devise à ses équipes, dans les 67 pays où la banque est implantée. Et mercredi, le spot de publicité qui accompagne ce nouveau gimmick marketing sera diffusé sur tous les écrans, de CNN à TV5 Monde, ainsi que dans la presse, sur le net et les réseaux sociaux.
L'ordre de présentation a son importance: le message, qui se veut optimiste, concerne les salariés de la banque, secoués par les incertitudes dans les activités de détail notamment, au moins autant que les clients et prospects. « Cette nouvelle signature a vocation à être particulièrement utile pour notre marque employeur, lorsqu'il s'agit de recruter des jeunes dans la tech, ces profils qui sont si recherchés sur le marché », explique Caroline Guillaumin, qui occupe la double fonction de directrice des ressources humaines et de directrice de la communication.
Pour autant, la maxime aura également un usage externe et visiblement utile: « Ce message donne l'impression que, d'un coup, la banque se souvient qu'elle a des clients, notamment des entrepreneurs, et qu'elle ne peut fonctionner sans eux », relève, un brin ironique, une spécialiste de la communication auprès des entreprises. Dans la presse écrite, la publicité sera d'ailleurs déclinée autour des jeunes (« L'avenir, c'est défaire et refaire le monde »), de l'export (« l'avenir, c'est vous qui l'emmenez plus loin »), etc. Sur fond de musique techno, le clip se termine d'ailleurs par les mots: « Ce n'est pas le monde qui avance, c'est vous qui le faites avancer. C'est vous l'avenir. »

Grégoire Pinson, « La Société Générale change de slogan pour tourner la page Kerviel », www.challenges.fr, 12 novembre 2018.

Portée par la promesse engageante « C'est vous l'avenir », cette signature marque les ambitions de croissance durable de la banque au service des clients, de l'économie et de la société.

www.societegenerale.com/fr

DOC. 2 Une nouvelle plateforme de marque à échelle mondiale

Cette nouvelle signature de marque se déploie à l'échelle mondiale, dans tous les métiers et toutes les filiales du groupe. « C'est vous l'avenir » regarde le futur avec détermination et optimisme et y appose une vision ouverte et volontariste, mobilisatrice pour les 147 000 collaborateurs partenaires de confiance de tous ceux qui ont envie d'entreprendre et d'avoir un impact positif sur le monde.
La nouvelle plateforme de marque est portée par un plan média en France et à l'international qui démarre le 14 novembre 2018:
– un site Internet dédié pour partager les regards croisés des partenaires, des clients et des collaborateurs de Société Générale;
– une campagne de preuves dans les médias nationaux d'influence et dans la presse régionale, affichage dans les agences de la banque, en ville et dans les transports en commun.
Société Générale a été accompagnée par l'agence Havas 04 pour la stratégie de communication, Brand Image pour la définition du territoire de marque (charte graphique et digitale, identité visuelle) et Carat pour le déploiement de la stratégie média.

« Société Générale: "C'est vous l'avenir" la nouvelle plateforme de la marque », www.zonebourse.com, 12 novembre 2018.

Synthèse

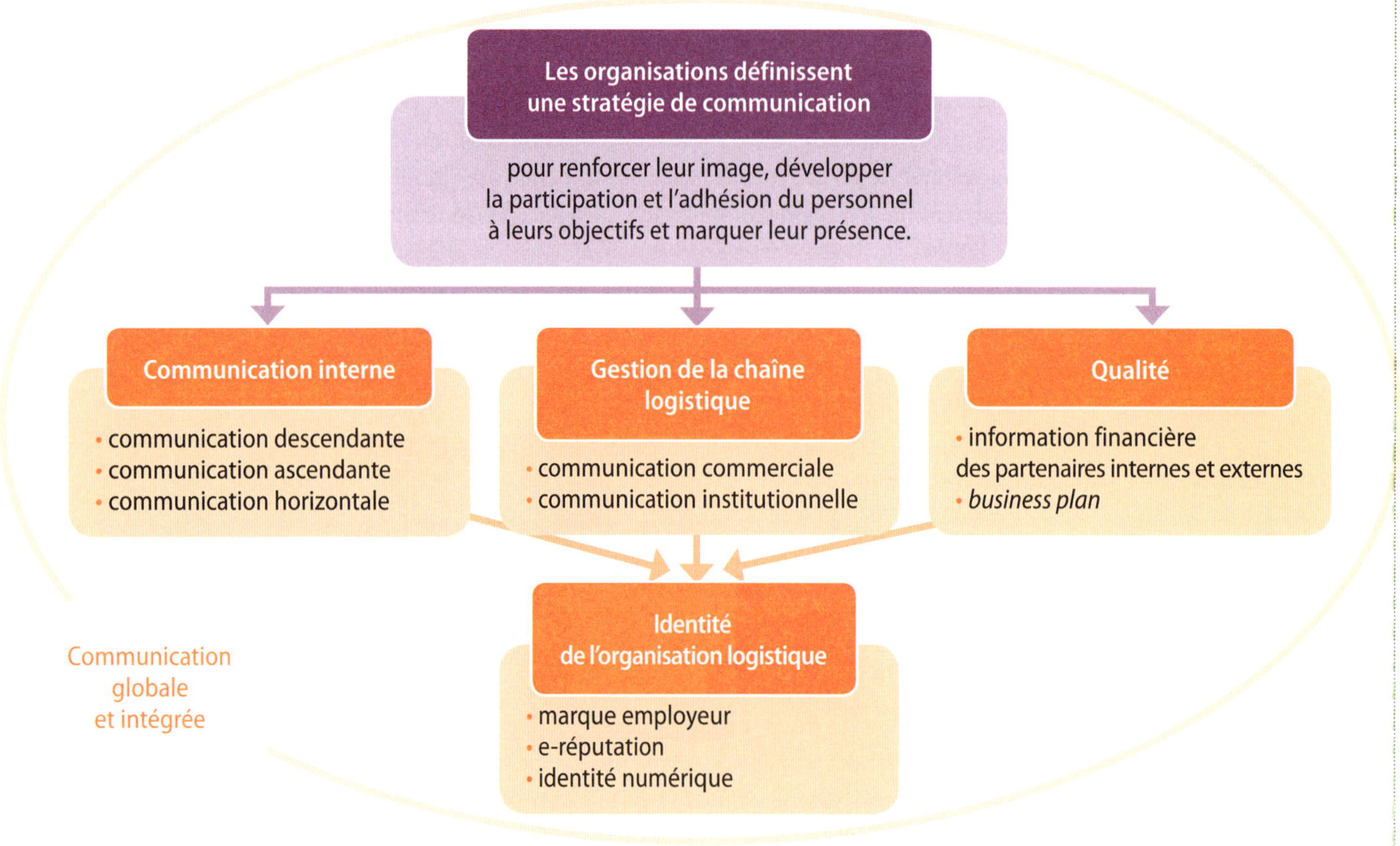

Lexique

- **Communication :** transmission d'un message d'un émetteur vers un récepteur à travers un canal.
- **Communication commerciale :** modalité de communication externe qui permet de démontrer les qualités du produit, de la marque, faire connaître et vendre le produit.
- **Communication externe :** actions de communication qui s'adressent aux parties prenantes externes de l'organisation (clients, fournisseurs, associés, banquiers, associations, médias, « grand public »...).
- **Communication financière :** actions de communication pour satisfaire les besoins d'information financière des parties prenantes sur la santé, la stratégie et la performance de l'organisation.
- **Communication globale :** harmonisation des actions de communication interne et externe d'une organisation.
- **Communication institutionnelle :** modalité de communication externe qui permet de promouvoir l'organisation, transmettre une image positive et communiquer sur ses valeurs et ses performances.
- **Communication interne :** actions de communication dirigées vers les membres de l'organisation (salariés, direction, comité d'entreprise...).
- **E-réputation :** réputation que possède une marque ou une organisation sur Internet.
- **Identité numérique :** ensemble des contenus publiés sur des médias numériques (sites Internet, blogs, forums, réseaux sociaux, commentaires...).
- **Marque employeur :** stratégie de l'image de marque de l'organisation à l'égard des salariés actuels ou potentiels avec pour objectif d'attirer et de fidéliser les talents.
- **Plan d'affaires *(business plan)* :** plan de développement détaillant le projet de création d'une entreprise ou d'une activité permettant d'informer les parties prenantes.
- **Stratégie de communication :** ensemble des actions de communication qui vont développer l'adhésion du personnel aux objectifs de l'organisation et renforcer son image.

Ikea

Ikea est une entreprise suédoise spécialisée dans la vente de meubles et d'objets de décoration. L'enseigne compte 422 magasins dans le monde, 208 000 collaborateurs et réalise, en 2018, un chiffre d'affaires de 37 milliards d'euros.

À l'aide de vos connaissances et des annexes 1 à 5, vous analyserez la situation de management proposée en répondant aux questions suivantes.

1. Caractérisez l'organisation Ikea.
2. Identifiez la stratégie globale du groupe Ikea.
3. Après avoir cité les différents acteurs internes à Ikea, vous montrerez comment l'entreprise fédère leurs intérêts respectifs.
4. Caractérisez les différents éléments de la culture d'entreprise d'Ikea et expliquez comment elle assure la cohésion entre les différents acteurs.
5. Construisez un outil permettant d'apprécier le style de direction et le degré de concentration du pouvoir chez Ikea. Vous préciserez l'intérêt de cet outil et ses limites.
6. Citez les différents outils utilisés par Ikea pour améliorer la qualité de vie au travail (QVT). Expliquez comment l'amélioration de la QVT est un facteur de motivation pour les salariés.
7. Vous êtes chef du rayon « Literie » au sein d'Ikea Vitrolles. Proposez des solutions améliorer la communication interne ascendante et descendante avec votre équipe. Justifiez vos choix.

ANNEXE 1 Comment Ikea fédère les intérêts de tous ses collaborateurs

Chaque année, une enquête Voice est menée auprès des salariés d'Ikea. À travers un questionnaire anonyme, les collaborateurs font état de leurs motivations et de leurs sujets de mécontentement : conditions de travail, salaires, horaires. Des réponses leur sont apportées ensuite.

En complément à l'enquête Voice, Ikea utilise le « **Leadership Index** » pour évaluer comment les responsables sont vus par les collaborateurs. À la lumière des résultats, Ikea identifie aussi les points à améliorer tels qu'ils sont perçus par les équipes.

Mais Ikea s'occupe également de ses chefs de rayon et de ses directeurs de magasin. Ikea compte sur des collaborateurs responsables et des leaders forts et enthousiastes, des leaders qui soient les ambassadeurs de ses valeurs et de sa culture, et pour cela, chaque responsable Ikea bénéficie d'une formation et d'un encadrement destinés à le préparer efficacement à son rôle de promoteur de développement au sein de son équipe.

Résultat, tout le monde est gagnant, des salariés et des leaders plus épanouis, et un chiffre d'affaires qui s'élève à 37 milliards d'euros en 2018 avec un résultat net en augmentation de 24 %.

www.ikea.com

« Nous faisons beaucoup de choses pour nos collaborateurs et collaboratrices, mais nous ne le disions pas. Aujourd'hui, nous voulons partager ce que nous faisons ! », avance Majda Vincent, DRH d'Ikea France. En clair, Ikea veut être reconnu comme une marque-employeur, et sa DRH entend bien le faire savoir. Elle l'assure, le leader de l'ameublement joue à fond la carte de la formation de ses quelque 10 000 salariés. Avec 4,91 % de la masse salariale investie dans le domaine – un chiffre dans la moyenne des acteurs du retail –, Ikea propose une panoplie de services à ses collaborateurs. Comme nombre de distributeurs, le groupe mise beaucoup sur la promotion interne, dont Majda Vincent est elle-même issue. Plus de 90 salariés seraient concernés par cet « ascenseur social » chaque année, en plus des 200 mobilités géographiques accordées en moyenne. [...]

Selon une enquête de satisfaction menée par l'organisme tiers Voice, ces efforts ont permis d'améliorer l'index de leadership au sein de l'enseigne : 79 % des collaborateurs se disent fiers de travailler chez Ikea, contre 74 % en 2013.

Julie Delvallée, « Les dessous d'Ikea France en matière de formation », www.lsa-conso.fr, 29 janvier 2018.

ANNEXE 2 Les valeurs clés d'Ikea

Vous voyez les choses différemment ? Nous aussi.

Nous pensons que chaque personne a quelque chose d'unique à offrir. Nous sommes un groupe diversifié de personnes terre à terre et directes, passionnées d'aménagement de la maison. Nous venons des quatre coins du monde et partageons la vision d'inspirer et de permettre au plus grand nombre de vivre de manière plus durable et plus saine.

Nous faisons de cette vision une réalité en partageant nos valeurs, qui sont le fondement de notre culture d'entreprise ouverte et honnête. Nous travaillons ensemble, avec enthousiasme. Nous travaillons dur, mais nous y prenons plaisir. Nous sommes en permanence à la recherche de personnes qui partagent la même attitude positive et les mêmes valeurs que nous.

Nous sommes guidés par la vision Ikea : créer un meilleur quotidien pour le plus grand nombre. Et ce, pour nos clients, nos fournisseurs et nos collaborateurs.

Nous pensons que chaque personne a quelque chose d'unique à offrir et nous aspirons à avoir les mêmes valeurs dans le cadre de notre travail.

Ensemble est une valeur au cœur de la culture Ikea. Nous sommes forts quand nous nous faisons confiance, quand nous allons tous dans la même direction et que nous prenons plaisir à travailler ensemble. [...]

Simple, directe et réaliste, notre façon d'être nous vient de la région du Småland, au sud-ouest de la Suède. La simplicité consiste à être soi-même et à garder les pieds sur terre. Nous sommes des gens simples et réalistes, qui luttons contre la bureaucratie.

Nous cherchons constamment de nouvelles solutions et meilleures façons de faire. Quoi que nous fassions aujourd'hui, nous pouvons le faire mieux demain. Trouver des solutions à des défis supposés insurmontables contribue à notre succès et nous inspire pour le défi suivant.

Ikea n'est pas une entreprise comme les autres et nous ne voulons pas le devenir. Nous aimons remettre en question les solutions existantes, penser de manière non conventionnelle, essayer et ne pas avoir peur de faire des erreurs, toujours pour faire mieux.

Nous croyons dans le fait de rendre les personnes autonomes. Donner et prendre des responsabilités permet à chacun d'évoluer et de se développer. Faire confiance aux autres, être positifs et se tourner vers l'avenir : voilà ce qui nous encourage tous à contribuer au développement d'Ikea.

Pour nous, le leadership, c'est l'action, ce n'est pas un poste que l'on occupe. Nous recrutons d'abord sur les valeurs et seulement ensuite sur la compétence et la diversité. Chacun d'entre nous est un leader ; notre mission est de montrer l'exemple par notre comportement et nos actes. Ainsi, nous donnons le meilleur de nous-mêmes et nous faisons ressortir le meilleur de chacun.

« Qui sommes-nous ? », www.ikea.com.

ANNEXE 3 (Re)donner des responsabilités aux salariés pour le bien-être au travail et l'agilité d'entreprise : le cas Ikea

Faciliter la prise de responsabilité des collaborateurs pour leur propre bien-être et l'agilité de l'entreprise sont deux préoccupations croissantes. Mais comment allier ces deux dimensions ? Le partage des responsabilités serait-il au cœur du développement des femmes et des hommes, et de l'entreprise ? Pierre-Jean Cariès, responsable développement des compétences chez Ikea France, nous expose comment Ikea fait vivre cette conviction, portée par son fondateur et sa vision d'entreprise.

Chez Ikea, notre culture d'entreprise s'inscrit dans une tradition scandinave, avec un esprit de responsabilité plus partagé et moins hiérarchique que celui du modèle français. Avec sept niveaux hiérarchiques dans tout le groupe, la pyramide décisionnelle et organisationnelle est assez courte. La prise de décisions, la responsabilité et l'action sont facilitées. Tout cela sert le développement des collaborateurs autant que le projet d'entreprise, car Ikea souhaite être agile et proche du terrain.

« Prendre des responsabilités est un privilège ! » : c'est l'un des piliers du « testament d'un négociant en meubles » rédigé il y a quarante ans par le fondateur d'Ikea, Ingvar Kamprad. [...]

Dans ce texte, Ingvar Kamprad pose un regard actuel et engagé sur la responsabilité quand il affirme qu'il existe à tous les niveaux des individus qui préfèrent prendre leurs propres décisions plutôt que de se dissimuler derrière celles des autres. Il affirme que savoir prendre des responsabilités n'a rien à voir avec la formation, le niveau de rémunération ou le poste occupé. Il trouve des gens prêts à prendre des responsabilités, au dépôt, au bureau, parmi les acheteurs et les vendeurs, bref partout !

Pierre-Jean Cariès, « (Re)donner des responsabilités aux salariés pour le bien-être au travail et l'agilité d'entreprise : le cas Ikea », www.youmater.world, 9 avril 2017.

ANNEXE 4 La qualité de vie au travail chez Ikea

Les avantages des salariés Ikea : jusqu'à six à 25 jours de congés supplémentaires, jusqu'à 2 200 à 8 400 € de primes, intéressement ou participation, self, tickets-restaurant, complémentaire retraite, mutuelle, prévoyance, salle de sport, parking, chèques vacances, tickets cinéma, subventions vacances, chèques cadeaux, culture et sport.

« Avantages à travailler chez Ikea », www.avantages-entreprise.com.

Chez Ikea, c'est la pause-café qui fait partie de l'emploi du temps. Coutume suédoise autour de boissons chaudes et d'une collation, la « fika » se tient chaque jour vers 10 heures et vers 15 heures. Avec, dixit le géant du meuble, des effets prouvés sur la créativité collective des salariés.

Nathalie Villard, « Sanofi, Microsoft, Ikea… voici les champions des conditions de travail », www.capital.fr, 25 janvier 2018.

Ikea se soucie de la santé de ses salariés et le fait savoir. Ainsi, le numéro un de l'ameublement sur le marché français avec 17,75 % de part de marché vient de signer un nouvel accord valable pendant trois ans. En vrac : le lancement d'un SMS pour système de management de la santé et des conditions de travail qui vise à suivre dans les magasins les conditions de travail et à observer, par exemple, l'ergonomie des postes de travail. Parmi les bonnes pratiques étudiées, utilisées par exemple dans les drive : l'échauffement et le réveil musculaire avant de démarrer à son poste.

Magali Picard, « Ikea signe un nouvel accord sur la santé au travail », www.lsa-conso.fr, 17 juillet 2015.

ANNEXE 5 La communication interne : outil de cohésion dans l'équipe

Les cadres jouent un rôle important voire décisif dans la transmission des informations et l'adhésion des salariés aux décisions stratégiques.

L'objectif de la communication interne est de rendre visible l'avenir de l'entreprise, de renforcer la cohésion des équipes, d'impliquer chaque collaborateur pour développer la qualité du service aux clients.

Élément significatif de la communication d'entreprise, la communication interne peut se définir comme l'ensemble des échanges (d'informations, affectifs...) qui établissent les relations entre les collaborateurs et qui leur permettent de coexister et de travailler ensemble. La communication interne se définit également par la fonction qui formalise et organise les échanges d'information auprès des différents publics internes de l'entreprise, et ce, en fonction de la stratégie de communication de celle-ci.

Les collaborateurs sont les premiers vecteurs d'image externe de l'entreprise. C'est pourquoi, le discours externe doit être similaire au discours interne. En effet, les risques de réputation et d'e-reputation négatives sont importants compte tenu de la légitimité reconnue aux collaborateurs de l'entreprise pour communiquer des informations conformes à la réalité.

La communication de l'entreprise concourt à l'attractivité de l'entreprise sur le marché de l'emploi. En effet, la force de la marque, sa visibilité, sa réputation en font une entreprise attractive et attirante. La communication interne permet de fidéliser ses collaborateurs et de créer un sentiment d'appartenance. [...] La communication permet également de motiver ses collaborateurs en expliquant la stratégie de l'entreprise, son développement, ses résultats, etc.

« La communication interne joue un rôle de cohésion au profit du développement de l'entreprise », www.gpomag.fr, 16 octobre 2017.

Quels enjeux éthiques dans l'activité des organisations ?

13

Capacité

- Préciser les enjeux éthiques de l'activité d'une organisation, d'une entreprise

Avant la classe

Vidéo : « Campagne publicitaire 2018 Danone "One Planet One Health" »
liennathan.fr/ja070t

Quelles sont les questions de société abordées par cette campagne de Danone ?

Situation

Au cours du siècle dernier, Danone est passé des yaourts vendus dans les pharmacies de Barcelone à une gamme d'aliments et de boissons appréciés aujourd'hui par des millions de personnes dans le monde. Au fil des années, de l'évolution des modes de vie et des goûts, [Danone] a continué à innover, à anticiper et à répondre à leurs besoins. Une chose n'a jamais changé : [son] engagement d'apporter la santé par l'alimentation au plus grand nombre. À travers [la] vision One Planet One Health, [Danone] reste fidèle aux valeurs qui ont inspiré le tout premier yaourt Danone – des produits de qualité fabriqués à partir d'ingrédients sélectionnés avec soin, visant à nourrir la santé des hommes – tout en protégeant la santé de notre planète. En [s'appuyant] sur [un] double projet historique de 1972, combinant réussite économique et progrès social, [Danone s'est engagé] pour créer de la valeur à long terme pour [ses] actionnaires et toutes [ses] parties prenantes.

www.danone.com

1 Repérer les questions éthiques posées par l'activité des organisations

DOC. 1 Des pratiques posant des questions d'ordre éthique

Facebook écope d'une amende d'un demi-million de livres, soit 565 000 euros

Le réseau social continue de subir les conséquences du scandale Cambridge Analytica, nommé d'après cette entreprise accusée d'avoir exploité à leur insu les données de dizaines de millions d'utilisateurs de Facebook à des fins politiques, notamment en 2016 pour faire gagner le camp du Leave au référendum sur le Brexit et pour porter Donald Trump à la Maison Blanche. [...] Facebook a échoué à protéger la vie privée de ses utilisateurs.

Leïla Marchand, « Cambridge Analytica : Facebook écope d'une amende symbolique », Les Echos, 26 octobre 2018.

Les faux comptes de William Saurin

Deux ans après la découverte d'une vaste fraude portant sur près de 300 millions d'euros, des juges vont enquêter sur les comptes truqués sur l'ancienne maison mère de William Saurin. [...] Monique Piffaut avait pris l'habitude, avec la complicité d'une poignée de dirigeants, d'arranger ses comptes en fin d'année, en émettant notamment des fausses factures, dans le but de masquer les difficultés du groupe et de gonfler son chiffre d'affaires.

« Des juges vont enquêter sur la fraude comptable dans l'ex-holding de William Saurin », www.europe1.fr, 10 mai 2019.

Monsanto condamné à 2 milliards de dollars

C'est la somme astronomique que vient d'être condamné à verser Monsanto, récemment racheté par Bayer, à [...] Alva et Alberta Pilliod. [Ces deux Américains] estiment qu'ils ont développé un cancer à cause de l'utilisation du Roundup, le désherbant phare de Monsanto dont le principal agent actif est le glyphosate. [...] Ce procès n'est pas isolé. Le couple Bayer-Monsanto fait face à plus de 13 400 procédures seulement aux États-Unis.

Marina Fabre, « Roundup : Bayer-Monsanto condamné à payer 2 milliards de dollars à des plaignants, un record », www.novethic.fr, 14 mai 2019.

Indonésie, le fleuve victime de la mode des sous-traitants d'H&M et d'Uniqlo

Parmi les grands scandales environnementaux dans le monde : contamination des fleuves, pollution de l'air, radioactivité, exploitation illégale des ressources, déchets toxiques…

Vidéo : « Vert de rage : Indonésie, le fleuve victime de la mode »
liennathan.fr/86fak5

Lidl : Des pratiques impitoyables

La nouvelle saison de *Cash Investigation* [...] souligne des méthodes de management aux conséquences parfois très lourdes. [...] De la polyvalence imposée aux caissières, qui ont parfois interdiction d'aller aux toilettes, à ce système de commande vocale qui dicte aux préparateurs les tâches à effectuer, en passant par les menaces violentes et répétées de certains managers, les journalistes révèlent les techniques redoutables mises en œuvre pour maximiser la productivité. [...] Après la diffusion du reportage, des centaines de réactions sont partagées sur les réseaux.

Gaétan Supertino, « La semaine où Lidl s'est retrouvé au cœur du scandale », www.europe1.fr, 29 septembre 2017.

McDo : Attention au *greenwashing*

Cette stratégie ressemble à un coup de communication sur le dos de l'écologie (« greenwashing » en anglais et « écoblanchiment » en français). En septembre 2018, au Royaume-Uni, McDonald's avait décidé de remplacer les pailles en plastique par des versions en papier. [...] Le seul (gros) problème : les pailles en papier choisies ne sont pas recyclables.

Esteban de Azevedo, « Les pailles en papier de McDonald's ne sont finalement pas recyclables », 12 août 2019.

DOC. 2 Éthique en entreprises : de l'origine à nos jours

Historiquement, la notion d'éthique des affaires a pris de l'essor dans la seconde partie du XXe siècle [...]. Quelques dates et scandales retentissants vont [...] forcer le monde de l'entreprise à s'interroger sur certaines de ses pratiques et sur la nécessité de trouver des garde-fous pour empêcher des dérives. [...] Les sanctions les pires viennent du marché : les entreprises craignent souvent bien plus le risque sur leur réputation que les amendes [...]. [Elles] peuvent en effet voir leurs ventes diminuer, leur cours de Bourse chuter et les liens tissés avec les parties prenantes remis en cause

« Éthique en entreprises : un sujet toujours brûlant et d'actualité », www.cddd.fr, 17 octobre 2017.

L'éthique est une branche de la philosophie. Elle se préoccupe des principes propres à guider les choix humains en définissant des différences entre les bons et les mauvais comportements dans le cadre général de leur vie sociale.

L'éthique des affaires se préoccupe des principes séparant les bons des mauvais comportements dans le cadre spécifique de la vie des organisations.

La déontologie renvoie à l'étude des devoirs et de ce qu'il convient de réaliser dans l'exercice d'une profession. Le Code de déontologie spécifie les bonnes et les mauvaises pratiques.

D'après J. Pasqueno, « Éthique des affaires », *Dictionnaire critique de la RSE*, Septentrion, 2013 et G. Portocallis, J.-L. Avella Bagur, « Éthique : morale et déontologie : la place du coaching », revue-europeenne-coaching.com, octobre 2017.

Situation

Emmauel Faber, PDG de Danone, expliquait dans une interview à l'ADN en avril 2019 : « L'entreprise n'est plus fermée. [...] On ne peut plus essayer de construire des murs monstrueux : ces modèles appartiennent au passé. » À l'heure d'Internet, des réseaux sociaux et des lanceurs d'alerte, où tout circule à la vitesse de la lumière, les pratiques douteuses éclatent vite au grand jour et de nombreux scandales ont agité la société.

1 Pourquoi le PDG de Danone dit-il que l'entreprise n'est plus « fermée » ? Pour qui est-elle désormais « ouverte » ? ▶ Situation

....

....

....

2 Pour chaque organisation, identifiez la pratique choquante évoquée, ses répercussions, le domaine d'activité concerné. ▶ Doc. 1

....

....

....

3 Expliquez pourquoi la plupart des activités d'une entreprise posent des questions éthiques. ▶ Docs 1 et 2

....

....

....

4 Pourquoi la pratique de McDonald's est-elle qualifiée de *greenwashing* ? ▶ Doc. 1

....

....

....

5 Quelle(s) attitude(s) vis-à-vis des organisations ce genre de pratiques développent-elles dans la société ? ▶ Docs 1 et 2

....

....

6 Comment une profession peut-elle réfléchir à son activité et se fixer des principes ? ▶ Doc. 2

....

....

....

7 Précisez les risques encourus par les organisations qui adoptent des pratiques contraires à l'éthique. ▶ Doc. 2

....

....

Faites le point ! STMG_Management_Term_ch13_point_partie1.pdf

2 Identifier les moyens mis en œuvre pour plus d'éthique et de transparence

DOC. 3 Une approche inclusive de la diversité

Nous pensons que toutes les différences, visibles et invisibles, telles que l'âge, le sexe, la nationalité, le handicap, la religion, l'éducation, la mentalité, la culture et les préférences sexuelles, devraient être prises en compte. Dès 2007, [nous nous sommes engagés] avec la signature de l'accord global sur l'égalité des chances [...]. En 2017, nous avons lancé notre programme de diversité inclusive [...] avec trois domaines prioritaires : les comportements inclusifs, l'équilibre entre les sexes, et la culture et les nationalités. [...] En faveur de la parité hommes-femmes, [...] la proportion de femmes dirigeantes chez Danone a augmenté [...].

« La parité comme mot d'ordre pour faire la différence », www.danone.com/fr.

La **discrimination** consiste à distinguer une personne ou un groupe des autres, et à lui appliquer un traitement spécifique, sans lien objectif (discriminer par l'âge, l'état de santé, le sexe, l'origine).

DOC. 4 Politique en matière de respect de la vie privée

Danone sait que vous accordez de l'importance à la manière dont vos données personnelles sont traitées et reconnaît l'importance de la protection de votre vie privée. [Notre] politique vie privée et protection de vos données personnelles [...] contient des informations sur le type de données que nous collectons, comment nous les traitons, dans quelles finalités, de manière à rendre leur utilisation la plus adaptée à vos besoins. Contactez-nous [...] pour tout type de demande – requête – remarque, ou si vous voulez exercer l'un des droits se rattachant aux traitements de vos données.

« Politique protection de la vie privée », www.danone.com/fr.

DOC. 5 Extrait du document de référence – rapport annuel 2018

Le document de référence est un document d'information qui constitue un outil de communication en donnant aux analystes financiers, aux investisseurs institutionnels ou aux actionnaires individuels toutes les informations nécessaires pour fonder leur jugement sur l'activité, la situation financière, les résultats et les perspectives de l'émetteur. Il contient l'ensemble des informations juridiques, économiques, financières et comptables concourant à une présentation exhaustive d'une société pour un exercice donné.

« S'informer sur le document de référence », www.amf-france.org, 22 janvier 2018.

- L'**information économique et financière** est au cœur du bon fonctionnement des marchés financiers au travers de la production et la communication des comptes et des principales informations financières des entreprises.
- Les **normes comptables** sont toutes les règles qui définissent la gestion de la comptabilité d'une entreprise et qui améliorent la visibilité et la clarté de ses résultats.

Attestation (p. 8)

Paris, le 13 mars 2019

« J'atteste, après avoir pris toute mesure raisonnable à cet effet, que les informations contenues dans le présent document de référence sont, à ma connaissance, conformes à la réalité et ne comportent pas d'omission de nature à en altérer la portée [...], que les comptes sont établis conformément aux normes comptables applicables et donnent une image fidèle du patrimoine, de la situation financière et du résultat de la société et de l'ensemble des entreprises comprises dans la consolidation [...]. »

Le président-directeur général, Emmanuel Faber

Document de référence 2018 Danone, « Rapport financier annuel », www.danone.com, 13 mars 2019.

Situation

Emmanuel Faber, le patron de Danone, aime être à la manœuvre et en profiter pour cultiver l'image « éthique » de son groupe. [...] Il a convaincu un groupe d'entreprises, totalisant ensemble 500 milliards d'euros de chiffres d'affaires, de former une « coalition » baptisée « Une activité planétaire pour la biodiversité », qu'il a présentée devant les Nations unies. Danone se défend d'être à l'initiative d'un énième grand discours sans suite destiné à sauver la planète. Le leader mondial des produits laitiers insiste sur « la réalité de l'engagement » pris par ces 19 industriels, qui préciseront leurs objectifs et les moyens qu'ils y consacreront d'ici un an.

8 Pourquoi le PDG de Danone dit-il que l'entreprise n'est plus « fermée » ? Pour qui est-elle désormais « ouverte » ? Situation

....

....

9 Quelle mesure a été prise par Danone pour la biodiversité ? Situation

....

....

10 Comment le groupe Danone lutte-t-il contre les discriminations au travail ? Doc. 3

....

....

11 Quel est l'intérêt pour Danone de mener des actions contre les discriminations ? Doc. 3

....

....

12 Montrez que Danone œuvre pour le respect de la vie privée. Doc. 4

....

....

13 Quelles sont les parties prenantes concernées par les informations financières ? Doc. 5

....

....

14 Pourquoi ces dernières ont-elles besoin de recevoir ce type d'information ? Doc. 5

....

15 Pourquoi cette entreprise doit-elle assurer la transparence sur ses pratiques financières ? Doc. 5

....

16 Expliquez comment Danone prouve la fiabilité des informations financières transmises aux parties prenantes. Doc. 5

....

....

Faites le point ! STMG_Management_Term_ch13_point_partie2.pdf

3 Repérer les engagements et pratiques civiques des organisations

DOC. 6 Le pari gagné de l'éthique

Empreint de valeurs humanistes, [Emmanuel Faber, PDG de Danone,] a lancé le projet de création d'une entreprise sociale de yaourts au Bangladesh avec le père du microcrédit, Muhammad Yunus, et a créé l'incubateur de start-ups sociales Danone Communities et le Fonds Danone pour l'écosystème, un fonds de soutien aux petites entreprises. Comment se prémunir contre le *social washing* et la suprématie des actionnaires ? C'est pour répondre à cette question que Jay Coen Gilbert a cofondé en 2006 le B Lab, « un mouvement mondial des personnes qui utilisent les affaires comme une force du bien » [...]. Cette structure sans but lucratif accorde la certification B Corporation[1] aux entreprises qui profitent à leurs employés, à l'environnement, aux communautés et aux clients, en plus des actionnaires. Aujourd'hui, plus de 2 500 sociétés à impact positif, dont une quarantaine tricolores [dont Danone], [...] l'ont obtenue, à l'issue d'un test poussé et payant.

1. La communauté B Corp réunit dans le monde les entreprises à but lucratif qui souhaitent (ré)affirmer leur mission sociétale au cœur de leur raison d'être en démontrant leur impact positif par une évaluation de leur performance globale tous les trois ans. Elles cherchent, via leur modèle économique, non pas à être les meilleures AU monde mais bien les meilleures POUR le monde ! (https://bcorporation.eu)

L. Lumineau, « Ces entrepreneurs ont fait le pari de l'éthique… avec succès ! », www.capital.fr, 11 octobre 2019.

DOC. 7 La FRM remercie Danone pour son engagement

Danone souhaitait bâtir un mécénat pérenne en faveur de la nutrition. La [Fondation pour la recherche médicale] abrite et gère le Fonds Danone. Grâce aux produits financiers générés par celui-ci, Danone, par le biais de ses instituts et en collaboration avec la FRM, lance des appels à projets pour soutenir des équipes françaises. [...] [Le] prix de recherche pour les sciences de l'alimentation [...] sur le thème « Modes de vie, alimentation, nutrition », conjointement lancé entre l'Institut Danone France et la FRM, permettra de soutenir des projets de recherche pluridisciplinaires et non encore soumis à communication ou publication. En 2019, la dotation globale du prix est de 100 000 euros, permettant le soutien de deux projets au plus.

« Principaux partenaires et mécènes », www.frm.org.

- Une **organisation civique** est une organisation qui contribue à la vie de la collectivité par des actions de mécénat ou la mise en œuvre d'une démocratie participative.
- Le **mécénat** se définit comme le soutien matériel apporté, sans contrepartie directe de la part du bénéficiaire, à une œuvre ou à une personne pour l'exercice d'activités présentant un intérêt général.

DOC. 8 Le programme « une personne, une voix, une action »

La **démocratie participative** désigne l'ensemble des procédures, instruments et dispositifs qui favorisent l'implication directe des citoyens dans la gouvernance. Elle peut prendre plusieurs formes, selon le degré d'implication des citoyens (consultation, concertation, co-élaboration).

Le principe : octroyer une action à chaque salarié du groupe et, en contrepartie, lui demander de participer à l'élaboration de la feuille de route de l'entreprise [...]. La mesure, qui s'inspire des coopératives, se base sur le principe de gouvernance participative [...]. Un esprit réconciliant les performances financières et l'intégration des employés, en ligne directe avec le double projet économique et social d'Antoine Riboud, le fondateur de Danone, confirmé par Emmanuel Faber [PDG depuis 2017] face aux actionnaires du groupe : « Notre objectif, qui est aussi la clé de voûte du projet du groupe pour 2030, est de confier le futur à nos équipes » [...]. Si le projet doit permettre de fédérer les équipes, il répond également aux nouvelles attentes des consommateurs.

Adeline Haverland, « Comment Danone implique ses salariés dans sa stratégie », www.usinenouvelle.com, 28 juin 2018.

Situation De plus en plus de dirigeants sont désireux d'engager leur entreprise dans le soutien d'une grande cause. Mais le choix de cette dernière est difficile. Elle doit non seulement correspondre à l'ADN de l'entreprise, mais aussi emporter l'adhésion de ses salariés et répondre aux motivations de ses clients.
Souhaitant partager ses valeurs humanistes, le groupe Danone a engagé de multiples actions qui intègrent des préoccupations civiques.

17 Relevez les actions menées par Danone au Bangladesh. Doc. 6

....

....

....

18 Pourquoi ces actions révèlent-elles les valeurs humanistes du groupe Danone ? Doc. 6

....

....

19 Quel est l'avantage pour Danone d'obtenir la certification B Corporation ? Doc. 6

....

....

20 Que signifie pour une organisation être meilleure « POUR le monde » ? Doc. 6

....

....

21 Montrez comment Danone participe à des œuvres conduites avec des partenaires de son écosystème engagés dans des actions d'intérêt général. Doc. 7

....

....

22 Qualifiez le soutien que Danone apporte à l'organisation FRM. Doc. 7

....

....

23 Comment Danone instaure-t-il la démocratie participative en son sein ? Doc. 8

....

24 Quel est l'intérêt pour Danone de développer son programme « une personne, une voix, une action » ? Doc. 8

....

25 Le groupe Danone peut-il être qualifié d'organisation civique ? Justifiez votre réponse.

....

....

....

Faites le point ! STMG_Management_Term_ch13_point_partie3.pdf

Applications

1 Testez vos connaissances

Associez à chaque situation la notion clé du chapitre la plus adaptée : éthique, déontologie, principes de la normalisation comptable et information financière, transparence des pratiques, lutte contre les discriminations dans les relations de travail (égalité hommes-femmes), mécénat et démocratie participative.

Situation 1 : En matière médicale, des règles […] régissent les rapports entre les soignants et les patients. Le code [mis en place] forme un ouvrage qui rassemble les droits et les devoirs qui s'imposent aux sages-femmes dans le cadre de leurs activités professionnelles.

Ordre des sages-femmes, « Code de déontologie », www.ordre-sages-femmes.fr.

Situation 2 : La Convention citoyenne pour le climat [...]. Ils sont une trentaine, prénom sur un badge, réunis samedi matin pour entendre des intervenants autour d'un des cinq thèmes sur lesquels doivent plancher les 150 citoyens tirés au sort pour élaborer des propositions au gouvernement visant à diminuer d'au moins 40 % les émissions responsables du réchauffement climatique.

AFP, « La Convention citoyenne pour le climat dans le vif des sujets », www.geo.fr, 26 octobre 2019.

Situation 3 : Le premier [volet de notre charte], intitulé « Nos valeurs », décrit les cinq principes essentiels qui guident notre action. Le second a pour titre « Notre code de conduite » ; il décline de manière pragmatique les comportements quotidiens issus de ces valeurs. L'objectif [...] est de fédérer les hommes et les femmes de notre groupe autour de ces valeurs, d'être un des fondements de leur action et un vecteur de l'image de Dassault Aviation [...].

Dassault Aviation, « Charte d'éthique », www.dassault-aviation.com/fr.

Situation 4 : Le chiffre d'affaires d'Alstom de l'exercice fiscal 2018/2019 a atteint 8,1 milliards [d'euros], contre 7,3 milliards [d'euros] pour [...] l'année précédente selon la norme IFRS 15 [...] Pour pouvoir établir des états financiers consolidés conformes aux normes IFRS, la direction est amenée à procéder à certaines estimations et à retenir des hypothèses qu'elle considère comme réalistes et raisonnables.

Alstom, « Document de référence 2018/2019 », www.alstom.com, 28 mai 2019.

Situation 5 : Les Big Visites [McDonald's], qu'est-ce que c'est ? Un programme de visites du champ au restaurant, dans toute la France, autour de nos principales filières d'approvisionnement : pommes de terre, blé, bœuf, salade, œufs. Afin de vous faire découvrir les coulisses de nos produits, nous vous proposons un accès inédit aux différentes étapes, de la matière première agricole au produit prêt à déguster.

« Les Big Visites pro », www.lesbigvisitesmcdonalds.fr.

Situation 6 : Par une action citoyenne en faveur du plus grand nombre, [...] LVMH a développé tout un programme d'initiatives regroupées autour de plusieurs axes consacrés à la diffusion et à la connaissance de la culture, à la réhabilitation et à l'enrichissement du patrimoine historique [...]. [Ex. :] depuis 1991, le soutien à quelque 50 expositions nationales et internationales.

« Mécénat », www.lvmh.fr.

Situation 7 : N'ayant pas respecté la parité et ayant nommé trop de femmes dans son équipe de direction, la communauté d'agglomération de Bourg-en-Bresse va devoir s'acquitter d'une amende de 90 000 euros.

2 Repérer les engagements et pratiques civiques des services de la ville d'Angers

À l'aide de vos connaissances et des documents ci-dessous, répondez aux questions suivantes.

1. Expliquez le projet de budget participatif mis en place par la ville d'Angers.
2. Montrez que la décision prise par Michelle Moreau s'inscrit dans le cadre de la démocratie participative.
3. Relevez les moyens mis en œuvre pour réaliser cette action municipale.
4. Indiquez à quelles questions de société répondent les projets proposés.

DOC. Angers : écrivons ensemble notre avenir

6 761 Angevins ont voté en 2018, en sélectionnant 16 idées d'investissement pour un budget de 997 000 €. Les services de la ville vont mettre en œuvre ces projets lauréats en associant les porteurs de projets, pour qu'ils puissent vérifier les réalisations, le calendrier, le budget.
Nous lançons le deuxième appel pour 2019. Si vous avez des idées, si vous avez des envies, si vous souhaitez améliorer votre cadre de vie, vous pouvez déposer un projet d'investissement sur la plateforme numérique ecrivons.angers.fr.
Cette année, nous avons choisi d'accorder une attention particulière aux projets portant sur le végétal. Vecteur de qualité de vie, de lien social, la nature en ville répond avant tout à nos objectifs environnementaux. Le coup d'accélération que la municipalité souhaite donner cette année en faveur de la ville verte se traduit aussi dans le budget participatif.
Ainsi, au moment du vote, nous demanderons aux Angevins de choisir au minimum deux projets issus de la thématique végétale. Toutes les idées pour améliorer notre cadre de vie qui peuvent être mises en œuvre sur le territoire de notre ville, dans la limite d'un million d'euros, seront analysées et vous y serez associés. Soyez assurés du plaisir que vous prendrez à vous impliquer pour les investissements dans votre ville, à promouvoir les projets et à les voir réalisés.
Quelques exemples de projets du budget participatif 2018 : aménagement d'aires de jeux pour enfants, installation de ruches dans la ville, plantation de vergers en cueillette libre, mise en place de frigos solidaires, création d'une « station vélos », aménagement d'équipements fitness en accès libre.

Document Angers ville citoyenne, « Proposez vos idées », ecrivons.angers.fr.

3 Repérer les questions éthiques posées par l'implantation d'Amazon et les moyens de lutte des organisations publiques

★★

À l'aide de vos connaissances et des documents ci-dessous, répondez aux questions suivantes.

1. Pourquoi l'installation d'Amazon à Mondeville pose-t-elle des problèmes éthiques ?
2. Repérez les actions entreprises pour lutter contre l'implantation d'Amazon à Mondeville.
3. Indiquez les motivations du maire de Marly quant à l'arrivée d'Amazon.

DOC. 1 Mondeville dit non à l'implantation d'Amazon

Vidéo : « Tous contre Amazon »
liennathan.fr/o33nsl

La ville a appris il y a quelques jours que le géant mondial du commerce électronique souhaitait construire un entrepôt [...]. Il n'est pas le bienvenu, indique Hélène Burgat, maire de Mondeville, soutenue par le président de la communauté urbaine, Joël Bruneau. [...] « J'avais face à moi un aménageur qui envisageait de construire un entrepôt logistique. Il a fallu insister et se battre pour qu'il me dise enfin qu'il s'agissait d'Amazon. » Le géant mondial du commerce numérique a avancé masqué pour s'implanter en Normandie. Lui qui est majoritairement présent en région parisienne et dans le Nord de la France avait donc trouvé un terrain de 50 000 mètres carrés pour y construire un entrepôt de 10 000 mètres carrés destiné à desservir ses commandes sur la grande région caennaise et le Calvados. [...] Amazon annonce la création de 150 emplois nets. Un argument balayé par la maire de Mondeville. « On sait maintenant que pour un emploi créé par Amazon, deux emplois sont détruits dans le commerce physique traditionnel. J'ai un certain nombre de petites entreprises de messagerie, sans oublier le centre commercial régional Mondeville 2 et ses 2 000 emplois ou les commerçants de Caen. » [...] L'optimisation fiscale mais aussi les conditions de travail des salariés et l'impact environnemental [notamment causé par les 250 camionnettes qui circuleront par jour] sont d'autres arguments développés par Hélène Burgat pour justifier ce non. [...] Elle a consulté ses collègues maires, au premier rang desquels Joël Bruneau, maire LR de Caen et président de la communauté urbaine. Une mobilisation qu'elle espère suffisante pour que le géant américain fasse machine arrière. « On est sur une transaction privée, avec un acteur surpuissant. Le permis de construire est ficelé, et bien ficelé. » [...] Maintenant, est-ce qu'Amazon voudra venir dans un territoire qu'il sait hostile ? New York et Tremblay-en-France lui ont déjà dit non.

Jean-Luc Loury, « E-commerce. Mondeville dit non à l'implantation d'Amazon », www.ouest-France.fr, 26 novembre 2019.

DOC. 2 Amazon s'installe à Metz, en silence

Sur une ancienne base aérienne, le géant de l'e-commerce va faire construire son plus grand entrepôt en France [à Augny, petite commune mosellane de 1 900 âmes]. Trois ans de négociations, dans la plus grande discrétion. [...] [Ce] village pourrait bientôt devenir l'un des poumons européens du géant de l'e-commerce, Amazon. Après des années de prospection (Luxembourg, Sarre allemande…) pour établir sa base arrière logistique destinée à livrer la région et une partie de l'Europe de l'Est, le groupe de Jeff Bezos a enfin trouvé. C'est bien au sud de Metz, sur les pistes en friche de l'ancienne base aérienne 128, que la multinationale devrait ouvrir d'ici à deux ans son plus grand centre logistique hexagonal. Avec à la clé, 2 000 emplois promis aux élus locaux. Une sacrée bouffée d'oxygène : l'agglomération ne s'est jamais vraiment remise de la fermeture, en 2012, de la base aérienne. « Les militaires faisaient partie de la vie sociale du village. On a compté jusqu'à 4 000 personnes qui y travaillaient. On nous a dit que le site serait réhabilité, revitalisé, mais ça n'intéressait pas grand monde. Jusqu'à ce qu'on nous parle du projet Delta* », explique François Henrion.

* Delta : nom de code désignant le projet d'implantation d'Amazon dans le rapport de la MRAe Grand Est.

Sébastien Pommier, « Amazon s'installe à Metz, en silence », www.lexpansion.lexpress.fr, 5 novembre 2019.

4 Se préparer au bac — Repérer l'engagement et la pratique civique de l'association ASPTT Natation Poitiers

À l'aide de vos connaissances et des documents ci-dessous, répondez aux questions suivantes.

1. Identifiez le rôle de l'association ASPTT Poitiers Natation.
2. Présentez l'action menée par l'association ASPTT Poitiers Natation.
3. Montrez comment l'ASPTT Poitiers participe à une action d'intérêt général avec des partenaires de son écosystème.

DOC. 1 8 décembre 2019 : 8e meeting masters HT de l'ASPTT Poitiers Natation

Le Meeting Maîtres Henri Théolat, organisé par l'**ASPTT Poitiers**, vous propose sa 8e édition caritative qui permettra de reverser une donation à son partenaire, l'association « Un Hôpital pour les Enfants ».

Ce meeting, étape du circuit régional **ARC ATLANTIQUE**, a su s'inscrire dans les calendriers nationaux Maîtres comme une rencontre compétitive et conviviale.

Votre présence est précieuse quant à notre volonté d'accompagner l'association « Un Hôpital pour les Enfants » et c'est grâce à vous, bénévoles, partenaires, nageurs, que nous pourrons atteindre notre triple objectif : solidarité, performance et réjouissance.

De nombreux lots vous seront offerts lors des podiums et de la tombola. Un buffet clôturera la journée.

Présidente de l'ASPTT Poitiers Natation

Héloïse Brune

Nager pour *« Un Hôpital Pour Les Enfants »*

L'intégralité des engagements sera reversée à l'association « Un Hôpital pour les Enfants ». Nous vous invitons également à faire un don lors du meeting.

poitiers-natation.asptt.com

DOC. 2 Donation de 1 500 euros à l'association Un Hôpital pour les Enfants

À quelques jours de Noël, l'ASPTT Poitiers Natation a remis une donation de 1 500 euros à l'association Un Hôpital pour les Enfants. Depuis déjà sept années, l'ASPTT Poitiers organise un meeting de natation caritatif à destination des nageurs de plus de 25 ans, dont l'ensemble des bénéfices est reversé à l'association. [...] [Le 27 décembre 2018], quelque 130 nageurs se sont montrés tous plus généreux les uns que les autres. Ce don s'est déroulé en présence de Gilles Kéo, directeur de l'association, des membres de l'équipe de l'ASPTT Poitiers Natation et de quelques nageurs masters du club. Un grand merci à nos sponsors et partenaires d'un jour qui nous ont permis d'offrir de nombreux lots.

« 7e meeting masters Henri Théolat », poitiers-natation.asptt.com, 27 décembre 2018.

Synthèse

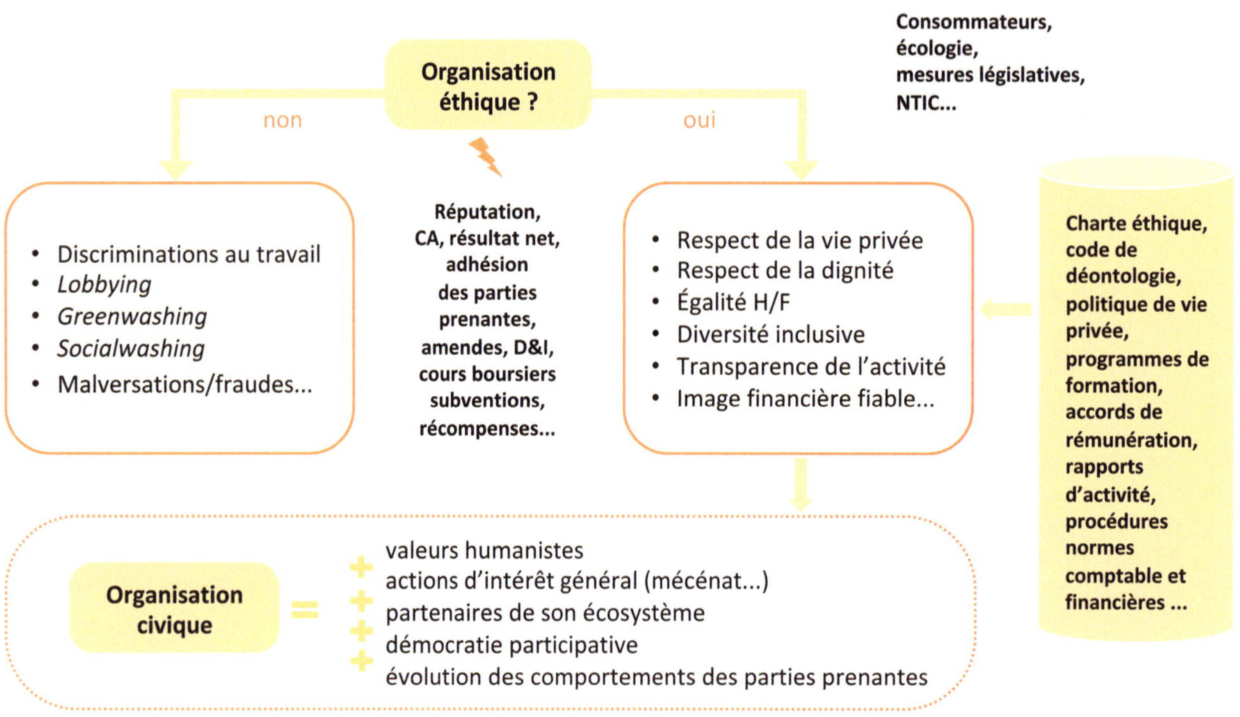

Lexique

- **Démocratie participative :** elle désigne l'ensemble des procédures, instruments et dispositifs qui favorisent l'implication directe des citoyens dans la gouvernance. Elle peut prendre plusieurs formes, selon le degré d'implication des citoyens.
- **Déontologie :** elle renvoie à l'étude des devoirs et de ce qu'il convient de réaliser dans l'exercice d'une profession. Le Code de déontologie spécifie les bonnes et les mauvaises pratiques.
- **Discrimination :** elle consiste à distinguer une personne ou un groupe des autres, et à lui appliquer un traitement spécifique, sans lien objectif (discrimination par l'âge, l'état de santé, le sexe, l'origine).
- **Éthique :** c'est une branche de la philosophie. Elle se préoccupe des principes propres à guider les choix humains en définissant des différences entre les bons et les mauvais comportements dans le cadre général de leur vie sociale.
- **Éthique des affaires :** elle se préoccupe des principes séparant les bons des mauvais comportements dans le cadre spécifique de la vie des organisations.
- **Information économique et financière :** elle est au cœur du bon fonctionnement des marchés financiers au travers de la production et la communication des comptes et des principales informations financières des entreprises.
- **Mécénat :** soutien matériel apporté, sans contrepartie directe de la part du bénéficiaire, à une œuvre ou à une personne pour l'exercice d'activités présentant un intérêt général.
- **Normes comptables :** ce sont toutes les règles qui définissent la gestion de la comptabilité d'une entreprise et qui améliorent la visibilité et la clarté de ses résultats.
- **Organisation civique :** organisation qui contribue à la vie de la collectivité par des actions de mécénat ou la mise en œuvre d'une démocratie participative.

Comment les organisations prennent-elles en compte les changements des modes de vie ?

14

Capacité

• Analyser les évolutions des modes de vie et de consommation à prendre en compte par le management des organisations

Avant la classe

Vidéo : « Blanzy : l'entreprise Michelin ouvre un restaurant pour ses employés »
liennathan.fr/80gjj9

- **Quels sont les objectifs du restaurant d'entreprise de Michelin ?**
- **Pourquoi le restaurant d'entreprise est-il un facteur de bien-être au travail ?**

Situation

Leader de l'industrie pneumatique, la mission de Michelin est de contribuer de manière durable à la mobilité des personnes et des biens. À ce titre, le groupe fabrique, commercialise et distribue des pneus pour tous les types de véhicules. Michelin propose également des services digitaux innovants, comme la gestion numérique de flottes de véhicules ou des outils d'aide à la mobilité. Il édite des guides touristiques, des guides hôtellerie et restauration, des cartes et des atlas routiers. Le groupe, dont le siège est à Clermont-Ferrand (France), est présent dans 170 pays, emploie 112 300 personnes dans le monde et dispose de 68 sites de production implantés dans 17 pays. Le groupe possède un centre de technologie en charge de la recherche et du développement implanté en Europe, en Amérique du Nord et en Asie.

Ces dernières années ont été marquées par des bouleversements dans les comportements des consommateurs et dans les attentes des salariés. Pour rester pérenne, le manufacturier doit sans cesse s'adapter aux changements des modes de vie.

1 Analyser les évolutions des modes de vie et leur impact sur le management des organisations

DOC. 1 Les nouvelles attentes des salariés

[Les modes d'organisation du travail définissent qui fait quoi et comment dans l'entreprise.] En 2019, [le mode d'organisation] trop pyramidal ne semble plus en phase avec la nouvelle société numérique du travail. [...] Les salariés aspirent à un allégement du poids hiérarchique. On recherche à l'inverse un nouveau management de proximité : un management accessible au collaborateur qui l'impliquerait davantage dans les processus de décision du groupe et d'innovation ainsi qu'un management fondé sur l'écoute et la liberté d'expression et sur des valeurs de transparence et de respect mutuel. [...] Un management repensé ne saurait suffire sans l'accompagnement d'une politique interne axée sur le bien-être salarié. Ces dernières années, le numérique a pu abolir les frontières domicile-travail. Tout comme les frontières vie privée et vie professionnelle. Par conséquent, la conduite du bien-être passe par un rétablissement de cet équilibre en laissant désormais le salarié maître de son emploi du temps : flexibilité des horaires ou de la pause déjeuner, allégement du temps de transport et télétravail. Pour confirmer ce propos, l'étude de l'Ifop pour Lavazza en 2019 montrait que le télétravail est plébiscité par 83 % des cadres. Après le télétravail, les attentions quotidiennes sont les plus désirées par les employés pour 44 % d'entre eux. Elles passent par des espaces dédiés à l'épanouissement personnel (salles de gym, salles de sieste ou massage, espaces de jeux vidéo) et peuvent prendre d'autres formes comme l'aménagement de crèches ou d'aides aux devoirs.

Maud Lorant, « Les nouvelles générations veulent un autre rapport au travail », up-magazine.info, 17 avril 2019.

DOC. 2 Adapter les espaces en fonction des besoins professionnels et personnels

De nos usines à nos sites tertiaires, de Clermont-Ferrand à Shanghai, Michelin se distingue par une approche collaborative de modernisation des espaces de vie, de travail et de repos. ***Le concept de la salle de créativité*** est pensé comme l'appartement d'un particulier, pour s'y sentir le mieux possible. [...] Les réunions ne s'y passent désormais plus comme avant : la parole est ouverte, les questions osent être posées, un dialogue s'installe, un climat de confiance s'empare du lieu et des personnes, et les décisions se prennent avec plus d'aisance.
Les espaces silencieux : confortablement installés dans des canapés insonorisés et enveloppants, cet espace permet aux collaborateurs de s'extraire de leur environnement quotidien pour faire une pause. En Roumanie, dans l'usine de Zalau, une salle de sport a été mise en place au cœur de l'usine.

« Nos environnements de travail », recrutement.michelin.fr.

DOC. 3 Le télétravail

Chez Michelin, le télétravail se pratique depuis 2009. L'accord « avait pour objectif de répondre aux évolutions de la société et aux demandes des salariés afin de mieux concilier vie professionnelle et vie personnelle », explique Sophie Balamry, directrice des relations sociales France. [...] Aujourd'hui, « nous avons deux modalités de télétravail : un télétravail récurrent avec un à deux jours télétravaillés par semaine sur la base du volontariat du salarié et avec l'accord de la hiérarchie ; et un télétravail occasionnel, qui ne nécessite pas d'avenant et qui répond à des problématiques personnelles plus ponctuelles. »

« Télétravail dans le Puy-de-Dôme : où en sont les entreprises et collectivités ? », www.lamontagne.fr, 18 février 2019.

DOC. 4 Le droit à la déconnexion

Depuis le 1er janvier [2017], le **droit à la déconnexion** prévu par la nouvelle **loi travail** est acté dans les entreprises. Il a pour but officiel de renforcer la séparation entre les sphères professionnelle et privée et de lutter contre le burnout. En pratique, il s'agit de donner à chaque travailleur la possibilité de ne pas se connecter aux outils numériques et de ne pas être contactables par leur employeur en dehors de leur temps de travail. [...] L'entreprise Michelin a intégré un outil numérique léger, mais très efficace, qui envoie une alerte à un employé lorsqu'il effectue plus de cinq connexions à distance hors de ses heures de travail. L'objectif affiché est de lutter contre la connexion inconsciente. Ainsi, l'entreprise espère que ces employés pourront se rendre compte soit d'un surmenage, et éviter le burnout, soit d'une attitude managériale néfaste pour d'autres travailleurs, qui confine au harcèlement.

Grégory Herbé, « Droit à la déconnexion : à chacun sa méthode », www.forbes.fr, 21 juin 2017.

Situation Partant du constat que le monde extérieur évolue rapidement à travers une révolution de l'information, la montée en puissance d'Internet et la digitalisation, le groupe Michelin souhaite faire évoluer les modes de travail, notamment les méthodes et espaces, afin de répondre aux nouvelles attentes des employés pour qu'ils puissent vivre l'expérience la plus riche possible sur leur lieu de travail tout en préservant leur vie privée.

1 Pourquoi le mode d'organisation pyramidal ne répond plus aux attentes des salariés ? Doc. 1

....

....

....

....

2 Identifiez les autres attentes des salariés en matière de bien-être au travail. Doc. 1

....

....

....

....

3 Pourquoi la salle de créativité favorise-t-elle un management de proximité ? Doc. 2

....

....

....

4 Montrez que les autres aménagements d'espace mis en œuvre chez Michelin contribuent au bien-être des salariés. Doc. 2

....

....

....

5 À quel besoin des salariés répond le télétravail ? Doc. 3

....

....

....

....

6 Pourquoi le droit à la déconnexion permet-il de préserver l'équilibre entre vie professionnelle et vie privée ? Doc. 4

....

....

....

....

Faites le point ! STMG_Management_Term_ch14_point_partie1.pdf

2 Analyser les évolutions des modes de consommation et leur impact sur le management des organisations

DOC. 5 Michelin rachète Blackcircles.com

Sur le web, les plateformes d'intermédiation mettent en relation une offre et une demande. Certaines proposent aux internautes des services utiles censés leur faciliter le quotidien. Il existe actuellement des centaines de plateformes dans des domaines aussi variés que le transport (Uber, BlaBlaCar…) ; l'hébergement (AirBnB, Booking…) ; les livraisons de repas (Delivroo…), etc. Sur le marché des pneumatiques, 13 % des achats effectués par les particuliers le sont directement en ligne (d'après Michelin), et non plus chez les revendeurs physiques. Pour éviter de laisser une plateforme d'intermédiation devenir maître du jeu, le groupe Michelin a racheté le leader anglais de la vente en ligne de pneus Blackcircles.com (pour l'équivalent de 68 millions d'euros). Blackcircles permet aux utilisateurs de rechercher la taille de leurs pneus, de sélectionner les pneus qu'ils souhaitent, de saisir leur code postal et de planifier un montage avec un magasin local dans leur région.

DOC. 6 Michelin entre au capital de Campanda

Campanda, la plateforme internationale de location de camping-cars et de caravanes, annonce la clôture réussie d'un second tour de financement. Menée par Michelin Travel Partner, une filiale du fabricant de pneumatiques Michelin, la société basée à Berlin reçoit ainsi 10 millions d'euros. […] Campanda est le leader mondial de la location de véhicules de loisirs. Présent dans plus de 44 pays, en six langues, via huit plateformes dédiées, il permet à ses utilisateurs de louer facilement et simplement des véhicules de loisirs aux quatre coins du monde. En plus des professionnels de la location de véhicules de loisirs, les particuliers aussi ont désormais la possibilité de louer leur véhicule via Campanda. « Cela nous remplit de fierté d'avoir trouvé en Michelin un investisseur de renom pour Campanda », déclare Chris Möller, créateur et PDG de la start-up berlinoise. « Au même titre que nos autres investisseurs, Michelin partage notre compréhension de l'industrie du voyage au XXIe siècle : planifier et réserver en ligne tout en exploitant durablement les ressources locatives existantes. »

« Campanda, plateforme de location de véhicules de loisirs, boucle une levée de fonds de 10 millions d'euros avec Michelin comme principal investisseur », www.tendancehotellerie.fr, 8 février 2017.

L'**économie collaborative**, également appelée économie de partage, repose sur le **partage ou l'échange entre particuliers** de biens (voiture, logement, parking, perceuse, etc.), de services (covoiturage, bricolage, etc.), avec échange monétaire (vente, location, prestation de services) ou sans échange monétaire (dons, troc, volontariat), **par l'intermédiaire d'une plateforme numérique** de mise en relation.

DOC. 7 Michelin facture les kilomètres parcourus

L'**économie de la fonctionnalité** remplace la notion de vente du bien par celle de la vente de l'usage du bien.

Michelin propose à ses clients de la division poids lourds de louer leurs pneumatiques sur la base d'un tarif au kilomètre parcouru au lieu de les acheter. Le contrat propose des services pour optimiser les équipements en fonction des conditions d'utilisation, veiller au respect des pressions de gonflage qui ont une incidence sur la consommation de carburant et signaler toute anomalie qui peut engendrer une usure prématurée des pneus. La durée de vie des pneus est alors bien plus grande. Avec cette solution, Michelin a très sensiblement augmenté sa marge et les clients ont vu leurs coûts baisser de 36 % (comparaison du coût des kilomètres parcourus et des achats de pneus) et leurs coûts de carburant diminuer.

DOC. 8 La mobilité durable de Michelin

Vidéo : « Michelin : Prix entreprises et environnement 2016 – Grand prix économie circulaire »
liennathan.fr/y2l5y5

DOC. 9 La stratégie des 4R

Pour répondre aux enjeux de l'économie circulaire écologiquement vertueuse, Michelin a lancé la stratégie des 4R : réduire la consommation avec des pneus qui durent plus longtemps ; réutiliser, par exemple en offrant plusieurs vies aux carcasses de pneus ; recycler et revaloriser les pneus usagés ; renouveler en utilisant des matières premières renouvelables.

Julie Le Bolzer, « Michelin : s'engager pour une filière responsable », business.lesechos.fr, 17 août 2015.

Situation

Les clients, par leurs nouveaux modes de consommation, sont les pilotes de la révolution digitale – un grand bouleversement qui impose à toutes les entreprises en quête de croissance de s'adapter. Le consommateur est aujourd'hui ultra-informé, il dispose d'un choix immense et a la possibilité de passer ses commandes de n'importe quel endroit et à n'importe quel moment. Dans ce contexte, le consommateur est plus volatil et sa fidélisation nécessite de proposer de plus en plus vite des produits offrant une utilité réelle et faisant la différence. De plus, dans un contexte de changement climatique, les clients très préoccupés par la question écologique sont à la recherche d'une consommation responsable. Face à ces changements, Michelin a choisi de les incorporer activement à ses activités, et non de les subir.

7 Montrez que le site Blackcircles.com est une plateforme d'intermédiation. Doc. 5

....

....

8 Justifiez le choix de Michelin de racheter Blackcircles.com. Doc. 5

....

....

9 Expliquez le concept mis en œuvre par la start-up Campanda.
Montrez qu'elle agit dans le secteur de l'économie collaborative. Doc. 6

....

....

....

10 Pourquoi le groupe Michelin a-t-il investi dans la start-up Campanda ? Doc. 6

....

....

....

11 Quels sont les avantages de la facturation au kilomètre pour Michelin et ses clients du secteur poids lourds ? Doc. 7

....

....

12 Montrez que l'économie de la fonctionnalité consiste à remplacer la vente d'un bien matériel par une prestation de services. Doc. 7

....

....

13 Parmi les mesures mises en place par Michelin, identifiez celles qui agissent pour une consommation responsable. Docs 8 et 9

....

....

Faites le point ! STMG_Management_Term_ch14_point_partie2.pdf

Applications

1 Testez vos connaissances

Répondez par vrai ou faux aux propositions suivantes.

1. Le télétravail consiste à travailler depuis son domicile.
   ☐ Vrai ☐ Faux
2. Le droit à la déconnexion permet de ne plus utiliser son téléphone pendant 24 heures.
   ☐ Vrai ☐ Faux
3. Une plateforme d'intermédiation gère les litiges entre les entreprises et les consommateurs.
   ☐ Vrai ☐ Faux
4. L'économie collaborative repose sur le partage de biens ou de services entre particuliers.
   ☐ Vrai ☐ Faux
5. L'économie de la fonctionnalité consiste à ajouter des services payants à un produit.
   ☐ Vrai ☐ Faux
6. La consommation responsable a pour but de préserver la planète.
   ☐ Vrai ☐ Faux

2 Analyser le succès de la livraison des repas à domicile

1. Montrez que les sites de livraison de repas sont des plateformes d'intermédiation.
2. Expliquez l'engouement des Français pour la livraison des repas à domicile.

DOC. 1 Les services de livraison à domicile

Si les Français sont toujours attachés aux bons repas cuisinés à la maison ou à se faire plaisir au restaurant, ils sont de plus en plus nombreux à profiter de services de livraison à domicile.
Le service d'AlloResto, un site français présent sur le marché depuis 1998, met en relation des clients et des restaurants. Il s'agit de restaurateurs qui possèdent leur propre système de livraison.
Les nouveaux arrivants comme Deliveroo et Foodora s'occupent eux-mêmes de la livraison. Ils proposent une sélection de restaurants partenaires chez qui leurs livreurs vont récupérer la commande pour la livrer en moins de 30 minutes. Les restaurateurs qui n'ont pas pu investir dans leur propre service de livraison peuvent donc profiter de cette alternative.

Félicia Schicklin, « À savoir sur les services de livraison à domicile », www.orderbird.fr.

DOC. 2 La livraison à domicile grignote du terrain

UberEats, Deliveroo, Foodora… Les consommateurs ne resteront jamais sur leur faim grâce aux nombreux services de livraison à domicile existant. […] Véritable phénomène à part entière, le Foodservice à domicile s'impose sur le marché de la restauration. L'idée de pouvoir savourer un plat chez soi, sans avoir besoin de se déplacer, séduit de plus belle les consommateurs. […]
Serions-nous devenus fainéants ? « Il y a un nombre croissant de célibataires en France, près de 10 millions. Or lorsqu'on est seuls chez soi, on a moins envie de se préparer à manger que lorsqu'on est plusieurs. Parallèlement, les temps de transport pour revenir du travail sont de plus en plus longs, alors les Français ont moins de temps et d'envie pour cuisiner. […] »
Ce succès grandissant se fonde également sur la diversité. Spécialités françaises, italiennes, turques ou encore japonaises… Ces multitudes de cuisines séduisent les consommateurs, qui n'ont plus besoin de se déplacer pour découvrir quelque chose d'atypique. « Sortir manger devient se faire un resto chez soi », constate Maria Bertoch, expert chez NPD Group, cabinet spécialisé dans la livraison à domicile.

« La livraison à domicile grignote du terrain », www.filiere-gourmande.fr, 5 avril 2018.

3 Analyser le statut de travailleur indépendant

1. Comment les sites de livraison de repas à domicile se rémunèrent-ils ?
2. Quelles sont les différences entre un salarié et un travailleur indépendant ?
3. Quel est l'intérêt pour les entreprises de livraison à domicile d'avoir recours à des travailleurs indépendants ?
4. Identifiez les avantages et les inconvénients du statut de travailleur indépendant pour le livreur.

DOC. La course effrénée des travailleurs indépendants

On peut aujourd'hui se faire livrer à peu près n'importe quel type de dîner, du sandwich au repas gastronomique, grâce à une flopée de coursiers mis à disposition des restaurants par des plateformes spécialisées.
« On a vu le nombre de livreurs doubler en peu de temps », constate, dépité, Sébastien, qui roule pour Deliveroo depuis trois ans. Le secteur a en effet explosé en quelques années. [...] Just Eat et Deliveroo sont tous deux présents dans 13 pays du monde, le premier affichant 107 000 restaurants partenaires, contre 80 000 pour son concurrent, tandis qu'Uber Eats revendique des livraisons dans 250 villes dans le monde. Quant à la start-up française Stuart, elle est présente dans trois pays et 75 communes.
Tous ces sites peinent toutefois à dégager des bénéfices, puisque leur rémunération provient de la commission prélevée sur chaque commande, après déduction de la part du livreur. Pour limiter les coûts, ces plateformes ont donc délaissé le salariat au profit de [travailleurs] indépendants payés à la course et en fonction de la distance parcourue. « On doit enchaîner un maximum de petites livraisons pour en vivre, explique Sébastien. Vu le nombre de coursiers, on n'hésite pas à prendre des risques pour rouler plus vite. »

La simplicité des démarches

En France, c'est le statut de micro-entrepreneur (ancien auto-entrepreneur) qui est utilisé par ces travailleurs. Pour l'adopter, une déclaration en ligne sur Autoentrepreneur.urssaf.fr ou Guichet-entreprises.fr suffit. Ajoutez une assurance responsabilité civile professionnelle, en l'occurrence fournie par les plateformes de livraison, et le tour est joué. Si vous gagnez plus de 10 000 euros deux années de suite, il faudra à ce moment-là ouvrir un compte bancaire dédié.

Rythme et stress

Les plateformes de livraison attirent des milliers de candidats grâce à des promesses d'indépendance et d'argent facile. « C'est un métier en plein air qui marie sport et écologie », témoigne Paul, 28 ans, livreur à temps plein chez Deliveroo depuis 2017. Au rythme de 38 heures par semaine, soit environ 400 livraisons par mois et 1 600 km parcourus à vélo, il gagne 1 500 euros nets. « J'adore rouler, et ce qui me plaît c'est de choisir mes horaires et mes jours de travail », renchérit son collègue Sébastien. Les mois où il pédale le plus, ce trentenaire atteint les 2 500 euros nets, contre l'équivalent d'un Smic en temps normal. « Mais j'en connais qui sont passés du vélo au scooter pour rouler plus de 55 heures par semaine et empocher 4 000 euros bruts mensuels », ajoute-t-il.
Si la perspective de gagner leur vie en passant leurs journées sur une bicyclette a séduit les deux hommes, leur optimisme est retombé : « On oublie souvent la précarité et l'engagement physique et psychologique de ce type de métier. Le stress lié au rythme des commandes, la circulation dense, l'obligation de travailler les soirs de week-end, le risque d'accident et la compétition entre livreurs sont le revers de la médaille », conclut Paul.

Julie Polizzi, « Livreurs de repas : la course effrénée des micro-entrepreneurs », www.20minutes.fr, 11 octobre 2019.

4 Étudier une entreprise locavore

1. Expliquez le principe du locavore.
2. Montrez que l'entreprise Séson s'inscrit dans le credo locavore.
3. Pourquoi la démarche locavore permet-elle de préserver l'environnement ?
4. Présentez les avantages économiques de la démarche locavore pour l'entreprise Séson.

DOC. 1 Un traiteur locavore

Portait d'un créateur d'entreprise qui mise sur l'alliance de l'économie, du social et de l'environnement. « Aujourd'hui, on achète dans la grande distribution des crevettes d'Amérique du Sud ou des haricots verts du Kenya. La circulation des produits au niveau mondial suppose des dépenses d'énergie et de transports, avec un impact non négligeable sur l'environnement. Sans qu'il y ait toujours de raison. Chez Séson, nous ne proposerons pas de la viande de Nouvelle-Zélande, mais du gigot d'agneau de la baie de Somme », résume Antoine Ferchaud.

Sortir des circuits de la grande distribution : la société de traiteur/organisateur de réception qu'il met en place aujourd'hui à Nogent-sur-Oise s'appuie sur un credo résolument locavore. En s'écartant des circuits de la grande distribution, dessinés au cours des années 1990, il s'agit selon lui de revenir à « un peu de bon sens » : « en rentrant en Picardie, je me suis souvenu que mes grands-parents vivaient en autonomie alimentaire. Garde-chasse, ils cultivaient des légumes dans leur jardin, allaient chercher du lait à la ferme... »

Nostalgie ? Idéalisme ? Antoine Ferchaud a des convictions, c'est indéniable. Mais ce spécialiste de la restauration a des expériences réussies à son actif et a bien pensé l'inscription de son entreprise dans le tissu économique local.

« Quand un locavore crée son entreprise », www.francetvinfo.fr, 23 août 2013.

DOC. 2 Un modèle économiquement fiable

Séson va fonctionner en circuit court, en s'approvisionnant directement chez les producteurs, dans un rayon de moins de 100 km. C'est aussi un avantage économique : on réduit les intermédiaires, et on tient la route au niveau des prix. »

Une offre de produits plus diversifiée : « On pourrait penser que les principes locavores restreignent la carte des choix. C'est plutôt le contraire. Dans la grande distribution, les produits sont soumis à des calibrages précis, ce qui conduit par exemple à sélectionner certaines espèces de tomates au détriment d'autres », explique Antoine Ferchaud.

Chez Séson, rien de tel. Durant les deux ans où il a peaufiné son projet, l'entrepreneur locavore s'est tourné vers des produits qui n'étaient pas référencés en grande distribution. Son plateau de fromages réunira le maroilles, le bray picard ou encore la tomme au foin.

« Quand un locavore crée son entreprise », www.francetvinfo.fr, 23 août 2013.

5 Se préparer au bac — Repérer les mesures pour lutter contre l'hyper-connectivité des salariés

★★

1. Qu'est-ce que l'hyperconnectivité ?
2. Quels sont les effets de l'hyperconnectivité sur le télétravail ?
3. Repérez les mesures prises par les entreprises pour déconnecter leurs salariés.
4. Pourquoi les entreprises souhaitent-elles déconnecter leurs salariés ?

DOC. 1 L'hyper-connectivité au travail

Si la transformation numérique change en profondeur le paysage professionnel pour des millions d'actifs, elle crée ainsi de nouveaux modèles qu'ils doivent apprendre à maîtriser. On pense, dans le cas présent, à la connectivité totale : si un salarié apprécie de pouvoir récupérer un fichier sur le cloud depuis n'importe où, ou de parler sur un chat avec un collègue lors d'un déplacement, il se rend également compte qu'il est devenu joignable à toute heure...
Cette situation complexe n'est pas allégée par l'augmentation du télétravail. Aujourd'hui, les télétravailleurs constituent près de 20 % du salariat français. Ceux qui voyaient cette approche de l'emploi « depuis chez soi » comme une aubaine pour passer plus de temps avec leurs proches en découvrent également le revers. Travailler connecté depuis son domicile, c'est courir le risque de ne pas savoir quand s'arrêter vraiment, si l'on ne donne pas, à ses collègues comme à soi-même, des limites claires : il faut apprendre à déconnecter.
On remarquera que cette hyper-connectivité, au travail ou en dehors, commence à avoir un impact marqué sur nos concitoyens. Plusieurs études publiées récemment pointent une envie partagée de regagner sa liberté par rapport aux objets numériques. Fuir la tension de la vie urbaine connectée, fantasme moderne s'il en est.

Grégory Herbé, « Droit à la déconnexion : à chacun sa méthode », www.forbes.fr, 21 juin 2017.

DOC. 2 Les bonnes pratiques adoptées dans les entreprises

Des nombreuses autres entreprises ont passé le cap de cette déconnexion, et elles le font de différentes manières. Certaines pratiques sont souples et légères, d'autres tendent à réellement contraindre les collaborateurs à se déconnecter et **se mettre en mode « veille » après les heures de bureau. Areva et Axa,** par exemple, incitent leurs employés à **ne plus répondre aux e-mails passées les heures dites « classiques » de travail**. Ainsi, le collaborateur évite de vérifier sa boîte électronique, de répondre aux e-mails et s'oblige donc à ne plus travailler lorsqu'il franchit le domaine de sa vie personnelle. En Allemagne, **BMW** a également mis en place ce genre de pratiques : certaines sont souples comme le fait de ne plus répondre aux e-mails en dehors des heures de bureau ; d'autres semblent plus drastiques comme **la déconnexion automatique des serveurs** au-delà d'une certaine heure. Ces pratiques peuvent sembler au premier abord exagérées, mais il faut savoir que ce type de mesures va **de pair avec le bien-être au travail**. En effet, BMW est une des entreprises qui se soucient le plus de la santé de ses employés. Elle a donc décidé de mettre en place ce genre de « règles » afin d'optimiser les performances, mais aussi la santé des collaborateurs.
En outre, dans certaines entreprises, des mesures plus incongrues ont été créées. C'est le cas de **Mercedes**, qui a embauché depuis les vacances de Noël 2014 **un « assistant d'absence »** dont le rôle est d'**effacer les e-mails arrivant dans la boîte électronique des salariés pendant leurs congés** – évidemment, ceux qui ne souhaitent pas que leurs e-mails soient supprimés n'ont juste qu'à le signifier. De plus, la société d'électronique Intel instaure des moments de silence, moments pendant lesquels, tous les mardis matins, les e-mails et téléphones sont coupés et les salariés sont invités à installer un panneau « **Do not disturb** » à la porte de leurs bureaux. Une pratique rigolote à renouveler sans modération – dans la limite du raisonnable évidemment. Enfin, même de petites structures telles que **Change The Work** – oui oui, c'est bien nous ! – donnent la possibilité aux collaborateurs et les encouragent même à **désactiver les notifications de certaines applications de travail** (comme Slack) en dehors des heures de bureau. Ainsi, la déconnexion est totale.

« Droit à la déconnexion : les bonnes pratiques », www.changethework.com, 22 mai 2018.

Synthèse

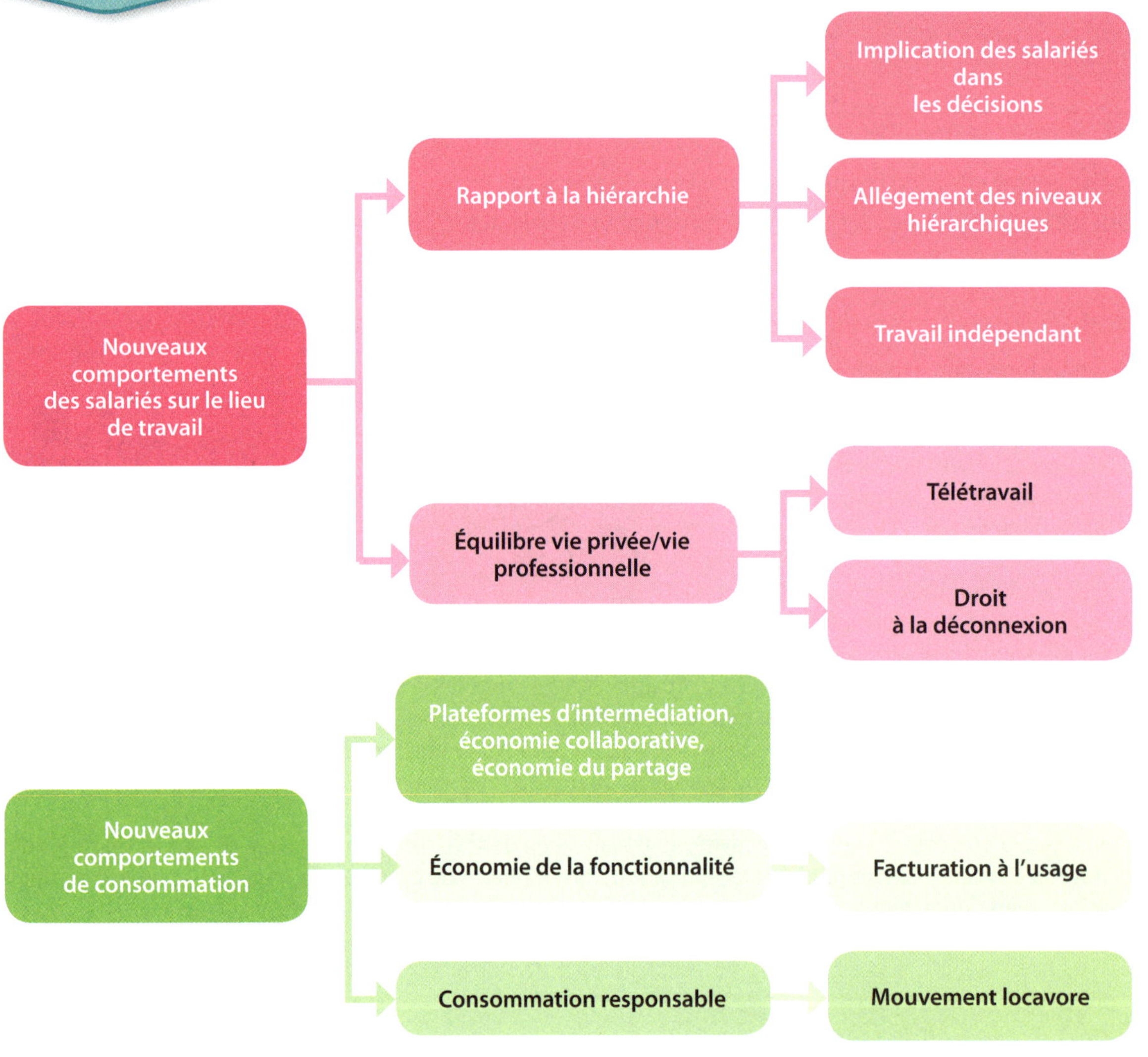

Lexique

- **Consommation responsable :** mode de consommation qui vise à respecter l'environnement.
- **Droit à la déconnexion :** droit donné à chaque travailleur de ne pas se connecter aux outils numériques et de ne pas être contactable par son employeur en dehors de son temps de travail.
- **Économie collaborative (ou économie du partage) :** repose sur le partage ou l'échange entre particuliers de biens ou de services par l'intermédiaire d'une plateforme numérique de mise en relation.
- **Économie de la fonctionnalité :** l'économie de la fonctionnalité remplace la notion de vente du bien par celle de la vente de l'usage du bien.
- **Hyper-connectivité :** état d'un individu qui est constamment connecté aux outils digitaux ou numériques.
- **Modes de consommation :** ensemble des usages et pratiques en termes d'achat de produits ou de services.
- **Modes d'organisation du travail :** ensemble des méthodes permettant de partager les tâches, de communiquer et de manager au sein d'une entreprise.
- **Mouvement locavore :** consiste à privilégier les producteurs locaux dans ses choix de consommation.
- **Plateformes d'intermédiation :** site Internet qui permet la rencontre d'une offre et d'une demande de manière dématérialisée.
- **Travail indépendant :** les travailleurs indépendants exercent à leur compte une activité économique.
- **Télétravail :** consiste à travailler pour son employeur depuis son domicile ou tout lieu autre que les locaux de l'entreprise.

15

Quelles responsabilités le numérique crée-t-il pour les organisations ?

Capacité

• Décrire l'apport des technologies numériques aux relations entre les organisations et les citoyens.

Avant la classe

Vidéo : « Emploi Store en vidéo »
liennathan.fr/m560cu

Citez un service proposé par l'Emploi Store de Pôle emploi.

Situation

Pôle emploi est un établissement public chargé de l'emploi en France. Dans son plan stratégique 2015-2020, l'organisation Pôle emploi a pour objectif d'innover au service de l'emploi. Elle souhaite notamment enrichir son offre de services et être au rendez-vous de la révolution digitale.

Pour cela, elle propose de nouveaux services développés par Pôle emploi ou avec des partenaires :

– le service « La Bonne Boîte » : un service en ligne destiné aux chercheurs d'emploi qui font des candidatures spontanées, qui leur permet de trouver des entreprises avec un fort potentiel d'embauche ;

– la plateforme « Emploi Store » : un site Internet accessible depuis un ordinateur, une tablette ou un téléphone mobile, qui propose plus de 260 services qui permettent de booster la recherche d'emploi et de postuler autrement…

Comme toute organisation, Pôle emploi doit s'adapter aux transformations numériques. En effet, elle doit respecter le règlement général sur la protection des données (RGPD) et la loi pour une République numérique du 7 octobre 2016, qui réclame une transparence des algorithmes publics. Dans l'avenir, le recrutement devrait également être bouleversé par la technologie de la *blockchain*, qui permettra de sécuriser les échanges et les contrats d'embauche.

1 Qu'apportent les technologies numériques aux relations entre les organisations et les citoyens ?

DOC. 1 L'Emploi Store de Pôle emploi

L'Emploi Store est un site web qui réunit les meilleurs services digitaux de l'emploi et de la formation de Pôle emploi et de ses partenaires. Acteurs de l'emploi, grandes entreprises, start-up, organismes publics ou développeurs indépendants, Pôle emploi réunit ainsi en toute transparence pour les internautes ce qui se fait de mieux dans le domaine du digital. MOOC, serious games, sites Internet, applications mobiles, simulateurs d'entretien, vous trouvez tout ce dont vous avez besoin pour choisir un métier, vous former, préparer votre candidature ou trouver un emploi.

www.pole-emploi.fr

DOC. 2 Les données personnelles collectées par Pôle emploi

Pôle emploi collecte des données personnelles afin d'accompagner les individus à la recherche d'un emploi et mettre en relation les offres d'emploi des employeurs et les demandes d'emploi des individus.

www.pole-emploi.fr

pôle emploi

DOC. 3 Les données personnelles, un patrimoine stratégique à protéger

Un ou une conseillère de l'agence Pôle emploi de Saint-Quentin a envoyé vendredi 25 mars un mail à 1 300 inscrits proposant des offres de carrière […]. Problème, un fichier contenant les noms et coordonnées des différents destinataires y était joint. Le mail était pourtant envoyé à partir d'un logiciel *a priori* sécurisé. Selon Pôle emploi […], l'incident est dû à « une mauvaise manipulation ». « C'est quelque chose qui n'est jamais arrivé, c'est la première fois », insiste l'organisme. Il précise que « les conséquences directes restent limitées ». Mais cherche tout de même à rassurer les personnes concernées et tous les usagers. « Les conseillers de l'agence vont prendre contact avec tous les destinataires du mail pour s'excuser et leur demander de supprimer le fichier concerné » […]. [La] question de la protection des données personnelles détenues par Pôle emploi se pose. […] « Nous avons beaucoup de données personnelles et nous mettons un point d'honneur à les protéger. » Malgré tout, cet incident montre que le risque zéro n'existe pas.

Antoine Decléty, www.lefigaro.fr, 2 avril 2016.

DOC. 4 La protection des données à caractère personnel par le RGPD

Les données personnelles (adresse IP, coordonnées, goûts…) révèlent la vie privée des citoyens et doivent être protégées. La protection des données à caractère personnel est assurée par le règlement général sur la protection des données (RGPD). Ce règlement européen s'impose à toute organisation qui utilise des données personnelles de résidents européens. Il renforce le contrôle par les citoyens de l'utilisation qui peut être faite des données les concernant. En effet, ces données revêtent une importance stratégique pour les entreprises qui cherchent à connaître les habitudes d'achat et les centres d'intérêt des internautes pour définir leur profil et leur proposer de la publicité ciblée. Avec le RGPD, chaque personne bénéficie d'un droit d'information, d'accès, de rectification, de limitation et de suppression de l'utilisation de ses données à caractère personnel par les organisations.

Situation Les transformations numériques offrent de nouvelles occasions aux organisations. Ainsi, les nouvelles technologies permettent à l'État de transformer ses services publics et de modifier les relations entre les citoyens et les organisations. Par exemple, Pôle emploi a mis en place, depuis 2015, emploi-store.fr, un site Internet qui accompagne la recherche d'emploi à l'aide de 260 services, comme des outils de création de CV ou des simulateurs d'entretien de recrutement. Cette plateforme propose des services utiles aux demandeurs d'emploi mais aussi aux jeunes, aux seniors, aux salariés en poste...

1 Quel est le but de l'utilisation du numérique par l'organisation Pôle emploi ? Situation et Doc. 1

....

....

2 Expliquez le fonctionnement du site Internet Emploi Store proposé par Pôle emploi. Situation et Doc. 1

....

....

Situation L'exploitation des données personnelles oblige les organisations à respecter le règlement général sur la protection des données (RGPD). Ce règlement, applicable depuis le 25 mai 2018, s'impose à toute organisation qui exploite des données personnelles. À ce titre, les citoyens utilisant les services du site Internet de Pôle emploi bénéficient d'un droit d'accès, de rectification, de limitation et de réclamation de leurs données à caractère personnel. Pour cela, ils doivent s'adresser au délégué à la protection des données de Pôle emploi ou à leur agence Pôle emploi.

3 Relevez les données personnelles recueillies par le site Internet Emploi Store. Doc. 2

....

....

4 Ces données personnelles ont-elles une dimension stratégique pour Pôle emploi ? Docs 2 et 4

....

....

5 Expliquez l'incident qui s'est déroulé dans l'agence Pôle emploi de Saint-Quentin. Doc. 3

....

....

6 Pôle emploi respecte-t-il le règlement général sur la protection des données ? Situation et Doc. 3

....

....

7 Quel est le risque d'une protection défaillante des données personnelles par une organisation ? Doc. 4

....

....

Faites le point ! STMG_Management_Term_ch15_point_partie1.pdf

2 Repérer la transparence des algorithmes

DOC. 5 À quoi servent les algorithmes publics ?

Selon le Larousse, un algorithme est un « ensemble de règles opératoires dont l'application permet de résoudre un problème énoncé au moyen d'un nombre fini d'opérations. Un algorithme peut être traduit, grâce à un langage de programmation, en un programme exécutable par un ordinateur ».

Les usages des algorithmes dans les administrations

Usages	Exemples
Attribuer des droits, calculer des montants selon des règles prédéfinies.	Calcul des taxes et des impôts, attribution de prestations sociales (allocation d'aide au retour à l'emploi [ARE]…)…
Réaliser un appariement entre une « offre » et une « demande ».	Gestion de la mobilité des agents (RH), accès à l'enseignement supérieur (Parcoursup), attribution de places en crèches…
Prédire une situation ou un risque en analysant des données.	Prédire un risque de défaillance d'une entreprise (Signaux Faibles), cibler les contrôles de lutte contre la fraude fiscale…
Aider à la décision des usagers.	Aider les demandeurs d'emploi à cibler leurs candidatures spontanées (La Bonne Boîte), simuler le coût d'une embauche…

etalab.github.io

DOC. 6 L'exigence de transparence des algorithmes publics

La loi pour une République numérique de 2016 a introduit le principe de transparence des algorithmes publics. En pratique, il s'agit d'offrir aux individus (personnes physiques et morales) de nouveaux droits. Le texte prévoit trois obligations pour les administrations :
1/ la mention explicite : c'est-à-dire l'obligation d'indiquer aux intéressés qu'un algorithme est utilisé et quels sont leurs droits ;
2/ l'information générale : les administrations doivent publier les principes de fonctionnement des principaux traitements quand ils fondent des décisions administratives individuelles ;
3/ l'information individuelle : fournir à l'individu concerné un ensemble d'informations concernant l'algorithme, son fonctionnement en détail […] ainsi que les données traitées pour son cas spécifique.

dataanalyticspost.com

DOC. 7 La transparence de l'algorithme de Pôle emploi pour le calcul de l'ARE

Sur son site, Pôle emploi publie des informations présentant et expliquant le fonctionnement de l'algorithme de l'attribution et du calcul de l'allocation d'aide au retour à l'emploi (ARE). L'algorithme permet de vérifier les conditions d'attribution de l'allocation, son montant et la durée de l'indemnisation. Par exemple, voici l'algorithme du calcul de la durée d'indemnisation de l'ARE :

www.pole-emploi.fr

En application des articles L.311-3-1 et L.312-1-3 du Code des relations entre le public et l'administration, vous pouvez consulter, ci-dessous, les règles et grandes caractéristiques des algorithmes intervenant dans l'élaboration des principales décisions individuelles prises par Pôle emploi dans l'exercice de ses missions de service public. Ces algorithmes sont la traduction de la réglementation de l'assurance chômage, arrêtée par l'État.

Pour toute question concernant votre situation, vous êtes invité à contacter votre conseiller.

3. DURÉE DE L'INDEMNISATION

La durée de l'indemnisation est calculée de la façon suivante :

- Le nombre de jours travaillés au cours des 24 ou 36 mois qui précèdent la fin du contrat de travail (selon l'âge à la date de fin de contrat) est décompté (avec assimilation possible de certaines périodes de formation), sans remonter au-delà d'une précédente ouverture de droits ;
- Le nombre de jours travaillés est plafonné à 5 jours par semaine civile ;
- Le total est multiplié par 1,4 afin de déterminer la durée d'indemnisation ;
- La durée d'indemnisation est plafonnée à 730, 913 ou 1095 jours (selon l'âge à la date de fin du dernier contrat de travail). Elle ne peut être inférieure à 182 jours.

DOC. 8 Qui est concerné par la transparence des algorithmes ?

[Vous devez remplir les nouvelles obligations liées à la transparence des algorithmes si :]
– vous êtes une administration d'État, une collectivité, un organisme de droit public ou de droit privé intervenant dans le cadre d'une mission de service public […] ;
– vous utilisez un traitement algorithmique […] ;
– à l'aide de ce traitement, vous prenez des décisions administratives individuelles envers des personnes physiques ou morales, de droit public ou privé […] ;
– et que ce traitement n'est pas couvert par l'un des secrets définis par la loi : […] sécurité des personnes ou des systèmes d'information, recherche et prévention d'infractions […].

etalab.github.io

Situation Face à une algorithmisation croissante de l'Administration, la loi pour une République numérique du 7 octobre 2016, dite « loi Lemaire », et le règlement général sur la protection des données (RGPD) ont introduit de nouvelles dispositions concernant les algorithmes publics. Ces dispositions visent à introduire une plus grande transparence de l'Administration dans l'usage de ces systèmes, en particulier quand ils sont utilisés pour prendre des décisions qui affectent les individus (personnes physiques ou morales).

8 Quand l'Administration utilise-t-elle des algorithmes ? Doc. 5

9 Pourquoi l'État doit-il construire un droit à la transparence des algorithmes publics ? Doc. 6

10 Quelles sont les obligations des organisations utilisant des algorithmes publics pour prendre des décisions qui affectent les individus ? Doc. 6

Situation Les administrations ont pour obligation de publier les programmes informatiques qui vont décider de façon automatique de décisions individuelles, comme l'attribution d'aides, le calcul de certaines taxes ou impôts, l'affectation de fonctionnaires... Ainsi, Pôle emploi a mis en ligne, sur son site, l'algorithme qui vérifie si le demandeur d'emploi remplit les conditions d'attribution de l'allocation d'aide au retour à l'emploi (ARE).

11 Quelles sont les décisions prises par l'algorithme de Pôle emploi ? Doc. 7

12 Expliquez le fonctionnement de l'algorithme de Pôle emploi pour le calcul de la durée d'indemnisation de l'allocation d'aide au retour à l'emploi (ARE). Doc. 7

13 Justifiez si l'algorithme du calcul de l'ARE de Pôle emploi est concerné par la transparence des algorithmes. Doc. 8

14 Précisez si l'organisation Pôle emploi respecte l'obligation de transparence des administrations concernant l'algorithme du calcul de l'ARE. Doc. 7

Faites le point ! STMG_Management_Term_ch15_point_partie2.pdf

3 Repérer les enjeux de la chaîne de blocs

DOC. 9 Qu'est-ce que la *blockchain* ?

La *blockchain* est une technologie de stockage et de transmission d'informations, sécurisée et transparente, fonctionnant sans organe central de contrôle. Elle peut être publique (accessible et visible par tous) ou privée. Les échanges de données (transactions, stockages, transferts de propriété, etc.) sont sauvegardés dans des « blocs » liés les uns aux autres, d'où le terme « *blockchain* ». [...] C'est une base de données ultra sécurisée et architecturée. Elle est en outre partagée sans intermédiaire par ses différents utilisateurs, ce qui permet à chacun de vérifier la validité de la chaîne.

blockchainfrance.net

Vidéo : « 1 minute pour comprendre... la *Blockchain* en France »
liennathan.fr/w63xx7

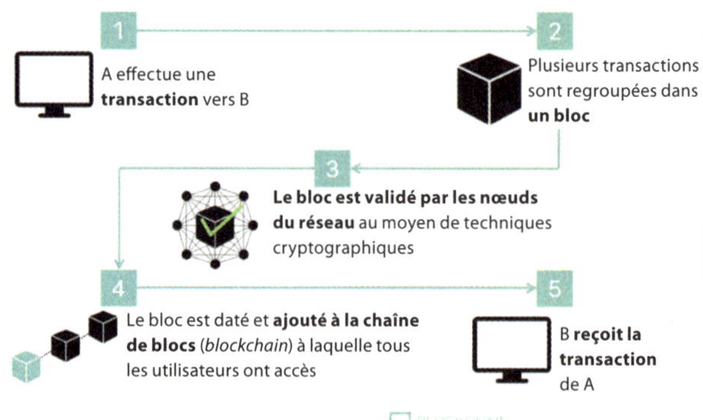

© Blockchain France 2016

DOC. 10 La chaîne de blocs (*blockchain*) au service de l'emploi

La technologie *blockchain* se déploie dans de plus en plus de secteurs et le travail devrait, lui aussi, être impacté [...]. Au point, peut-être, de bouleverser la gouvernance des entreprises ! Développée pour le bitcoin, la technologie blockchain permet d'assurer des transactions sécurisées et transparentes de manière décentralisée. À première vue, difficile de faire le lien avec le monde du travail ! Et pourtant, plusieurs applications de cette technologie encore en développement pourraient faire évoluer le recrutement ainsi que l'organisation des entreprises.
Le recrutement devrait être le premier aspect de la vie professionnelle à être transformé par la *blockchain*. Grâce à sa capacité à graver des informations dans le marbre (de ses blocs) tout en les rendant consultables, la technologie est d'ores et déjà utilisée pour stocker les diplômes. En France, la start-up BCDiploma est en train de développer cette technologie avec plusieurs écoles, dont l'IAE de Nantes. Le principe est simple : lorsqu'un étudiant décroche son diplôme, celui-là est inscrit dans la blockchain. L'étudiant dispose ensuite d'un lien qu'il transmet aux recruteurs. « Tout au long de sa vie, l'accès à ce document est assuré, et les recruteurs n'ont pas à vérifier son authenticité », explique Luc-Jarry Lacombe, fondateur de BCDiploma. Aux États-Unis, le MIT a déjà émis ses premiers diplômes dans une *blockchain*.
Mais la technologie ne devrait pas s'arrêter là. En plus des diplômes, la *blockchain* pourrait permettre de consigner compétences et performances. On peut imaginer que chacun disposerait d'un dossier numérique dans lequel seraient inscrits tous ses accomplissements professionnels. « Les individus pourraient ainsi faire valoir leurs formations, leurs compétences et leurs performances à leur juste valeur sur le marché du travail », est-il indiqué dans un rapport publié par PwC.
« C'est simplement un monde dans lequel tout ce que l'on trouve aujourd'hui sur LinkedIn sera authentifié », abonde Lionel Aré, directeur associé senior au BCG Paris. Le suivi de carrière serait ainsi plus aisé pour les responsables des ressources humaines, qui pourraient même utiliser des systèmes de matching basés sur l'intelligence artificielle, permettant de placer les candidats sur les postes pour lesquels ils sont les plus pertinents, et donc les plus épanouis et efficaces.

Déborah Loye, start.lesechos.fr, 24 mai 2018.

DOC. 11 La *blockchain* sécurise les échanges et les contrats

Les acteurs économiques et juridiques s'intéressent de plus en plus à cette technologie car elle permet d'augmenter la sécurité et l'authenticité du transfert d'information. Ce système décentralisé permet d'écarter des intermédiaires et d'automatiser des relations qui jusqu'alors avaient besoin d'un interprète. Il est désormais possible pour deux ou plusieurs personnes domiciliées à des milliers de kilomètres les unes des autres de posséder un compte commun (en bitcoin par exemple, la cryptomonnaie la plus répandue aujourd'hui), sans passer par un établissement bancaire, ni remplir de nombreux documents administratifs.

www.village-justice.com

Situation Tout comme Internet a réinventé la circulation de l'information, la technologie blockchain pourrait révolutionner l'organisation des entreprises, et en particulier le recrutement, en favorisant la traçabilité des informations fournies par les candidats. Selon Pôle emploi, cette technologie va certainement bousculer le fonctionnement du recrutement dans les services des ressources humaines des organisations.

15 Pourquoi le recrutement pourrait-il être bousculé par la *blockchain* ? ▶ Docs 9 et 10

....

....

16 Identifiez les acteurs qui pourraient être intéressés par l'utilisation de la *blockchain* lors d'un recrutement. ▶ Doc. 10

....

....

17 Repérez les avantages pour un demandeur d'emploi d'avoir recours à la *blockchain*. ▶ Doc. 10

....

....

18 Relevez les intérêts pour un recruteur d'avoir recours à la *blockchain*. ▶ Doc. 10

....

....

19 Précisez comment la *blockchain* pourrait faciliter le recrutement, et donc l'emploi. ▶ Doc. 10

....

....

Situation La technologie *blockchain* devrait transformer la façon de gérer les transactions et les contrats. Dans ce réseau de pair à pair, chacun peut librement s'exprimer et agir, et tous les contributeurs sont identifiés de façon certaine. Initialement prévue pour gérer les échanges de cryptomonnaie, la *blockchain* est en passe de devenir une mémoire et une sécurisation de toutes les transactions, mais aussi des contrats, des votes ou des échanges de données personnelles, sans avoir besoin de recourir à un intermédiaire.

20 Pourquoi les acteurs économiques s'intéresse-t-il à la technologie *blockchain* ? ▶ Doc. 4

....

....

21 En supprimant les intermédiaires, montrez que la technologie *blockchain* pourrait également présenter un risque pour Pôle emploi. ▶ Docs 9 et 10

....

....

Faites le point ! STMG_Management_Term_ch15_point_partie3.pdf

Applications

1 Testez vos connaissances

Retrouvez la définition correspondant à chacun des mots suivants : RGPD, transparence, algorithme, données personnelles, *blockchain*.

1. Ensemble d'opérations devant être suivies dans l'ordre pour résoudre un problème.
2. Technologie de stockage et de transmission d'informations, sécurisée, fonctionnant sans intermédiaire ni organe de contrôle.
3. Ensemble d'informations permettant d'identifier une personne.
4. Règlement européen qui renforce l'encadrement des pratiques en matière de collecte et d'utilisation des données à caractère personnel des utilisateurs.
5. Fait de transmettre des informations et de rendre compte d'une activité dans l'objectif d'établir une relation de confiance.

2 Étudier un algorithme public

En travail individuel ou par groupes, vous allez réaliser une étude sur un algorithme public.

1. Rendez-vous sur le site de Pôle emploi, à la rubrique « Algorithmes » :

liennathan.fr/gi70e2

2. Consultez les différents algorithmes qui concernent le fonctionnement de l'allocation d'aide au retour à l'emploi (ARE) : admission, refus, reprise, rechargement…
3. À l'aide de l'outil numérique de votre choix (mur virtuel, carte mentale, diaporama…), présentez et expliquez le fonctionnement d'un des algorithmes.
4. Précisez les raisons pour lesquelles Pôle emploi publie sur son site les algorithmes de l'allocation d'aide au retour à l'emploi.

Algorithmes

Tout savoir sur les algorithmes publiés par Pôle emploi

En application des articles L.311-3-1 et L.312-1-3 du code des relations entre le public et l'administration, vous pouvez consulter, ci-dessous, les règles et grandes caractéristiques des algorithmes intervenant dans l'élaboration des principales décisions individuelles prises par Pôle emploi dans l'exercice de ses missions de service public.
Ces algorithmes sont la traduction de la réglementation en vigueur.
Pour toute question concernant votre situation, vous êtes invité à contacter votre conseiller.

A CONSULTER

› Pour plus de précisions sur la réglementation de l'assurance chômage

ALLOCATION D'AIDE AU RETOUR À L'EMPLOI 2019

- Admission à l'allocation d'aide au retour à l'emploi (ARE)
- Refus de l'allocation d'aide au retour à l'emploi (ARE)
- Reprise du droit à l'allocation d'aide au retour à l'emploi (ARE)
- Rechargement de l'allocation d'aide au retour à l'emploi (ARE)
- Refus de rechargement de l'allocation d'aide au retour à l'emploi (ARE)
- Révision ARE suite à perte d'activité (ARE)

Source : www.pole-emploi.fr

3 Identifier les enjeux de l'utilisation des données personnelles

1. Repérez l'utilisation des données par l'organisation Amazon.
2. Précisez pourquoi les données personnelles constituent un patrimoine à protéger.

DOC. 1 Amazon accusé d'usage illégal de données

La Croix : **Qu'est-ce que la Commission européenne reproche à Amazon ?**

Marc Schillaci : Si un commerçant veut vendre sur Internet, il peut choisir, en plus de son propre site, de trouver un lieu de vente complémentaire, comme Amazon. C'est devenu tellement simple de passer par un seul point de vente, d'autant plus que cette plate-forme est devenue un immense concentrateur d'e-commerces : aux États-Unis, il représente 50 % du commerce en ligne.

Pour être référencé sur Amazon, le commerçant doit fournir un certain nombre de données, comme des justificatifs d'achat ou le nom de ces fournisseurs. Aujourd'hui, la plate-forme Amazon est soupçonnée d'utiliser ces informations à son avantage, en remontant jusqu'au fournisseur pour vendre elle-même les produits, par exemple. Jusque-là, elle se couvrait en prétendant qu'elle remontait jusqu'à son fournisseur pour vérifier l'authenticité d'un produit. Mais la Commission européenne y voit là un usage illégal des données qui conduit à concurrencer le marchand concerné de manière déloyale. En tout état de cause, je recommande aux marchands de ne pas se contenter de la plate-forme d'Amazon pour éviter d'en être exclusivement dépendants.

Quel intérêt les données présentent-elles pour l'e-commerce ?

M. S. : Pour le commerçant en ligne, les données permettent d'abord un accompagnement personnalisé et une meilleure anticipation des besoins du consommateur. C'est d'autant plus intéressant qu'il n'y a plus seulement la traditionnelle « ménagère de moins de 50 ans » mais des milliers de profils de consommateurs différents. Le fait que l'on soit aujourd'hui dans une situation optimale pour l'usage des données est donc plus que favorable pour le développement d'e-commerce en France. Il représente d'ailleurs environ 9 % du commerce de détail et a affiché un chiffre d'affaires de 81,7 milliards d'euros de chiffres d'affaires en 2018. Il se développe aussi de plus en plus par l'intermédiaire de notre téléphone mobile.

Peut-on échapper aujourd'hui à la collecte de données en ligne ?

M. S. : Tout ce que l'on regarde sur Internet est inévitablement recensé. Quand on achète sur Amazon, on accepte d'être enregistré dans une immense base de données, ne serait-ce qu'en acceptant les conditions générales de vente. De ce fait, il est essentiel de faire correctement appliquer les lois qui réglementent l'usage des données et l'Europe est très avancée en la matière.

Alexandra Segond, www.la-croix.com, le 18 juillet 2019.

DOC. 2 Le RGPD, une protection des données personnelles

Décidément, l'application du règlement général de protection des données (RGPD), texte européen visant à mieux protéger les données personnelles, n'a pas été de tout repos pour les géants du numérique en 2018. Ces derniers ont dû, en quelques mois, se mettre en conformité afin de continuer à être présents en Europe, par exemple à travers le « droit d'accès », qui permet à un utilisateur de demander légalement une copie de toutes ses données personnelles. Quelle ne fut pas la surprise d'un internaute allemand, après avoir ainsi demandé par courriel à Amazon la copie de ses données personnelles, lorsqu'il reçut quelques mois plus tard une archive qui contenait, entre autres, les requêtes passées à l'assistant vocal Alexa. Et ce alors qu'il ne possède pas de boîtier Alexa ! Il s'agissait tout simplement des données de quelqu'un d'autre… Mais l'histoire ne s'arrête pas là : sollicité par le malheureux utilisateur, le magazine allemand *C't Magazin* a été en mesure de retrouver l'identité de la seconde personne à l'origine des instructions de commande vocale ! […] Une chose est sûre : un tel événement n'aurait pu se produire si plutôt que de stocker indéfiniment les enregistrements audio d'Alexa sur ses serveurs, la firme les supprimait régulièrement.

Sarah Sermondadaz, www.sciencesetavenir.fr, 21 décembre 2018.

4 Repérer la transparence d'un algorithme public

1. Comment fonctionne l'algorithme de Parcoursup ?
2. Que permet de calculer l'algorithme de Parcoursup ?
3. Les informations dévoilées par le ministère de l'Enseignement supérieur permettent-elles de répondre à l'exigence de transparence des algorithmes publics ?

Vidéo : « Interview | Parcoursup : les dessous de l'algorithme », Claire Mathieu
liennathan.fr/xu46g2

DOC. 1 La transparence de Parcoursup

Mounir Mahjoubi
@mounir

Avec @VidalFrederique, on l'a dit, on le fait ! Aujourd'hui nous rendons public 100 % du code source de #Parcoursup et sa documenttaion scientifique. Notre engagement : garantir la transparence des algorithmes publics
framagit.org/parcoursup/alg...

944 12:23 - 21 mai 2018

Le gouvernement ouvre le code source de Parcoursup. [...] Sont ainsi accessibles à tous « *les algorithmes et le code Java permettant* » le calcul :
– de « *l'ordre d'appel* », c'est-à-dire celui dans lequel les propositions d'admission sont envoyées aux candidats ;
– des « *propositions de formations* » (pour les candidats retenus par la commission d'examen des vœux) ;
– des propositions d'hébergement en internat.
Si les différents fichiers mis en ligne parleront avant tout aux informaticiens chevronnés, le ministère a publié dans le même temps une notice (PDF) décrivant les principaux calculs effectués par la plateforme. « *La publication du code permettra à chacun de vérifier que le fonctionnement de la plateforme est conforme au droit* », se félicite le ministère au travers d'un communiqué. « *Elle favorisera également la pleine compréhension des mécanismes de la nouvelle procédure d'entrée dans l'enseignement supérieur : non-hiérarchisation des vœux, absence de contraintes ; délais de réponse qui permettent, lorsque chaque candidat fait son choix, de libérer des places qui seront immédiatement proposées à d'autres candidats.* »
Hugo Collin-Hardy, président de l'association Droit des lycéens, estime que cet effort de transparence est effectivement « une très bonne nouvelle ». « Il va néanmoins falloir qu'on se penche sur ce code source pour réagir sur son contenu », explique-t-il, contacté par nos soins. Et pour cause : les fichiers mis en ligne aujourd'hui ne correspondent pas aux algorithmes « locaux » qui aident les établissements de l'enseignement supérieur à trier les différents dossiers des candidats.
Autrement dit, il ne s'agit que d'un élément, plutôt accessoire, de la (lourde) machine Parcoursup. « *On espère que le ministère publiera ces algorithmes locaux prochainement, faute de quoi la publication d'aujourd'hui ne serait qu'une opération de com'* », prévient ainsi Hugo Collin-Hardy. Mounir Mahjoubi, le secrétaire d'État au Numérique, avait d'ailleurs promis mi-avril que le code source de Parcoursup serait rendu public.

Xavier Berne, www.nextinpact.com, 21 mai 2018.

DOC. 2 Les algorithmes de Parcoursup

La procédure d'affectation des candidats repose sur deux processus. Dans un premier temps, les algorithmes locaux sont à l'œuvre, c'est-à-dire que chaque formation définit des critères pour classer les candidats. Il s'agit d'un classement pédagogique effectué dans les commissions d'examen des vœux des différents établissements de l'enseignement supérieur.
Parmi ces critères figurent les notes de l'élève : notes de contrôle continu en classe de première et en classe de terminale, notes des épreuves anticipées du bac en français. Des critères extrascolaires peuvent être pris en compte : un engagement dans une association ou dans un club de sport. La lettre de motivation est également un élément de sélection.
Chaque formation a sa formule de classement, son algorithme, en fonction de l'importance donnée à tel ou tel critère. Ces critères correspondent plus ou moins aux « attendus » précisés dans les descriptifs des formations et que les candidats ont consultés avant de faire leurs vœux.
Par exemple, une formation dans le domaine du sport prendra comme critères les notes en EPS, en sciences mais aussi les activités sportives du jeune. Mais ces algorithmes locaux manquent encore de transparence et des questions restent en suspens.

Sonia Princet, www.franceinter.fr, 3 avril 2019.

5 Se préparer au bac — Repérer les enjeux du développement de la *blockchain*

1. Précisez pourquoi l'organisation Ubisoft s'intéresse à la technologie *blockchain*.
2. Repérez les apports de cette technologie pour l'organisation Ubisoft.

DOC. 1 Ubisoft fait le pari de la *blockchain*

C'est une piste qu'Ubisoft explore dans le plus grand des secrets. Depuis plusieurs mois, l'éditeur de jeux vidéo dispose d'une équipe dédiée qui travaille sur les applications potentielles de la blockchain dans le gaming. Et selon nos informations, le groupe en a identifié une, qu'il serait prêt à mettre en pratique. L'idée est de donner une existence numérique sur la *blockchain* aux « items » (accessoires) disponibles dans les jeux vidéo ; des contenus que les éditeurs monétisent et qui constituent une manne de plus en plus colossale pour les acteurs du secteur.

Ubisoft envisagerait de travailler sur la *blockchain* Ethereum, qui permet d'opérer ce genre d'opération. « *Les travaux sont à un stade avancé* », explique un bon connaisseur du dossier.

Le déclic d'Ubisoft s'est produit avec le succès foudroyant de *Fortnite*. En 2018, ce titre a généré plus de 2 milliards de dollars de revenus. Ce succès a bousculé les poids lourds de l'industrie qui tentent de trouver la parade.

« *Ubisoft n'est pas celui qui souffre le plus du succès de Fortnite. C'est un jeu qui touche un public plus jeune qui n'est pas vraiment celui du groupe* », rappelle Charles-Louis Planade, analyste financier jeu vidéo chez Midcap Partners. « Après, il s'agit d'un immense marché qui lui échappe. » Le modèle économique de Fortnite est le suivant : le jeu est gratuit, mais les joueurs peuvent acheter des contenus virtuels pour équiper leur personnage. Près de la moitié de son parc de quelque 250 millions de joueurs en a déjà acheté.

Avec la *blockchain*, Ubisoft pourrait emprunter la même voie, mais en permettant, en plus, aux joueurs de garder la propriété numérique de leurs accessoires. « *Quand vous achetez un costume sur Fortnite, votre investissement est perdu, l'accessoire est enfermé dans le jeu* », *explique un spécialiste du secteur.* « *Si on utilise la blockchain, on donne une existence physique à un élément numérique* », ajoute-t-il. Résultat, les joueurs deviennent propriétaires des accessoires.

« *C'est le type d'initiative qui permettrait d'augmenter l'engagement des joueurs* », souligne Charles-Louis Planade.

Raphaël Bloch et Nicolas Richaud, www.lesechos.fr, 11 juin 2019.

DOC. 2 Ubisoft cherche des partenaires pour développer la *blockchain*

La *blockchain* offre de nouvelles façons d'explorer les relations entre les joueurs, les interactions *in-game*, l'acquisition et les échanges de biens virtuels, la sécurité des transactions ainsi que toutes les opportunités ouvertes par l'arrivée des cryptomonnaies.

Ubisoft est à la recherche de start-up à la pointe de l'innovation reconnues ayant une maîtrise démontrée de la technologie blockchain et une vision claire de l'apport qu'aura cette technologie sur le monde du divertissement.

Ubisoft travaillera avec chaque start-up afin d'élaborer un programme d'accompagnement sur mesure qui répondra à ses besoins. Tous les participants disposeront d'un emplacement dédié au cœur de l'espace Ubisoft à Station F et profiteront de cet écosystème stimulant composé d'entrepreneurs, d'experts et de fonds d'investissement. Les candidatures sont ouvertes aux start-up du monde entier.

www.ubisoft.com

Synthèse

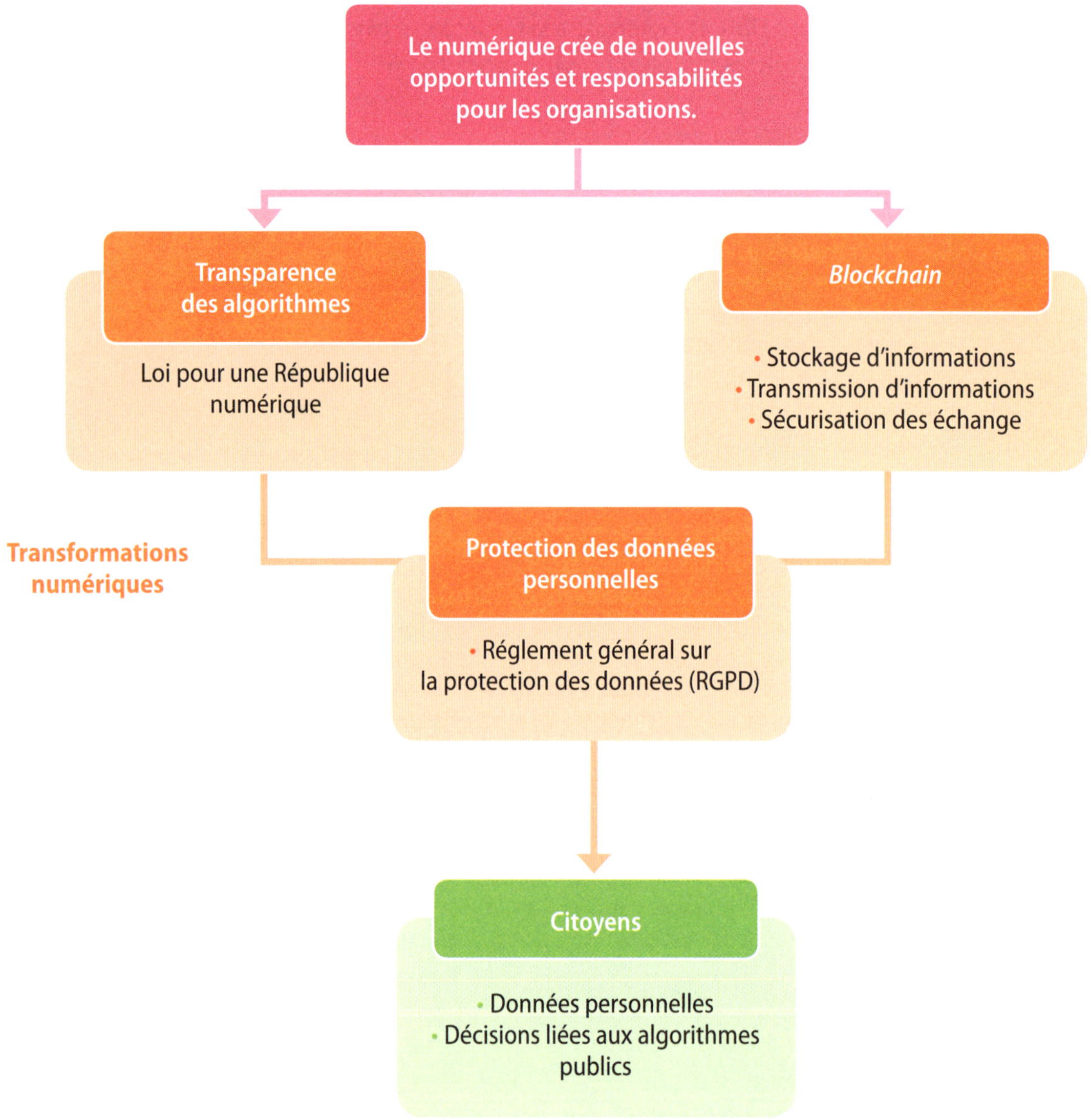

Lexique

- **Algorithme :** ensemble d'opérations devant être suivies dans l'ordre pour résoudre un problème.
- **Chaîne de blocs (*blockchain*) :** technologie de stockage et de transmission d'informations, transparente et sécurisée, fonctionnant sans intermédiaire ni organe de contrôle.
- **Données personnelles :** informations permettant d'identifier une personne (adresse IP, localisation, nom, prénom, numéro de téléphone, âge, sexe, numéro de Sécurité sociale, empreinte digitale, plaque d'immatriculation…).
- **RGPD :** le règlement général sur la protection des données du 25 mai 2018 est un règlement européen qui renforce l'encadrement des pratiques en matière de collecte et d'utilisation des données à caractère personnel des utilisateurs.
- **Transparence :** fait de transmettre des informations et de rendre compte d'une activité dans l'objectif d'établir une relation de confiance.

Quelles sont les relations des organisations avec leur écosystème ?

16

Capacité

- Distinguer les diverses relations existant entre une organisation et son écosystème

Avant la classe

Vidéo : « Toulouse : embarquement immédiat pour "Airbus Ville" »
liennathan.fr/9mzlr2

▸ **Pourquoi peut-on qualifier le site Airbus de « ville » ?**

Situation

Installé depuis 1970, le constructeur aéronautique Airbus compte près de 30 000 salariés sur l'agglomération toulousaine, où sont implantés son siège social, ses bureaux d'études et plusieurs sites d'assemblage.
Airbus est un leader mondial de l'aéronautique, de l'espace et des services associés. En 2018, le groupe européen a réalisé un chiffre d'affaires de 64 milliards d'euros, avec un effectif d'environ 134 000 personnes. Airbus propose la famille d'avions de ligne la plus complète. Par ailleurs, l'entreprise est également un leader de l'industrie spatiale. Enfin, dans le domaine des hélicoptères, Airbus propose les solutions civiles et militaires les plus performantes au monde.
Dans la région de Toulouse, l'aéronautique et le spatial, c'est du sérieux : 98 000 emplois salariés sont répartis chez les équipementiers et les sous-traitants de la filière. Et depuis quelques années, la région a vu émerger de nouvelles expertises, comme la robotique et l'intelligence artificielle, qui sont des relais de croissance pour construire les transports du futur.
Toulouse est aujourd'hui un écosystème technologique et scientifique résolument tourné vers l'avenir.

1 Repérer l'influence du territoire dans la stratégie d'implantation des organisations

1 Toulouse et sa région, une terre d'envol pour l'aviation

L'ingénieur Clément Ader, né à Muret, écrit le premier épisode de l'histoire mondiale de l'aviation en faisant décoller le 9 octobre 1890 un étrange monomoteur à hélice, inspiré par le vol des chauves-souris. [...] D'autres pionniers vont enrichir la relation de Toulouse et sa région avec l'aéronautique [...]. La fusion de Sud-Aviation et Nord-Aviation donne naissance en 1970 à l'Aérospatiale, premier constructeur aéronautique généraliste européen et ancêtre d'Airbus. L'écosystème régional profite aussi de l'implantation des écoles d'ingénieurs aéronautiques à Toulouse dans les années 1960 et s'ouvre à l'espace avec l'arrivée en 1968 à Toulouse du Centre national d'études spatiales (CNES). Aujourd'hui, le secteur aéronautique et le spatial constituent la première industrie d'Occitanie/Pyrénées-Méditerranée avec plus de 1 000 fournisseurs, sous-traitants, bureaux d'études ou sociétés de services et 98 000 emplois. [...] La région est aussi le premier pôle français d'enseignement supérieur et recherche en aéronautique, les trois quarts des ingénieurs français y sont formés.

« Toulouse et l'Occitanie, terres d'envol de l'aéronautique et du spatial », www.laregion.fr, 26 février 2019.

DOC. 2 Airbus, un pôle aéronautique européen à Toulouse

L'organisation d'Airbus repose sur une seule chaîne de montage située à Toulouse. Ce choix d'implantation a été décidé dès les années 1970 par un ingénieur allemand, Félix Kracht, en raison du climat plus favorable en France aux essais en vol.

Pour assurer la commercialisation de l'Airbus, la construction d'un avion est répartie de la façon suivante :

- le caisson central, le tronçon avant et le cockpit sont fabriqués en France ;
- les ailes en Angleterre, spécialiste des voilures ;
- la partie arrière du fuselage, les gouvernes et la partie supérieure du caisson central en Allemagne.

Tous les éléments convergent ensuite vers Toulouse pour leur assemblage final.

DOC. 3 Toulouse, le choix d'Airbus pour son siège mondial

C'est une implantation de prestige pour Toulouse et un geste politique fort. [...] Le campus d'Airbus Group [...] accueillera 1 500 personnes, dont 300 cadres dirigeants dans le siège social proprement dit, [et] chapeautera les trois divisions avions, hélicoptères, espace et défense. « Un groupe et un siège social sur un même site, cela devient enfin une réalité, a déclaré Tom Enders. Toulouse accueille notre plus important complexe industriel et le management d'Airbus en charge des avions commerciaux, c'est donc le site idéal. » Le groupe emploie 30 000 salariés dans l'agglomération toulousaine.

Les collectivités locales aménageront une route et un rond-point pour améliorer les accès aujourd'hui saturés. Le tramway sera également prolongé jusqu'à l'aéroport et au parc aéronautique.

Laurent Marcaillou, « Airbus Group se pose à Toulouse », Les Echos, 27 janvier 2014.

DOC. 4 Stratégie d'implantation

Pour une organisation, la décision de s'installer sur un territoire est fonction des ressources qu'il est en mesure de lui fournir : ressources humaines ou financières, services publics, organismes de formation, infrastructures de transport…

Situation Berceau de l'aviation avec Clément Ader, Pierre-Georges Latécoère ou l'Aéropostale, Toulouse et la région Occitanie/Pyrénées-Méditerranée sont devenues aujourd'hui le principal pôle européen de l'aéronautique. Ainsi, le Concorde et l'A380 ont réussi leurs premiers vols au-dessus de Toulouse. La ville accueille aussi de grandes écoles d'ingénieurs aéronautiques et le Centre national d'études spatiales chargé d'élaborer et de mettre en œuvre le programme spatial français.

1 Montrez que l'histoire de la région de Toulouse est liée au domaine de l'aéronautique et de l'espace.
Doc. 1

....

....

....

2 Relevez les différentes ressources procurées par la région de Toulouse à l'entreprise Airbus. Docs 1 et 2

....

....

....

Situation Le siège social mondial d'Airbus Group a été inauguré en 2016 à Blagnac. Auparavant, le siège du groupe aéronautique était partagé entre Ottobrunn près de Munich en Allemagne et Paris. Mais pour le président d'Airbus Group, « le cœur battant d'Airbus Group est à Toulouse ». C'est donc au cœur de la zone aéroportuaire de Blagnac, face aux usines qui assemblent les appareils, que se dresse le campus d'Airbus Group réservé aux employés du siège et au top management du groupe aéronautique.

3 Pourquoi le groupe Airbus a-t-il implanté son siège social à Blagnac ? Docs 3 et 4

....

....

....

4 Quels moyens sont apportés par la région de Toulouse ? Docs 3 et 4

....

....

....

5 Montrez qu'un territoire peut avoir une influence dans la stratégie d'implantation d'une organisation.

....

....

....

Faites le point ! STMG_Management_Term_ch16_point_partie1.pdf

2 Repérer l'influence des organisations sur leur écosystème

DOC. 5 Aéroscopia, un lieu culturel dédié à l'aéronautique

On y découvre – grâce, notamment, à des maquettes et écrans tactiles – les procédés de construction des avions, leurs équipements et outillages, leurs prouesses, mais aussi leurs échecs [...]. Le but d'Aéroscopia ? Mettre à l'honneur cette grande aventure qu'est l'aéronautique, savant mélange de science, de technique et d'humanité. Tout en suscitant, chez les plus jeunes, des vocations futures. La découverte de l'aéronautique est d'ailleurs vivement plébiscitée par le grand public. Chaque année, pas moins de 150 000 visiteurs viennent découvrir les sites industriels d'Airbus et la chaîne d'assemblage de l'A380.

« Aéroscopia à Toulouse-Blagnac », www.france.fr, 24 décembre 2014.

DOC. 6 Un métro sur mesure pour Airbus Espace & Défense

C'est de loin le projet le plus important de l'agglomération. La troisième ligne de métro mesurera 28 kilomètres, soit autant que les deux lignes [...] actuelles ! Avec 21 stations et un trajet à 40 % aérien, son coût est évalué à 2,13 milliards d'euros et même 2,24 milliards en raccordant l'aéroport. En outre, ce sera la première ligne de métro toulousaine à desservir des zones industrielles. Elle reliera les usines d'Airbus à l'ouest au constructeur de satellites Airbus Defence and Space à Montaudran et la zone de Labège Innopole au sud-est, soit la moitié des emplois de l'agglomération (200 000). D'où son nom : Toulouse Aerospace Express (TAE).

Laurent Marcaillou, « Toulouse offre un métro sur mesure au pôle aéronautique d'Airbus », Les Echos 19 octobre 2016.

DOC. 7 Un écosystème Airbus à Toulouse

Le succès d'Airbus se traduit en retombées économiques pour toute la région. [...] Depuis les années 1960, l'emploi ne cesse de progresser à Blagnac et Toulouse, notamment grâce aux implantations successives des bureaux d'études et des sous-traitants d'Airbus [...]. D'autres projets sont en cours : la création d'un espace de convention, le centre d'affaires d'Airbus ou encore le nouveau centre de livraison des Airbus, le « Delivery Center ».

Wassinia Zirar, « Villes-entreprises : Toulouse et Airbus, un mariage qui dure au cœur de la ville rose », www.usinenouvelle.com, 24 juillet 2014.

Sur la zone d'emploi de Toulouse, nous avons identifié [...] 2 624 créations nettes d'emplois par le groupe Airbus, de 2009 à 2017 [dont] 1 973 [...] par des sociétés liées à Airbus [...] :

– des sous-traitants [exclusifs] d'Airbus [...] ;
– des sociétés mentionnant Airbus comme un client parmi d'autres (des SSII par exemple) ;
– des start-up se développant au sein d'un incubateur financé par Airbus, [...] sans forcément de lien direct avec l'aéronautique ;
– une crèche qui revendique d'accueillir 30 % d'enfants de salariés d'Airbus ;
– des sociétés liées à l'aéronautique créées par des anciens d'Airbus ;
– un laboratoire de R&D universitaire dont Airbus est le premier financeur

Note de David Cousquer, « Les écosystèmes industriels en milieu métropolitain », www.trendeo.net, 14 juin 2017.

DOC. 8 L'écosystème d'affaires

Un **écosystème d'affaires** regroupe un ensemble d'acteurs issus de différents domaines d'activités (entreprises, administrations, associations, individus...) qui interagissent à travers différentes relations (coopération, compétition...) sur un territoire commun.

Situation

Dédié à l'histoire de l'aéronautique, Aéroscopia a ouvert en 2015 à Blagnac. Rien de plus logique, la région de Toulouse a vu naître l'aviation, faisant de l'agglomération toulousaine et de Blagnac la première plateforme aéronautique d'Europe. Les curieux ou les passionnés pourront y découvrir l'A300B, le Concorde ou encore le Caravelle (premier avion civil à réaction, créé à la fin des années 1950). En 2019, la collection s'est enrichie d'un A380 grâce à Airbus. Le musée permet de renforcer l'attractivité du territoire dans un domaine qui constitue un de ses marqueurs : la culture scientifique.

6 Repérez l'impact culturel de l'activité d'Airbus sur le territoire de Toulouse. Doc. 5

.....

.....

7 Expliquez les relations entre le groupe Airbus et le musée Aéroscopia. Doc. 5

.....

Situation

Airbus, l'empire de l'aéronautique, et Toulouse ont une histoire commune et continuent de grandir ensemble. À l'international, la présence du groupe Airbus fait le prestige de l'agglomération toulousaine. Sur le territoire de Toulouse, Airbus emploie plus de 25 000 personnes et en fait travailler autant chez ses fournisseurs, sous-traitants, sociétés de service...

8 Pourquoi l'agglomération de Toulouse a-t-elle décidé de construire la nouvelle ligne de métro Toulouse Aerospace Express ? Docs 6 et 7

.....

.....

9 Repérez l'impact de cette infrastructure sur le territoire toulousain. Docs 6 et 7

.....

.....

10 Identifiez les effets économiques de la présence d'Airbus sur ce territoire. Docs 6 et 7

.....

.....

11 Présentez les différents acteurs de l'écosystème Airbus à Toulouse. Docs 6, 7 et 8

.....

.....

12 Montrez que le groupe Airbus participe au développement de cet écosystème. Docs 6, 7 et 8

.....

.....

Faites le point !

STMG_Management_Term_ch16_point_partie2.pdf

3 Identifier les réseaux d'acteurs créés par les organisations

DOC. 9 La grappe d'entreprises ou le *cluster*

Un *cluster* est « un groupe d'entreprises et d'institutions partageant un même domaine de compétences, proches géographiquement, reliées entre elles et complémentaires » (Michael Porter, 1999).
Constituées et dirigées principalement par des TPE/PME, les grappes d'entreprises (ou *cluster*) ont un fort ancrage territorial et associent, selon les contextes, des grandes entreprises et des acteurs de la formation, de la recherche et de l'innovation. Elles apportent des services concrets aux entreprises, en particulier pour les aider à asseoir leur stratégie sur leurs marchés et à améliorer leur compétitivité. Elles favorisent les coopérations avec les autres acteurs publics et privés.

« Grappes d'entreprises », www.data.gouv.fr, 8 juillet 2013.

DOC. 10 Trois PME adhérentes du *cluster* entrent en partenariat avec Airbus

DigitalPlace
IT CLUSTER FOR WORLD TRANSFORMATION

L'avionneur [...] a confié à trois PME toulousaines (Insiteo, Ubleam et Genigraph) la conduite d'un projet innovant dans le domaine de la mobilité. Nom de code: Wimmz (*Where is my meanz*). Le consortium, qui associe l'Institut de recherche en informatique de Toulouse (Irit), l'unité mixte de recherche CNRS-INPT (Institut national polytechnique de Toulouse), a été mis sur pied dans le cadre du cluster régional DigitalPlace.
Objectif: développer un service mobile capable d'identifier, de géolocaliser (aussi bien en intérieur qu'en extérieur) et de gérer les équipements de production des avions.

« Airbus confie à trois PME un projet de mobilité », www.e-citiz.com.

Devant le besoin formulé par l'avionneur, DigitalPlace a su identifier les acteurs innovants à même de répondre à la problématique, et créer une dynamique d'échanges. [...] « Pour Airbus, DigitalPlace est une plateforme unique permettant un échange multilatéral de qualité avec le monde des TIC en Midi-Pyrénées, en particulier les PME. [...] ».

Thierry Pardessus, vice-président Airbus Innovation Cell
« DigitalPlace : un consortium de PME entre en partenariat avec Airbus », www.e-citiz.com.

DOC. 11 L'écosystème d'innovation mondial d'Airbus

C'est à Shenzhen, ville située dans le sud de la Chine et considérée par beaucoup comme la Silicon Valley du pays, qu'Airbus a choisi d'implanter son pôle d'innovation ACIC : Airbus China Innovation Centre. Airbus a également signé un accord-cadre de coopération avec Invest Shenzhen pour établir un partenariat stratégique à long terme en vue d'accélérer l'innovation et de façonner l'avenir de l'aviation. Le centre aura pour finalité d'accélérer la recherche et le développement (R&D), l'application et l'industrialisation de l'expérience en vol, la connectivité, le déploiement des nouvelles énergies et la mobilité aérienne urbaine des aéronefs sans pilote. [...] Le nouveau pôle permettra de renforcer l'écosystème d'innovation mondial étendu d'Airbus, qui comprend déjà un pôle d'innovation aux USA dans la Silicon Valley.

« Le pôle d'innovation Airbus en Chine s'établit à Shenzhen », actu-aero.fr, 17 novembre 2017.

DOC. 12 L'écosystème d'innovation

Un **écosystème d'innovation** désigne « un ensemble d'acteurs (organisations, entreprises, *start-up*, universités, investisseurs, personnes ressources) qui interagissent en faveur de l'innovation. »

« Le mot de la semaine : "Écosystème de l'innovation" », www.bpifrance.fr, 9 octobre 2017.

Situation Au cœur de l'écosystème numérique de la région Occitanie, le *cluster* DigitalPlace (rebaptisé Digital 113 en 2019) fédère près de 400 TPE et PME du numérique pour favoriser leur développement. L'association qui les regroupe dispose d'un budget de 1,1 million d'euros et de 11 salariés permanents. Elle apporte aux adhérents une aide pour répondre à des projets, accéder à des espaces de co-working, recruter... et organise des événements permettant les rencontres entre adhérents et avec des clients potentiels. Grâce à ce *cluster*, Airbus a pu mettre en place un outil de localisation de ses équipements partagés (nacelle, tracteur pour avion...) et faciliter le travail de ses opérateurs.

13 Précisez le rôle du *cluster* Digital 113 pour ses adhérents et pour son territoire. Docs 9 et 10

....

....

14 Expliquez l'intérêt pour Airbus d'être en relation avec ce *cluster*. Docs 9 et 10

....

....

15 Avec quels autres acteurs Airbus a-t-il coopéré pour mener à bien le projet Wimmz ? Docs 9 et 10

....

....

Situation Pour accroître son activité, le groupe Airbus doit poursuivre et accélérer la recherche et le développement aéronautique. Pour cela, le constructeur s'est construit un écosystème d'innovation étendu, avec notamment un accélérateur de start-up en France, en Allemagne et en Inde, un centre d'innovation dans la Silicon Valley et un pôle d'innovation en Chine.

16 Quelle relation le groupe Airbus a-t-il noué avec la Chine ? Doc. 11

....

....

17 Quel objectif stratégique le groupe Airbus poursuit-il avec ce nouvel accord ? Doc. 11

....

....

18 Montrez que l'écosystème d'innovation d'Airbus s'étend au-delà de son territoire d'implantation. Docs 11 et 12

....

....

Faites le point ! STMG_Management_Term_ch16_point_partie3.pdf

Applications

1 Testez vos connaissances

Indiquez la ou les bonnes réponses aux propositions suivantes.

1. La stratégie d'implantation d'une organisation est :
   - ☐ influencée par les ressources procurées par le territoire.
   - ☐ indépendante des ressources procurées par le territoire.
2. Les organisations implantées sur un territoire :
   - ☐ ne produisent aucun effet sur ce territoire.
   - ☐ produisent de multiples effets sur ce territoire.
3. Un écosystème d'affaires inclut :
   - ☐ un ensemble d'entreprises en relation.
   - ☐ un ensemble d'acteurs de différentes natures en relation.
   - ☐ un ensemble d'associations en relation.
4. Un *cluster* est composé d'un réseau :
   - ☐ d'entreprises et d'institutions de différents domaines d'activité.
   - ☐ d'entreprises éloignées géographiquement.
   - ☐ d'entreprises et d'institutions d'un même domaine d'activité et proches géographiquement.

2 Étudier une grappe d'entreprises (ou *cluster*)

En travail individuel ou par groupe, vous devez réaliser une étude sur une grappe d'entreprises (*cluster*) située dans votre région.

1. Connectez-vous sur le site : france-clusters.clusterz.fr/annuaire.
2. Dans l'annuaire proposé par le site « France Clusters », sélectionnez une grappe d'entreprises de votre choix à l'aide de la géolocalisation ou des critères proposés : filière d'activité, zone d'action géographique, type d'acteurs…
3. Consultez le site Internet de la grappe d'entreprises retenue et synthétisez les informations trouvées en précisant le rôle de ce *cluster*.
4. À l'aide de l'outil Padlet (fr.padlet.com), créez un mur virtuel (construit en étagères) afin de présenter la grappe d'entreprises retenue ainsi que les sources utilisées. Illustrez votre mur à l'aide de photos et de vidéos.

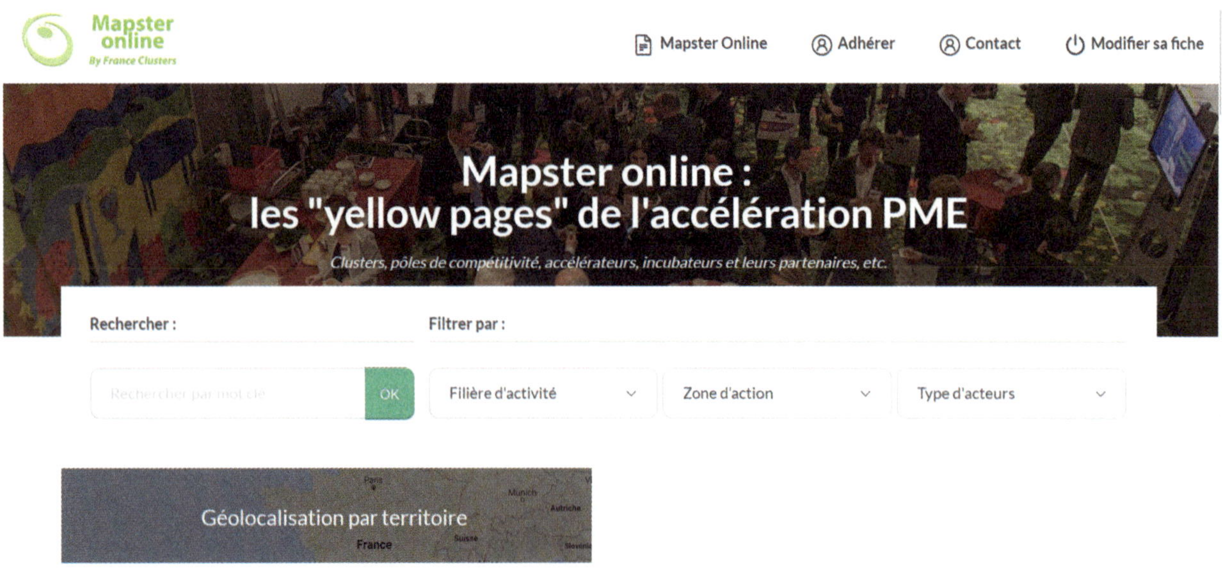

3 Repérer l'influence des pouvoirs publics sur un territoire

1. Repérez pourquoi l'accès au numérique est une ressource stratégique pour les entreprises.
2. Montrez que les pouvoirs publics jouent un rôle déterminant dans l'attractivité de l'Eure-et-Loir.

DOC. 1 La fibre, une condition indispensable pour le développement

Spécialisés dans la conception et la fabrication de portails et clôtures, les établissements Roy sont installés depuis 1966 à Saint-Piat, près de Maintenon. L'entreprise emploie une centaine de salariés. Roy a franchi, en avril 2016, une nouvelle étape décisive dans sa longue histoire, avec le raccordement à la fibre optique, comme le souligne Jérôme Foucault, directeur général [...]. « L'objectif était que tous nos services travaillent dans les meilleures conditions. Avec Eure-et-Loir Numérique, [...] nous sommes passés de 2 à 100 méga. [...] L'arrivée de la fibre tombe au bon moment pour développer nos systèmes d'information, comme la gestion commerciale ou les outils de relation client sur le web. » [...] La puissance de la fibre entraîne des évolutions concrètes dans le travail des équipes selon Joffrey Roussel, directeur général adjoint : « Notre service informatique doit régulièrement télécharger des fichiers de mise à jour. Avant la fibre, le salarié téléchargeait tout de chez lui, sur une clé USB, car le débit de son domicile était plus rapide que celui de l'entreprise. Aujourd'hui, ces mises à jour sont instantanées. » Les établissements Roy entendent profiter du très haut débit pour mettre en place des projets. « Nous pensons lancer [...] un configurateur 3D. À partir d'une application web, les clients choisissent et configurent un produit. Ces informations atterrissent dans notre système, pour élaborer un plan à destination de nos machines de découpe, par exemple. [...] Sans le web, rien ne serait possible », détaille Jérôme Foucault. [...] « La capacité à échanger des données rapidement est essentielle pour des PME comme la nôtre, bien ancrées sur le territoire ».

« Le très haut débit en Eure-et-Loir », lechorepublicain.fr.

DOC. 2 La stratégie numérique de l'Eure-et-Loir

« En 2010, nous avons constaté que 26 % seulement de la population d'Eure-et-Loir serait couverte à terme en très haut débit par des opérateurs privés, contre 75 % en Île-de-France », raconte Jacques Lemare, président du Syndicat mixte ouvert Eure-et-Loir Numérique, et vice-président du conseil départemental. L'Eure-et-Loir comprend 391 communes, dont plus de 300 sont des villages de moins de 1 000 habitants... Une densité de population faible qui n'attire guère les opérateurs à la recherche de rentabilité. Un schéma directeur territorial d'aménagement numérique (SDTAN), dont la priorité est le déploiement du THD [très haut débit], est alors adopté. [...] « Il en allait de la compétitivité économique du département, affirme Jacques Lemare. Les risques de désertification des secteurs sans connexion très haut débit étaient très forts à terme. [...] Pour mettre en œuvre ce schéma directeur, le syndicat, associant le conseil départemental, les Établissements publics de coopération intercommunale (EPCI) et le conseil régional du Centre, voit le jour en octobre 2012. Sa mission est d'apporter à l'horizon 2020, à l'ensemble des 430 000 Euréliens, le très haut débit [...]. L'investissement global est, aujourd'hui, chiffré à 145 millions d'euros.

Patricia Dreidemy, « L'Eure-et-Loir décline sa stratégie numérique », www.alliancy.fr, 9 janvier 2017.

DOC. 3 Séduire les entreprises

« Aujourd'hui, beaucoup de sociétés ne peuvent se passer de la fibre optique. L'arrivée de ces infrastructures dans le département peut convaincre des entreprises ou commerçants de ne pas partir de zones à tendance rurale, premièrement, et aussi en attirer d'autres », estime Benoit Dey, directeur du SMO (Syndicat mixte ouvert) Eure-et-Loir Numérique.

Magazine Eurélien, Dossier « Euréliens, tous connectés ! », www.eurelien.fr, février 2016.

4 Analyser la stratégie de délocalisation de Latécoère

★★

1. Présentez la stratégie d'implantation de l'équipementier aéronautique Latécoère et ses conséquences.
2. Expliquez l'objectif stratégique poursuivi par Latécoère avec ses nouvelles implantations. À quelle contrainte de son environnement répondent-elles ? Quelle autre décision poursuit le même objectif ?

DOC. 1 Les sous-traitants d'Airbus délocalisent leur activité

Bulgarie, République tchèque, Tunisie, Maroc, Mexique… Près des deux tiers des salariés de Latécoère, société dont le siège social est à Toulouse […], travaillent à l'étranger ! En 2017, l'équipementier aéronautique employait 4 451 salariés dans dix pays : 2 884 à l'étranger et 1 567 en France… Par rapport à 2015, l'entreprise compte 421 salariés de plus à l'étranger et 127 de moins dans l'Hexagone. « Depuis 2010, on observe une accélération des délocalisations. […] Les carnets de commandes sont toujours remplis, alors l'emploi du secteur continue de progresser dans la région [+ 2,6 % de créations d'emplois en 2016 par rapport à 2015], mais ce sont les pays du Maghreb et d'Europe de l'Est qui profitent le plus de cette dynamique », remarque un expert d'un cabinet de conseil de la ville rose.

Rozenn Le Saint, « Quand la production aéronautique échappe au Sud-Ouest », www.mediacites.fr, 11 septembre 2018.

DOC. 2 Une délocalisation forcée

Les délocalisations s'accentuent dans l'aéronautique pour baisser les coûts ou apporter des compensations aux pays acheteurs d'avions. Sous la pression des avionneurs, sous-traitants et équipementiers renforcent leur implantation dans les pays à bas coût. En trois ans, Latécoère a ouvert des usines au Maroc, en Bulgarie et en Inde, Figeac Aero au Maroc, au Mexique et bientôt en Chine, Nexteam Group et Le Piston Français au Maroc, etc. « La compétitivité de la supply chain est un gros sujet car les entreprises ne sont pas capables de tenir les baisses de prix demandées par les avionneurs, qui diminuent les prix des avions », reconnaît Christophe Cador, président du comité Aéro-PME du Groupement des industries françaises aéronautiques et spatiales (Gifas). « La réponse à l'amélioration du coût ne peut pas être que délocaliser », prévient-il toutefois. Ainsi, au Salon du Bourget en juin, le Gifas signera le plan Usine du futur avec l'État et les régions pour développer la compétitivité et la numérisation de 300 PME et ETI entre 2019 et 2022.

Laurent Marcaillou, « La sous-traitance aéronautique forcée de se délocaliser », Les Echos, 14 mars 2019.

DOC. 3 Automatiser pour ne pas délocaliser

Après avoir doublé en dix ans – Boeing et Airbus ont livré 1 606 avions en 2018 –, la construction aéronautique se structure comme l'industrie automobile. Les sous-traitants doivent automatiser leur fabrication pour rester compétitifs. Ainsi, Latécoère a investi 37 millions d'euros dans son « usine 4.0 » ouverte l'an dernier à Toulouse, où les machines d'usinage automatisées et les robots ont permis de limiter l'effectif à 100 personnes. Mais Latécoère continue de « délocaliser ce qui n'est pas automatisable », a affirmé sa PDG, Yannick Assouad. Après avoir supprimé des emplois en France, il s'est implanté au Maroc en 2016, en Bulgarie pour les portes d'avions en 2018 et, enfin, en Inde pour le câblage. Désormais, les deux tiers de ses 4 450 salariés sont à l'étranger. Selon l'Insee, un tiers de la sous-traitance aéronautique d'Occitanie et de Nouvelle-Aquitaine était produit dans les pays à bas coût en 2016. Le mouvement se poursuit : l'équipementier Safran construira cette année une usine de pièces de moteurs en Inde, après l'achat d'avions Rafale de Dassault par ce pays.

Laurent Marcaillou, « La sous-traitance aéronautique forcée de se délocaliser », Les Echos, 14 mars 2019.

5 Se préparer au bac — Identifier un écosystème d'innovation

1. Présentez l'écosystème d'innovation créé par l'organisation Michelin : quel est son objectif ? quels acteurs met-il en relation dans cet objectif ? Comment ?
2. Repérez l'influence de l'organisation Michelin sur cet écosystème d'innovation.

DOC. 1 Le Movin'On Lab de Michelin : répondre aux défis de la mobilité de demain

Créé il y a quatre ans par le groupe Michelin, le Movin'On Lab Michelin est un groupe de réflexion dont le travail consiste à promouvoir la mobilité de demain pour une meilleure qualité de vie. Cet écosystème innovant repose sur la collaboration de plus de 300 organisations (entreprises, start-up, collectivités ou experts) qui s'intéressent aux sujets sociétaux afin de répondre aux défis qui entourent la mobilité du futur. Acteurs qui tentent de trouver des pistes de solutions et de co-innovation pour réduire la congestion des villes, lutter contre le réchauffement climatique et la pollution de l'air.

Le Movin'On Lab est un Think and Do Tank collaboratif et innovant dont le travail consiste à promouvoir une mobilité durable pour une meilleure qualité de vie. Rejoignez le Lab afin de débattre librement des enjeux de mobilité durable, partager votre expertise, bénéficier d'une veille technologique approfondie, échanger avec des experts engagés et les parties prenantes influentes du secteur de la mobilité (200 organisations engagées au cours des deux dernières années) à travers le monde, et ce, au sein de nos communautés d'intérêt.

movinon-lab.michelin.com

Vidéo : « Le rôle du Movin'On Lab face aux enjeux de la mobilité de demain »
liennathan.fr/3ee7r0

DOC. 2 Le sommet annuel Movin'On pour la mobilité durable

Montréal, 7 juin 2019 – [...] Ces trois jours fructueux ont rassemblé plus de 5 000 visionnaires de 44 pays [...] à Montréal, au Canada. Créé et inspiré par Michelin, cet événement est porté par le Fonds de dotation Movin'On [...]. Sous le thème Solutions pour un écosystème multimodal, un environnement de leaders des mondes académiques, politiques, des villes et des entreprises ont exploré de nouvelles solutions concrètes pour faire face aux défis mondiaux du futur de la mobilité. Avec plus de 150 partenaires présents, le « Movin'On Summit » a renforcé son rôle de catalyseur et mobilisateur de la mobilité durable.

Communiqué de presse Movin'On, summit.movinonconnect.com.

Avec un écosystème réunissant plus de 5 000 leaders du monde académique, politique, municipal et des affaires, le Sommet Movin'On vise à identifier et mettre en place des solutions concrètes pour répondre aux grands défis de la mobilité. Les participants [...] ont accès à :
– 5 zones thématiques [...] présentent ce que sera la mobilité de demain [les technologies] ;
– 40 entreprises en démarrage mises en vedette ;
– 45 sessions de travail avec plus de 245 experts et leaders [...] ;
– des « Labs », voués à l'idéation expérimentale, les participants sont invités à sortir de leur zone de confort ;
– des rencontres ciblées de remue-méninges [...] ;
– 600 essais routiers de véhicules durables.

« Le Sommet Movin'On sur la mobilité durable de retour à Montréal », www.transportroutier.ca, 7 mai 2019.

Synthèse

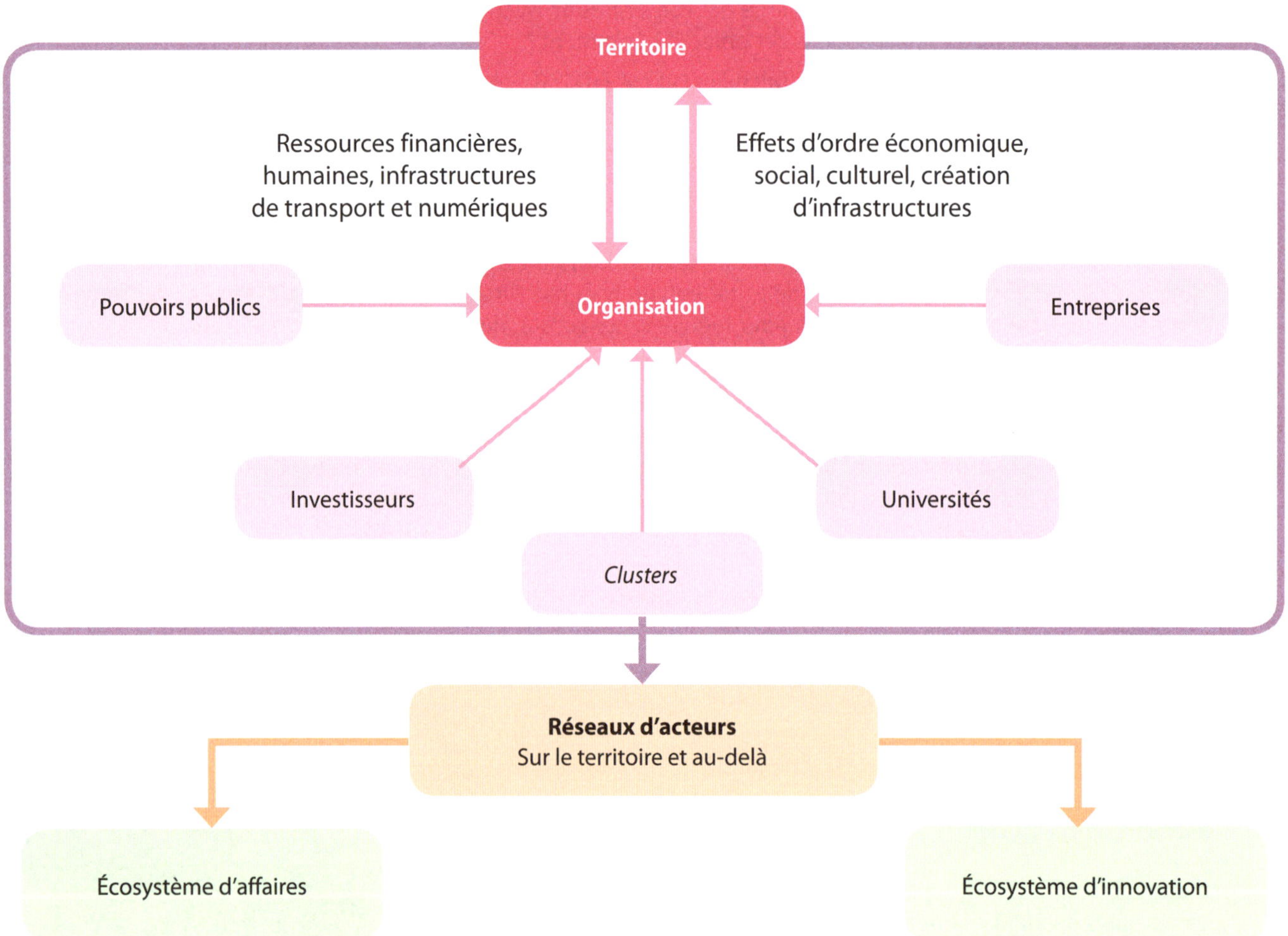

Lexique

- **Grappe d'entreprises (*cluster*) :** réseau d'entreprises et d'institutions (universités, centres de recherche, organisations professionnelles…) d'un même domaine d'activité ancrées sur un même territoire qui établissent des relations de différentes natures (coopération, partenariat…).
- **Écosystème d'affaires :** ensemble d'acteurs de différentes natures (entreprises, administrations, associations, individus…) issus de différents domaines d'activités qui interagissent à travers différentes relations sur un territoire commun.
- **Écosystème d'innovation :** ensemble d'acteurs (organisations, entreprises, start-up, universités, investisseurs, personnes ressources…) qui interagissent en faveur de l'innovation.
- **Réseau d'acteurs :** ensemble d'acteurs qui entretiennent des relations afin d'accomplir des actions dans un intérêt commun qu'il serait difficile à réaliser de façon individuelle.
- **Relation de partenariat :** association entre deux ou plusieurs organisations qui décident de coopérer en vue de réaliser un objectif commun.
- **Stratégie d'implantation :** décision prise par une organisation de s'installer sur un territoire en fonction des ressources locales qu'il lui offre.
- **Territoire :** espace géographique limité sur lequel interagissent différents acteurs économiques.

BlaBlaCar

BlaBlaCar est une entreprise française, aujourd'hui présente dans 22 pays. Elle est devenue le leader mondial du covoiturage et réunit un peu plus de 87 millions de membres actifs.

Créée en 2004 sous le nom de Covoiturage.fr, BlaBlaCar met en relation des conducteurs et des passagers qui souhaitent partager leur trajet et leurs frais de déplacement.

Les conducteurs indiquent le nombre de places disponibles dans leur véhicule et les passagers n'ont plus qu'à réserver leur trajet sur le site ou l'application mobile.

Cette mise en relation a été pendant longtemps gratuite. Depuis 2011, BlaBlaCar prélève des frais de prestation qui permettent de faire fonctionner le service, de garantir la présence d'une équipe relation membres 7 jours/7 ou encore de poursuivre l'amélioration de la plateforme.

Le montant des frais de service pour un covoiturage est compris entre 0 et 25 % (avec un minimum de 1 €) de la participation aux frais du conducteur et est calculé en fonction de différents facteurs, notamment de la longueur et du prix du trajet.

À l'aide de vos connaissances et des annexes 1 à 5, vous analyserez la situation de management et de gestion proposée en répondant aux questions suivantes.

Première partie : Analyse du contexte

1. Caractérisez l'organisation BlaBlaCar.
2. Montrez que BlaBlaCar est une plateforme d'intermédiation et qu'elle appartient à l'économie collaborative.
3. Justifiez la stratégie d'implantation du siège social de BlaBlaCar.
4. Identifiez les forces qui ont permis à BlaBlaCar de connaître une forte croissance jusqu'en 2016.

Deuxième partie : Identification du problème de management et de gestion et proposition de solutions

5. Identifiez et expliquez les problèmes de management et de gestion rencontrés par BlaBlaCar en 2016-2017.
6. Justifiez le choix opéré par BlaBlaCar de modifier son algorithme.
7. Identifiez les moyens utilisés par BlaBlaCar pour maintenir l'esprit start-up. Montrez que ces mesures permettent d'attirer et de fidéliser les salariés.

ANNEXE 1 Présentation de BlablaCar

En 2003, Frédéric Mazzella souhaitait rentrer chez lui, dans sa famille, pour Noël en Vendée. Il n'avait pas de voiture et les trains étaient complets. En dernier recours, sa sœur a fait un détour pour le chercher. En traversant la France, il remarqua que les routes étaient pleines de voitures presque vides. Une idée était née. Il réalisa qu'il y avait des millions de places disponibles, sauf qu'elles n'étaient pas dans les trains, mais dans les voitures !

Au cours de la décennie suivante, avec les cofondateurs Francis Nappez et Nicolas Brusson, le trio a concrétisé cette idée simple et a créé la plus grande communauté de covoiturage au monde, connectant ainsi des millions de personnes se rendant dans la même direction.

BlaBlaCar rassemble la plus large communauté de covoiturage longue distance au monde. La plateforme met en relation des conducteurs voyageant avec des places libres et des passagers se rendant dans la même direction. Ils partagent un trajet et les frais qui y sont liés [...]. BlaBlaCar souhaite devenir la place de marché de référence de la mobilité partagée sur la route. Pratique, économique, conviviale et responsable, partout où il y a une route, il y a un BlaBlaCar.

Quelques chiffres

87 millions de membres

22 pays : France, Espagne, Royaume-Uni, Italie, Pologne, Allemagne, Portugal, Belgique, Pays-Bas, Luxembourg, Russie, Ukraine, Turquie, Inde, Mexique, Serbie, Roumanie, Croatie, Hongrie, Brésil, Slovaquie, République tchèque

25 millions de voyageurs par trimestre

3,9 personnes par véhicule : c'est le taux d'occupation moyen sur BlaBlaCar (contre 1,9 personne par véhicule sans BlaBlaCar) [...]

[L'équipe BlaBlaCar compte 350 collaborateurs passionnés et innovants, de 24 nationalités différentes et maîtrisant tous l'anglais.]

blog.blablacar.fr

ANNEXE 2 Le siège social de BlaBlaCar

Succès oblige, [la start-up] a déjà déménagé quatre fois en région parisienne et a pris possession de ses nouveaux locaux voici presque un an. Elle n'a pas choisi n'importe quelle adresse et s'est installée au cœur du #Cloud Business Center, le nouvel immeuble de bureaux destiné aux entreprises de la nouvelle économie, à deux pas de la Bourse et du Silicon Sentier, en plein centre de Paris. Elle y est en bonne compagnie et côtoie notamment les équipes parisiennes de Facebook ou celles de Devialet, la start-up spécialiste des enceintes connectées, à laquelle elle sous-loue une partie des 10 000 mètres carrés préemptés. « On est ici pour un bout de temps », veut croire Frédéric Mazzella, ravi de l'emplacement. « De grands *open spaces* au cœur de Paris, c'est ce qu'on voulait, et ça ne court pas les rues ! »

Audrey Meriochaud, « Comment BlaBlaCar conserve son esprit start-up », www.capital.fr, 14 avril 2017.

Ces 10 000 mètres carrés ont été aménagés au mieux pour assurer le bien-être des 470 salariés sur leur lieu de travail. Mais ce n'est pas un pur élan de philanthropie. « Nous cherchions un immeuble dans ce quartier, au cœur de la nouvelle économie, avec un fort besoin de modernité et de services, nécessaires pour attirer les nouveaux talents et fidéliser ceux déjà présents ! », expliquait Frédéric Mazzella en novembre dernier. Laure Wagner, *culture captain*, qui a pensé l'organisation des bureaux, confirme : « Nous avons une soixantaine de postes ouverts. Et nous recrutons des talents qui ont le choix d'aller partout. » Pour les empêcher de pencher pour Facebook ou Google, le salaire et le descriptif du poste ne suffisent pas. La qualité de vie au travail entre en compte.

C. Bouleau et H. Achour, « Quand BlaBlaCar rivalise avec Facebook au #cloud », www.challenges.fr, 12 octobre 2016.

ANNEXE 3 De l'hypercroissance au net ralentissement

Créé en 2006 par Frédéric Mazzella, Nicolas Brusson et Francis Nappez, BlaBlaCar a su combiner la puissance du numérique – un site Internet puis une application mobile, la géolocalisation, un algorithme de mise en relation entre l'offre et la demande – avec l'appétence très française pour l'économie collaborative, pour propulser la pratique du covoiturage d'abord en France, puis dans le monde. Grâce à des prix défiant toute concurrence et à une communication axée sur la « convivialité » d'un modèle C to C (*consumer to consumer*), BlaBlaCar s'est imposé comme « la » plateforme de mise en relation entre des conducteurs cherchant à réduire leurs frais et des passagers en quête d'un trajet à moindre coût, prélevant au passage une commission de 20 % sur chaque course.

« Après deux ans de galère, comment BlaBlaCar est revenu sur le marché », ecopeco.org, 21 octobre 2019.

Il y a des signes qui ne trompent pas. Ces deux dernières années, les rêves d'expansion internationale de BlaBlaCar, qui revendique 60 millions d'utilisateurs dans le monde (dont 18 millions ont été réellement actifs au dernier trimestre 2017), ont connu un réveil brutal. Au Brésil et en Russie, le service de covoiturage marche très bien, mais il ne produit aucun chiffre d'affaires. L'entreprise, qui n'a pas osé s'attaquer au juteux marché nord-américain, réfléchit à la meilleure façon de faire payer les millions d'utilisateurs. Le système de commission appliqué en France n'est en effet pas toujours exportable. [...]. Conséquence directe, au siège parisien, de nombreux employés qui travaillaient à l'internationalisation ont quitté la start-up. Depuis le début de l'année dernière, les départs se comptent en dizaines, pour un effectif estimé aujourd'hui à 350 personnes. [...]. Fait significatif : des cadres de haut rang, comme le vice-président aux finances ou le patron de « l'architecture » informatique, ont aussi pris leurs distances. [...] Beaucoup ont rejoint d'autres start-up, à la recherche de l'hypercroissance que ne connaît plus BlaBlaCar depuis trois ans. [...]

« Pour la France, 2017 a été une année plate », admet Brusson [un des cofondateurs]. La libéralisation, à l'été 2015, des dessertes nationales par autocars – les fameux « cars Macron », qui relient les grandes villes à très bas prix – a fait beaucoup de mal à BlaBlaCar. De même que la montée en puissance des liaisons *low-cost* Ouigo de la SNCF.

Soudainement, le covoiturage n'a plus forcément été la solution de transport la plus économique pour aller de Paris à Lyon ou de Nantes à Bordeaux.

Jérôme Lefilliâtre, « BlaBlaCar, un malaise passager ? », www.liberation.fr, 29 mars 2018.

ANNEXE 4 Retour aux fondamentaux : la tech, le produit et l'audace

Le spécialiste français du covoiturage BlaBlaCar va vous proposer des trajets qui vous rapprocheront encore plus près de votre destination finale, grâce à un nouvel algorithme basé sur les adresses enregistrées par ses 60 millions de membres, a annoncé l'entreprise ce mardi matin lors d'une conférence de presse, présentant à cette occasion sa nouvelle identité visuelle.

À terme, et dans un monde idéal, l'un des étendards de la French Tech aimerait que vous trouviez un covoiturage BlaBlaCar à cinq minutes, voire même en bas de chez vous, à l'instar des VTC comme Uber, Chauffeur Privé, Heetch, ou Taxify. Pour ce faire, BlaBlaCar va demander à ses utilisateurs de lui fournir une information que ces derniers donnent naturellement quand ils réservent ce type de services : des adresses précises de départ et d'arrivée. Ensuite, forte de la collecte de ces données, l'application proposera au conducteur et passagers des étapes du parcours, censées limiter les détours.

L'objectif est triple :

- remplir les voitures pour économiser les frais du chauffeur ;
- multiplier les possibilités de trajets pour les passagers ;
- augmenter le nombre d'utilisateurs et mécaniquement le chiffre d'affaires de BlaBlaCar. C'est une évolution stratégique pour BlaBlaCar. Elle rompt ainsi avec les codes qui ont fait son succès : proposer des trajets moins coûteux sur des longues distances, avec des points de rendez-vous fixes (mairie, gare, station de métro, aire d'autoroute ou de covoiturage, stade, parking, etc.).

« On opère un virage, après avoir passé cinq, six ans à pousser le produit à l'international et à travailler très fortement sur la confiance. Le grand chapitre d'après est d'optimiser ce réseau de transport qui est sous-exploité. On utilise à peine notre communauté. Ce n'est pas satisfaisant. On peut faire mieux », reconnaît Nicolas Brusson, le directeur général, interrogé par Business Insider France en marge de la conférence de presse.

Thomas Giraudet, « BlaBlaCar entame un virage technologique stratégique en vous demandant une information que vous donnez naturellement à un taxi ou un VTC », www.businessinsider.fr, 30 janvier 2018.

La question que se pose [Frédéric Mazella,] le président de la société, est « comment réussir à connecter les personnes au niveau local ? » [...]

« Nous mettons en place un [nouvel algorithme]. Avant, les utilisateurs partaient de plusieurs points centraux, il y en a plus de 38 000 en France, et aujourd'hui nous pouvons leur proposer un BlaBlaCar près de chez eux », souligne Frédéric Mazella.

L'idée est de développer des trajets « point à point », à savoir, aller plus loin qu'un simple Paris-Lyon en renseignant les adresses exactes de départ et d'arrivée. Les conducteurs proposant un trajet plus précis seront alors « matchés » avec des passagers qui veulent passer par le même chemin. Le nouveau moteur de recherche proposera alors des points de rendez-vous sur cette même route entre tous les passagers et conducteurs désireux de faire le même déplacement. « En proposant davantage de points de connexion, il va donc y avoir une explosion de choix pour nos membres et le taux de remplissage des voitures va accroître. Nous étions davantage sur du déclaratif avec les étapes, tout était entré manuellement, mais là nous allons procéder à de véritables calculs et propositions de rencontres. Nous devenons un réel service de proximité », ajoute Frédéric Mazella.

Justine Pérou, « BlaBlaCar crée un nouvel algorithme de recherche de trajet », pro.largus.fr, 30 janvier 2018.

ANNEXE 5 Maintenir l'esprit start-up

« Être une start-up n'est pas une question de taille, insiste Frédéric Mazzella, c'est un état d'esprit : être proche de la communauté des utilisateurs et bien connaître le produit. » Le patron admet néanmoins que maintenir la cohésion et la culture de l'entreprise tout en intégrant en permanence de nouveaux salariés constitue un défi. [...] Son obsession est d'empêcher la formation de silos. « On a développé, indique-t-il, une culture d'entreprise très explicite, à l'américaine, qui peut être partagée par tous. Elle est matérialisée par nos dix valeurs, affichées partout dans nos locaux. Parmi elles, *The member is the boss* ("L'utilisateur est le vrai patron"), *Fail, learn, succeed* ("Échouer, apprendre, réussir") ou *Done is better than perfect* ("Déjà fait est mieux que parfait"). Divers dispositifs, comme les BlaBlaTalk du mercredi matin, permettent à chacun de savoir sur quels sujets les autres travaillent et ce que chacun fait dans son job. » [...] Pour préserver la réactivité des débuts et parce que ses équipes métier ne cessaient de [s'accroître], l'entreprise n'a pas hésité à repenser complètement son organisation. [...] Elle s'est constituée en *tribes* (tribus), à l'instar notamment de Spotify, la plateforme de partage musical. « Les *tribes* sont de mini start-up en notre sein qui se consacrent à des projets précis : par exemple, inventer de nouvelles fonctionnalités ou d'autres façons de monétiser le service », indique Frédéric Mazzella.

Une tribu comprend de 8 à 12 personnes et réunit toutes les compétences : un designer UX (pour *user experience*) dont la mission est d'améliorer l'ergonomie des applis, un *product manager*, des développeurs, un architecte, un *data analyst* et, enfin, un manager pour coordonner l'ensemble. Au total, une centaine de salariés s'organisent désormais en mode *tribe*. [...] Afin de garantir le calme sur les plateaux, les appels se passent désormais à la mode londonienne, depuis des cabines rouges, où certains s'isolent aussi pour travailler. Car, si l'ambiance est détendue, ne vous y trompez pas : on est ici pour bosser. La confusion vie privée/vie pro n'est pas de mise chez BlaBlaCar : les horaires y sont ceux d'une entreprise classique, 9 heures-19 heures. Pas question de passer la soirée sur place sous prétexte qu'il y a des baby-foot.

Audrey Meriochaud, « Comment BlaBlaCar conserve son esprit start-up », www.capital.fr, 14 avril 2017.

Sommaire

Fiche méthode

1 Présentation de l'épreuve Management, sciences de gestion et numérique

Durée : 4 heures **Coefficient : 16**

Le succès au baccalauréat STMG suppose de réussir l'épreuve de Management, sciences de gestion et numérique dont le coefficient est important.
Cette épreuve écrite d'une durée de 4 heures nécessite de mobiliser des connaissances et des savoir-faire méthodologiques.

Description de l'épreuve

L'épreuve de Management, science de gestion et numérique est une épreuve écrite d'une durée de 4 heures.
Le sujet remis au candidat se présente sous la forme de plusieurs dossiers composés de documents accompagnés de questions portant sur un ou plusieurs des thèmes abordés :
- dans le programme de « Management » de la classe de Première ;
- dans le programme de « Sciences de gestion et numérique » de la classe de Première ;
dans la partie « enseignement commun » du programme de « Management, sciences de gestion et numérique » de la classe de Terminale.

Structure

Le sujet s'appuie sur une situation professionnelle contextualisée à partir d'un cas d'organisation réel ou inspiré de la réalité.

Pour chaque question, une réponse construite et argumentée est attendue.

Les compétences à évaluer

L'épreuve vise à évaluer la capacité du candidat à analyser une ou plusieurs situations liées au fonctionnement et au management d'une ou plusieurs organisations réelles, c'est-à-dire :
- exploiter une documentation concernant ces organisations ;
- caractériser les situations managériales et/ou de gestion proposées ;
- proposer, présenter et justifier une solution ;
- mettre en œuvre les méthodes, techniques et outils appropriés ;
- montrer l'intérêt et les limites des méthodes, techniques et outils employés.

Fiche méthode

2 Préparer le Grand oral du baccalauréat

Présentation de l'épreuve

1. Caractéristiques de l'épreuve

Cette épreuve orale prend appui sur la présentation de deux questions que vous aurez travaillées pendant l'année de terminale et qui s'appuient sur les enseignements de spécialité de la filière STMG.

Durée de l'épreuve : 40 minutes
Préparation : 20 minutes
Passage devant jury : 20 minutes

Évaluation :
Note sur 20 points
Coefficient 14

Critères évalués :
– Qualité d'élocution, de la prise de parole en continu
– Qualité et construction de l'argumentation
– Niveau de savoir dans le domaine de spécialité
– Capacité à mettre en lien les savoirs
– Capacité à convaincre, qualité de l'interaction
– Qualité du lien question/orientation

2. Déroulement de l'épreuve en 3 temps

1 **Présentation des questions :** vous présentez vos deux questions au jury, qui en sélectionne une.

2 **Préparation (20 min) :** pendant ce temps de préparation, vous avez la possibilité, pour organiser au mieux vos idées, de créer un support d'une page, que vous remettrez au jury mais qui ne sera pas évalué.

3 **Présentation d'une question (20 min) :**

Exposé sans notes (5 min) :	**Échange avec le jury (10 min) :**	**Entretien relatif au projet professionnel (5 min) :**
explication du choix de la question, développement des arguments et réponse.	explications, argumentation, approfondissement de la pensée et des connaissances liées à la spécialité.	lien avec la question, démarches déjà entreprises, cursus choisi, écoles demandées…

Le choix des questions et le lien avec le projet professionnel

1. Choix des questions

Les questions présentées au Grand oral doivent être en corrélation avec votre projet professionnel. Il est essentiel d'approfondir un domaine lié à votre appétence pour des sujets liés à votre futur parcours d'études supérieures et votre objectif professionnel. Vous devez donc, au préalable, trouver un lien entre votre projet et le projet d'études choisi, puis développer des arguments qui justifient ce choix.

2. Exemples de questions

• Si vous souhaitez gérer votre propre entreprise, votre étude peut porter, par exemple, sur une question telle que : « À l'occasion d'investissements, faut-il toujours privilégier l'autofinancement ? ».

• Si vous souhaitez vous orienter vers un métier lié à la communication commerciale, vous pouvez, par exemple, réaliser une analyse à partir d'une question telle que : « Les outils digitaux annoncent-ils la fin des modes de communication commerciale traditionnels ? »

• Votre intérêt pour les ressources humaines peut aussi donner lieu à un contexte d'études, par exemple : « Quel est le rôle des réseaux sociaux dans le recrutement ? ».

Fiche méthode

3 Appréhender l'épreuve Management, sciences de gestion et numérique

Découvrir la structure du sujet

Le sujet de Management, sciences de gestion et numérique prend appui sur une situation professionnelle contextualisée, c'est-à-dire un cas d'organisation réel ou inspiré de la réalité.
Le sujet se structure de la façon suivante :
- une introduction présentant l'organisation et mettant l'élève en situation avec une présentation rapide des missions à réaliser ;
- une liste des annexes ;
- une série de questions permettant de structurer et d'orienter le travail à réaliser ;
- un dossier documentaire constitué des différentes annexes.

Lire le sujet

Pour prendre le sujet en main, il convient de réaliser une première lecture du sujet afin de :
- prendre connaissance de l'organisation étudiée et de s'imprégner du contexte ;
- découvrir la ou les problématiques de l'organisation ;
- lire l'ensemble des questions et les annexes ;
- préparer la rédaction des réponses.

La lecture du sujet doit être active

- Surlignez ou soulignez les éléments qui vous semblent importants.
- Annotez les questions et les documents :
  - entourez les verbes clés dans les questions ;
  - notez au brouillon les définitions des mots-clés que vous rencontrez dans les questions ou les annexes ;
  - si une question ou une annexe vous fait penser à des notions vues en cours, notez-les au brouillon pour ne pas les oublier.

Fiche méthode

4 Comprendre les questions et analyser les ressources

L'épreuve vise à évaluer les compétences du candidat à analyser une situation d'organisation présentée dans une base documentaire. Le candidat est également évalué sur sa capacité à proposer des solutions et à exposer des analyses et propositions de manière cohérente et argumentée.

Pour toute question relevant du domaine managérial, le candidat devra suivre une méthodologie qui lui permettra de construire une réponse argumentée.

Comprendre les consignes

La lecture des questions va permettre de repérer les verbes pour délimiter les réponses attendues et de mettre en évidence les mots-clés et les définir.

Verbes	Éléments de réponse attendus
Décrire/ caractériser/ présenter	Donner des détails descriptifs
Montrer/expliquer	Donner des éléments de compréhension et/ou de justification
Identifier/repérer	Recenser des éléments sur un point précis
Distinguer	Donner des points de différence entre plusieurs éléments
Réaliser un diagnostic	Présenter les forces, faiblesses (diagnostic interne) ; menaces, opportunités (diagnostic externe) ; PESTEL (étude de l'environnement)…

Analyser les ressources

L'analyse des ressources va permettre d'identifier des éléments de réponse aux questions.

Les documents présentés en annexe peuvent être de différentes natures : un texte, un graphique, un tableau.
Ces documents peuvent être issus de diverses sources :
- un site officiel ;
- des articles de journaux, de magazines ou des sites Internet ;
- des documents rédigés par les auteurs ;
- des ouvrages théoriques ;
- des ressources produites par l'organisation ;
- le site Internet de l'organisation étudiée.

Les annexes ont pour but de donner :
- des informations sur l'organisation étudiée ;
- des informations sur l'environnement de l'organisation étudiée ;
- des éclairages sur des notions théoriques.

Fiche méthode

5 Construire une réponse argumentée en management

Lire la consigne et les documents

QUESTION :

Montrez, en argumentant votre réponse, que l'analyse des ressources et des compétences permet à l'organisation d'avoir un avantage concurrentiel.

DOCUMENT :

L'organisation Dupont, implantée à Avignon dans le sud de la France, fabrique des chocolats de manière artisanale. Le diagnostic interne réalisé a mis en évidence la qualité des matières premières utilisées lors de la fabrication des chocolats, la notoriété de l'entreprise dans toute la ville due non seulement à la qualité et la fraîcheur des chocolats fabriqués, mais aussi au renouvellement de ses gammes. Ce succès est principalement la conséquence de l'expérience et du savoir-faire des six maîtres chocolatiers de l'entreprise, dont cinq sont présents et très impliqués dans l'entreprise depuis sa création.

L'entreprise réalise aujourd'hui un chiffre d'affaires de plus de 150 000,00 € et détient 70 % des parts de marché sur la seule ville d'Avignon.

Rédiger la réponse

1 Définir les mots-clés de la question

Pour construire une réponse argumentée destinée à soutenir une idée, il est nécessaire de définir au préalable les mots-clés de la question. Cela permet de s'assurer que la réponse rédigée est pertinente.

DÉFINITIONS :

Pour répondre à la question, il faut faire l'analyse des ressources et compétences, puis définir la notion d'avantage concurrentiel.

2 Construire la réponse

Argumenter : « *Présenter un ensemble d'arguments pour soutenir, étayer une idée.* » (Larousse)

Une simple phrase ne suffit pas. Une réponse argumentée nécessite de démontrer la réflexion menée lors de la construction de la réponse.

Cette construction peut se faire en trois étapes :
- **Étape 1 :** affirmer ;
- **Étape 2 :** expliquer ;
- **Étape 3 :** donner un exemple (si possible).

RÉPONSE :

L'analyse des ressources et compétences a déjà été réalisée. Il faut à présent argumenter :

Étape 1	Étape 2	Étape 3
Affirmer : Le savoir-faire de ses maîtres chocolatiers procure un avantage concurrentiel à l'entreprise Dupont (source marché).	**Expliquer :** Les maîtres chocolatiers, quasiment tous présents depuis la création de l'entreprise, sont reconnus pour leur expérience et leur savoir-faire. Cela a permis à l'entreprise d'acquérir une notoriété sur la ville d'Avignon.	**Donner un exemple :** La notoriété due au savoir-faire des maîtres chocolatiers permet à l'entreprise Dupont de détenir 70 % des parts de marché.

Fiche méthode

6 Caractériser une organisation

Comprendre la question et mobiliser ses connaissances

QUESTION :

Caratérisez l'organisation Club Nautique du Pradet.

Pour caractériser une organisation, il convient de bien comprendre la consigne en mobilisant ses connaissances de cours.
Dans cette question, il s'agit dans un premier temps d'identifier le type d'organisation étudiée : entreprise privée, organisation publique ou organisation de la société civile (OSC).
Il convient ensuite de se rappeler les éléments du cours qui permettent de caractériser chacune de ces organisations.

Les caractéristiques d'une entreprise privée

Caractéristiques à identifier	Connaissances à mobiliser
Les finalités de l'entreprise	La finalité de l'entreprise peut être lucrative (faire du profit) et non lucrative (responsabilité sociale et environnementale).
Le secteur d'activité	L'entreprise peut appartenir au secteur d'activité primaire, secondaire ou tertiaire.
La taille de l'entreprise	Le nombre de salariés va permettre de classer l'entreprise dans une des catégories suivantes : TPE, PME, ETI, GE.
Le type de production	Le type de production va dépendre de ce que produit l'entreprise : production de biens ou production de services.
Le champ géographique	Le champ d'activité peut être : local, régional, national ou international.

Les caractéristiques d'une organisation publique

Les finalités de l'organisation publique	Les organisations publiques ont pour finalité de satisfaire l'intérêt collectif de l'ensemble de la population. Les administrations et les collectivités territoriales ont une finalité non lucrative. Les entreprises publiques ont une finalité lucrative.
Le secteur : privé/public	Les organisations publiques appartiennent au secteur public.
Le type d'organisation publique	Les organisations publiques regroupent : – les administrations et collectivités territoriales : administrations publiques centrales, administrations publiques locales (collectivités territoriales), établissements publics administratifs ; – les entreprises publiques : établissements publics à caractère industriel et commercial (EPIC), sociétés nationales, sociétés d'économie mixte (SEM).
Biens marchands ou non marchands	Les organisations publiques fournissent des services non marchands.
Le mode de financement	Les modes de financement des administrations publiques peuvent provenir de recettes fiscales ou de recettes non fiscales.
Le champ géographique	Le champ géographique peut être local, territorial ou national.

Les caractéristiques des organisations de la société civile (OCS)

Les finalités des OCS	Les OCS ont une finalité non lucrative.
Le secteur privé/public	Les OCS appartiennent au secteur privé.
Le type d'OCS	– Association (de fait, déclarée type 1901, reconnue d'utilité publique) – ONG – Syndicat – Fondation
Le mode de financement	Les OCS se financent grâce aux subventions, aux dons, aux legs, aux cotisations des adhérents, au sponsoring, au mécénat, aux produits de leurs activités.
Les ressources humaines	Les OCS mobilisent des salariés (rémunérés) et des bénévoles (non rémunérés).
Le champ géographique	Le champ géographique peut être local, régional, national ou international.

Lire les documents

La lecture des documents va permettre de repérer en les surlignant les éléments caractéristiques d'une entreprise privée.

DOCUMENT :

> Situé sur la commune côtière du Pradet, dans le Var, le Club Nautique du Pradet (CNP) est une association loi 1901 qui a été fondée le 2 janvier 1964 par des passionnés de voile et a rejoint la Fédération française de voile dès 1973. Son objectif est d'organiser et de développer les sports nautiques au Pradet, mais aussi de créer des liens entre les adhérents.
>
> Créé en 1964, le club a su garder son ambiance familiale tout en favorisant l'apprentissage de ses pratiquants.
>
> En effet, l'association souhaite garder cette image de petit club où règne une bonne entente et où il fait bon vivre.
>
> D'un effectif de deux salariés en hiver, le club passe à dix moniteurs de plus en été.
>
> Pour financer ses activités, le club reçoit des subventions de la mairie du Pradet et perçoit les cotisations de ses adhérents. La structure propose également des stages payants à des enfants et des adultes, mais aussi à des colonies de vacances, des centres aérés et des comités d'entreprise.

Structurer la réponse

La réponse doit être rédigée sous forme de tableau de manière à être bien structurée. Chaque caractéristique de l'organisation devra être justifiée.

RÉPONSE :

	Caractéristiques de l'organisation « Club Nautique Du Pradet »
Type d'organisation	Le Club Nautique du Pradet est une organisation de la société civile (OCS).
Finalités de l'OCS	Finalité non lucrative : organiser et développer les sports nautiques au Pradet, mais aussi créer des liens entre les adhérents.
Secteur privé/public	Secteur privé (fondée par des passionnés de voile).
Type d'OCS	Association de type loi 1901.
Mode de financement	Subventions, adhésions, stages de voile payants.
Ressources humaines	L'association emploie deux salariés à l'année et dix moniteurs de plus lors de la saison estivale.
Champ géographique	Le champ d'activité de l'organisation est local : le club souhaite développer la pratique des sports nautiques dans la commune du Pradet.

Fiche méthode

7 Réaliser un diagnostic stratégique

Comprendre la question et mobiliser ses connaissances

QUESTION :

Réalisez le diagnostic stratégique de l'entreprise Johns.

La réalisation d'un diagnostic stratégique nécessite d'effectuer un diagnostic interne et un diagnostic externe de l'organisation étudiée.
Le diagnostic stratégique s'effectue à l'aide d'un outil d'aide à la décision appelé FFOM (forces, faiblesses, opportunités, menaces) ou SWOT en anglais (*Strenghts, Weakness, Opportunities, Threats*).
Pour le diagnostic interne, il faut recenser les ressources et les compétences de l'organisation et identifier celles qui constituent des forces et des faiblesses.

Les forces et les faiblesses peuvent être classées dans un tableau :

Diagnostic interne

		Forces (*Strenghts*)	Faiblesses (*Weakness*)
Ressources moyens détenus par une organisation	FINANCIÈRES	Ressources ou compétences de l'organisation qui lui permettent de réussir dans son domaine d'activité	Points de vulnérabilité de l'organisation qui peuvent nuire à sa pérennité
	HUMAINES		
	MATÉRIELLES		
	IMMATÉRIELLES		
Compétences capacités d'une organisation à mobiliser et combiner ses ressources en vue d'atteindre un objectif	PROFESSIONNELLES		
	ORGANISATIONNELLES		
	COMMERCIALES		

Pour le diagnostic externe, il faut repérer les éléments de l'environnement qui constituent des opportunités ou des menaces pour l'organisation.

Diagnostic externe

		Opportunités (*Opportunities*)	Menaces (*Threats*)
MACRO-ENVIRONNEMENT	Politique	Changements positifs de l'environnement que l'organisation doit saisir pour en tirer un effet bénéfique	Perturbations de l'environnement qui peuvent nuire à la pérennité de l'organisation
	Économique		
	Socioculturel		
	Technologique		
	Écologique		
	Légal		
MICRO-ENVIRONNEMENT	Concurrence directe		
	Produits de substitution		
	Nouveaux entrants		
	Pouvoir de négociation des fournisseurs		
	Pouvoir de négociation des clients		

Lire les documents

La lecture des documents va permettre de repérer en les surlignant les forces et faiblesses de l'entreprise et les opportunités et les menaces qui l'influencent.

DOCUMENT :

Créer et fabriquer des vêtements en France est un défi difficile à relever face à la concurrence des fabricants asiatiques qui tirent les prix vers le bas. C'est le pari pris par l'entreprise Johns, située en Bretagne, depuis plus d'un siècle. Sur les hauteurs de Vannes, dans le Morbihan, une centaine de salariées confectionne des pull-overs, bonnets et écharpes de manière artisanale. Très expérimentées, les ouvrières excellent dans l'art de coudre les différentes parties des vêtements avec des machines parfois vieilles de plus de cinquante ans. Un savoir-faire et une technicité qui expliquent la qualité des pièces labellisées « Made in France », mais aussi leur prix. Pour vendre ses produits, la marque Johns s'appuie sur son site de e-commerce et sur un réseau de plus de 150 boutiques situées en France et dans des grandes capitales à travers le monde.

« Nous avons fait le choix de produire en France », déclare Erwan Lagalec, le dirigeant, de l'entreprise familiale qui a réalisé plus de 50 millions d'euros de chiffre d'affaires en 2019 (+5 % par rapport à 2018). Aujourd'hui, l'origine française d'un produit est devenue un critère de choix pour 70 % des Français d'après une étude CRÉDOC.

« Face à l'engouement des consommateurs, notre difficulté n'est plus de vendre, mais de trouver du personnel qualifié », déclare Erwan Legalec. En effet, si le CA du secteur textile a progressé de 1,7 % en 2019, l'État a fermé toutes les écoles de formation depuis plusieurs années.

Structurer la réponse

La réponse doit être rédigée sous forme de tableau de manière à être bien structurée.

Diagnostic interne

		Forces (*Strenghts*)	Faiblesses (*Weakness*)
RESSOURCES	FINANCIÈRES	Chiffre d'affaires : 50 millions d'euros (+ 5 % en 2019)	
	HUMAINES	100 salariées expérimentées	
	MATÉRIELLES	Machines (conversation des techniques de fabrication assurant : la qualité de produit	
	IMMATÉRIELLES	Label « Made in France »	
COMPÉTENCES	PROFESSIONNELLES	Savoir-faire des ouvrières	Difficultés pour trouver du personnel qualifié
	ORGANISATIONNELLES	Production artisanale Fabrication en France	
	COMMERCIALES	Réseau de vente mondial Site e-commerce	

Diagnostic externe

		Opportunités (*Opportunities*)	Menaces (*Threats*)
MACRO-ENVIRONNEMENT	Politique		Fermeture des écoles de formation
	Économique	Le chiffre d'affaires du secteur textile a progressé de 1,7 % en 2019	Concurrence mondiale
	Socioculturel	Engouement des Français pour le « Made in France »	
	Technologique		
	Écologique		
	Légal		
MICRO-ENVIRONNEMENT			

Fiches méthode

8 Repérer et analyser les stratégies des entreprises

Comprendre la question et mobiliser ses connaissances

QUESTION :

Analysez la stratégie du Club Med.

Analysez les stratégies des entreprises consiste à :
- repérer la stratégie globale de l'entreprise ;
- repérer la stratégie de domaine de l'entreprise ;
- repérer la modalité de développement de l'entreprise.

1. Repérer la stratégie globale de l'entreprise consiste à analyser le périmètre de l'ensemble des activités de l'entreprise :

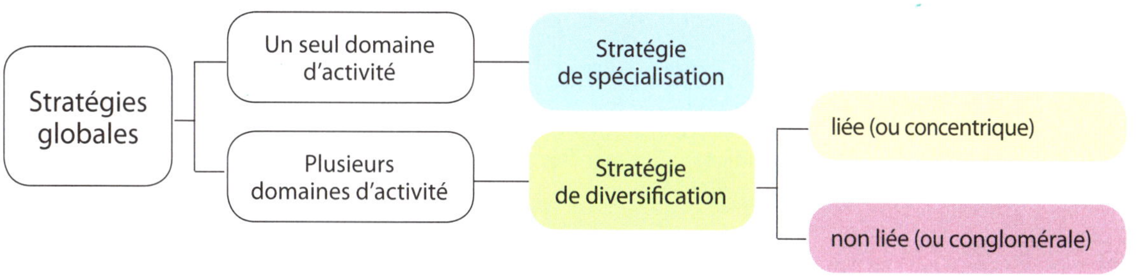

2. Repérer la stratégie de domaine de l'entreprise consiste à analyser la stratégie que l'entreprise va conduire pour chacune de ses activités :

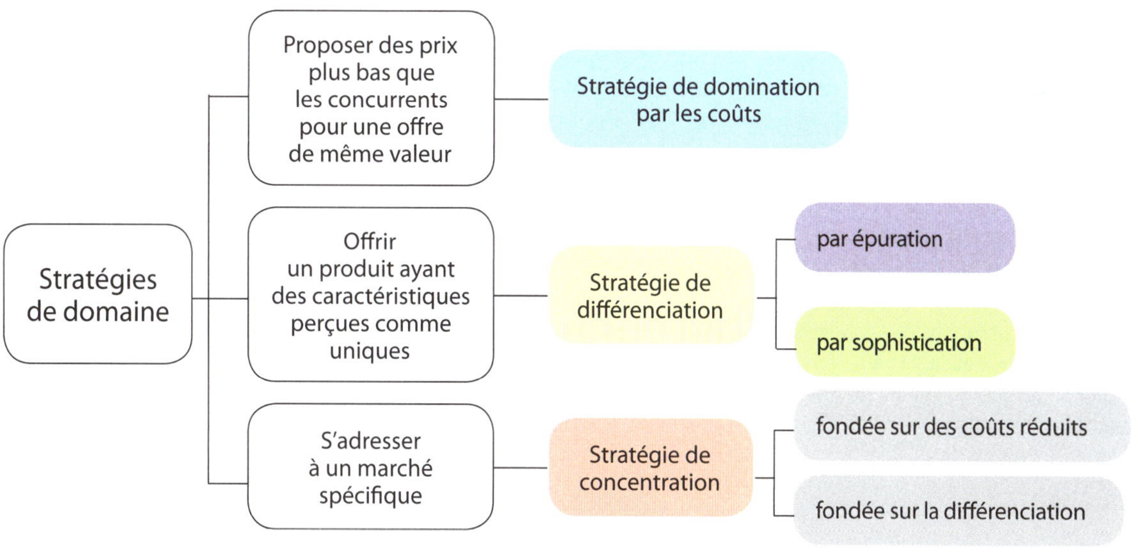

3. **Repérer la modalité de développement de l'entreprise consiste à analyser la voie retenue par l'entreprise pour développer son activité :**

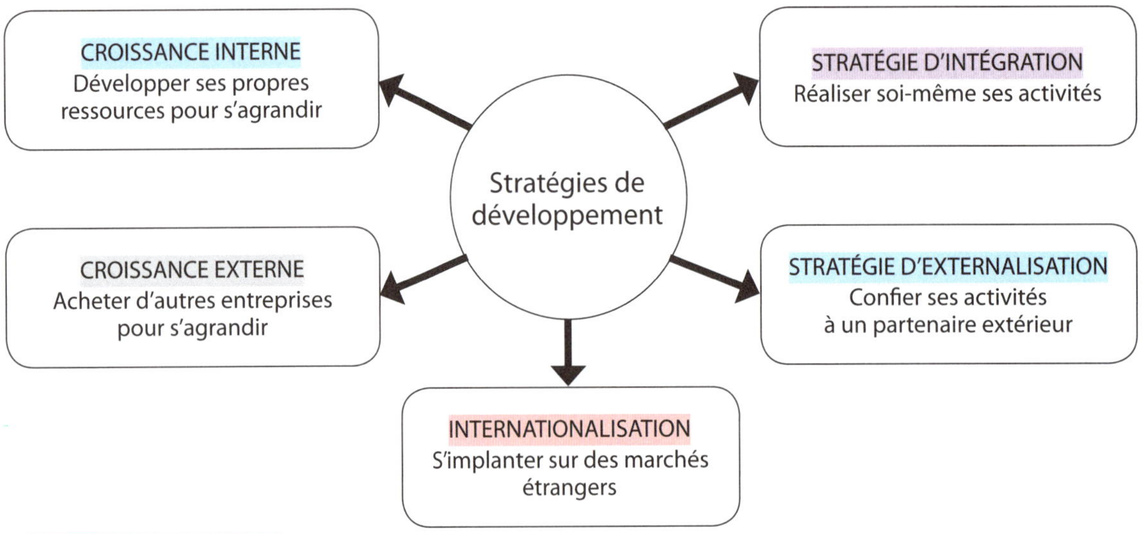

Lire les documents

La lecture des documents permet de repérer (en les surlignant) les informations utiles à la rédaction de la réponse.

DOCUMENT 1 :

Créé dans les années 1950, le Club Med s'est transformé pour devenir le spécialiste mondial des vacances tout compris, haut de gamme. Depuis 2004, le Club Med a opéré une montée en gamme pour répondre aux nouvelles exigences de sa clientèle. Cette stratégie s'est traduite par un investissement d'un milliard d'euros pour rénover son parc de villages et les transformer en sites d'exception. La réussite de cette stratégie repose aussi sur le talent de ses ressources humaines et la formation qui représente un puissant levier. Ainsi, chaque année, l'Université des talents Club Med accueille dans son village-école de Vittel des salariés du groupe encadrés par 90 référents métiers. Des Universités des talents Club Med sont aussi implantées à Paris, Lyon, Miami, Singapour et Rio.

Pour se développer, le Club Med s'est implanté sur les cinq continents, à la mer comme à la montagne, notamment en Asie où il a ouvert quatre villages montagne au Japon et en Chine. Aujourd'hui, le leader mondial des vacances tout compris haut de gamme à la montagne en Europe et en Asie ambitionne de l'être également en Amérique avec l'ouverture de son premier village montagne au Canada. Depuis trois ans, le Club Med accélère ses ouvertures de villages, son principal levier de croissance pour atteindre son objectif prévisionnel de chiffre d'affaires d'un milliard d'euros en 2021.

Structurer la réponse

Le Club Med a pour activité de proposer des séjours tout compris dans ses villages de vacances. Le groupe est donc spécialisé sur un seul domaine d'activité, il a adopté une stratégie de spécialisation.

Le Club Med se démarque des autres entreprises en offrant des séjours haut de gamme à ses clients. Il a donc choisi une stratégie de différenciation par sophistication.

En créant son propre centre de formation, l'Université des talents, le Club Med a opté pour une stratégie d'intégration afin de pouvoir former lui-même ses salariés.

Le Club Med a choisi de se développer par croissance interne en investissant un milliard d'euros dans la rénovation de ses villages et en ouvrant de nouveaux villages.

Enfin, le Club Med a choisi une stratégie d'internationalisation en s'implantant sur les cinq continents.

9 Repérez et analysez les choix stratégiques des organisations de la société civile (OSC)

Comprendre la question et mobiliser ses connaissances

QUESTION :

Analysez les choix stratégiques des OSC présentées dans les documents.

Après avoir lu la question, il s'agit de se rappeler les éléments du cours permettant d'y répondre.

Une fois son objet social choisi, une organisation de la société civile peut décider d'œuvrer dans un seul domaine d'activité ou au contraire posséder plusieurs domaines d'activité.
Les OSC mettent en place une démarche stratégique dans le but de :
- pérenniser leurs ressources financières et humaines ;
- développer leur activité dans un seul domaine ou dans de nouveaux domaines ;
- développer une activité marchande ;
- et/ou nouer un partenariat avec une structure privée ou publique.

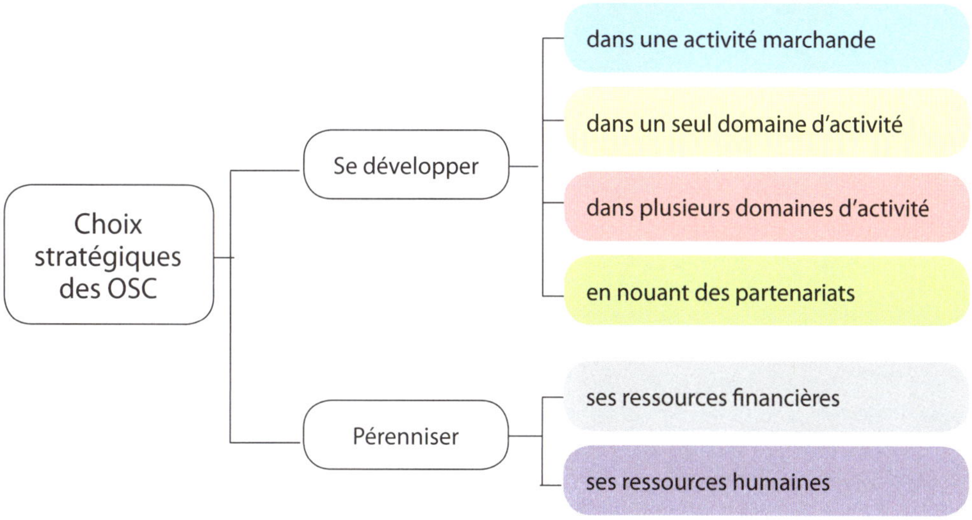

Lire les documents

La lecture des documents permet de repérer (en les surlignant) les informations utiles à la rédaction de la réponse.

DOCUMENT :

Créée en 1984, France Parkinson est une association reconnue d'utilité publique dédiée aux personnes touchées par la maladie de Parkinson. Animée par plus de 500 bénévoles et 15 salariés au siège à Paris, cette association poursuit plusieurs missions : assister les malades et leurs proches, informer et former sur la maladie, financer et encourager la recherche, sensibiliser l'opinion et les médias et enfin mobiliser les pouvoirs publics. Pour faciliter la recherche médicale, l'association a noué des liens avec la Fédération pour la recherche sur le cerveau, qui participe ainsi à la recherche sur la maladie de Parkinson en cofinançant des projets sélectionnés par le Comité scientifique de France Parkinson. Pour poursuivre ses missions avec la montée en puissance de la digitalisation, France Parkinson recherche un ou une responsable de la communication qui sera en charge notamment d'animer les réseaux sociaux et d'administrer le site Internet de l'association.

Rédiger la réponse

Il est nécessaire de définir les termes et/ou rappeler les éléments du cours avant de rédiger la réponse concernant les OSC étudiées.

RÉPONSE :

Les OSC adoptent plusieurs choix stratégiques pour pérenniser leurs ressources humaines et financières ; se développer dans un seul domaine ou plusieurs, dans une activité marchande ; avec l'aide ou non de partenariats.

L'association France Parkinson est présente dans plusieurs activités (le soutien, le financement, la recherche, l'information...). Elle noue des partenariats avec notamment la Fédération pour la Recherche sur le Cerveau, cherche à pérenniser ses ressources financières avec le soutien financier de cette fédération et ses ressources humaines en recrutant un nouveau salarié en charge de la communication.

Fiche méthode

10 Analyser les spécificités de la stratégie des organisations publiques

Comprendre la question et mobiliser ses connaissances

QUESTION :

Quelles sont les spécificités de la stratégie des lycées d'enseignement public ?

Après avoir lu la question, il s'agit de se rappeler les éléments du cours permettant de repérer les spécificités de la stratégie d'une organisation publique.

La stratégie des organisations publiques s'analyse au regard de la finalité de service public, de son inscription dans le cadre des politiques européennes, quel que soit le niveau d'intervention de l'action publique (national ou territorial), du mode de gestion choisi, et du contrôle exercé.

Stratégies des organisations publiques

- **Une stratégie au service de quelle finalité ?**
  - Satisfaire l'intérêt général
  - Respecter les principes du service public :
    - Continuité
    - Adaptabilité
    - Égalité
- **Quel niveau d'intervention pour la stratégie ?**
  - Cadre européen
  - Politique nationale
  - Compétence territoriale
- **Quel mode de gestion au service de la stratégie ?**
  - Gestion directe
  - Concession/Délégation de service public
  - Partenariat public-privé
- **Quel contrôle de l'action publique ?**
  - Contrôle des fonds publics
  - Surveillance des conflits d'intérêts
  - Évaluation de la performance

Lire les documents

La lecture des documents permet de repérer (en les surlignant) les éléments concernant la finalité de service public, le niveau d'intervention, le mode de gestion et le contrôle de l'action publique. Il faut ensuite annoter les notions correspondantes à ces éléments de réponse.

DOCUMENT :

La finalité de service public de votre lycée

La stratégie de votre lycée s'inscrit dans le cadre de la politique nationale d'éducation (réformes, programmes…) et se décline dans le projet d'établissement. Celui-ci lui permet de proposer une politique particulière en fonction de son public scolaire. Notre système d'enseignement est fondé, entre autres, sur le principe de l'obligation d'instruction. Cette obligation d'instruction répond aux besoins d'intérêt général de la population et s'impose aux Français comme aux étrangers, écartant toute discrimination à l'accueil des élèves. L'État se doit d'y répondre sans interruption autre que celles prévues par la réglementation en vigueur (heures de cours, vacances…).

L'éducation est un service public national dont l'organisation et le fonctionnement sont assurés par l'État, auquel sont associées les collectivités territoriales selon les compétences qui leur sont attribuées. Dans le cas de votre lycée, c'est la région qui est compétente pour sa construction, son entretien, les manuels scolaires… Il en va de même du service de restauration qui est obligatoire. Votre lycée peut soit gérer directement lui-même la préparation des repas, soit en confier la gestion à une société de restauration collective qui livre les repas préparés dans une cuisine centrale.

Le contrôle administratif et financier de votre lycée relève aussi bien des autorités académiques, du préfet de région, du conseil régional, de l'inspection générale de l'administration de l'Éducation nationale et de la recherche, de la Chambre régionale des comptes.

Annotations :
- Politique nationale
- Intérêt général
- Principe d'égalité
- Principe de continuité
- Compétence régionale
- Gestion directe ou délégation de service public
- Contrôle des fonds et de l'action

Fiche méthode

11 Identifier et justifier le mode de production

Comprendre la question et mobiliser ses connaissances

QUESTION :

Identifier et justifier le mode de production de l'entreprise Isover.

Après avoir lu la question, il s'agit de se rappeler les éléments du cours permettant d'y répondre.

Le mode de production d'un bien ou d'un service va dépendre de la nature du produit, de la quantité à produire et des méthodes de fabrication nécessaires pour obtenir le produit fini.

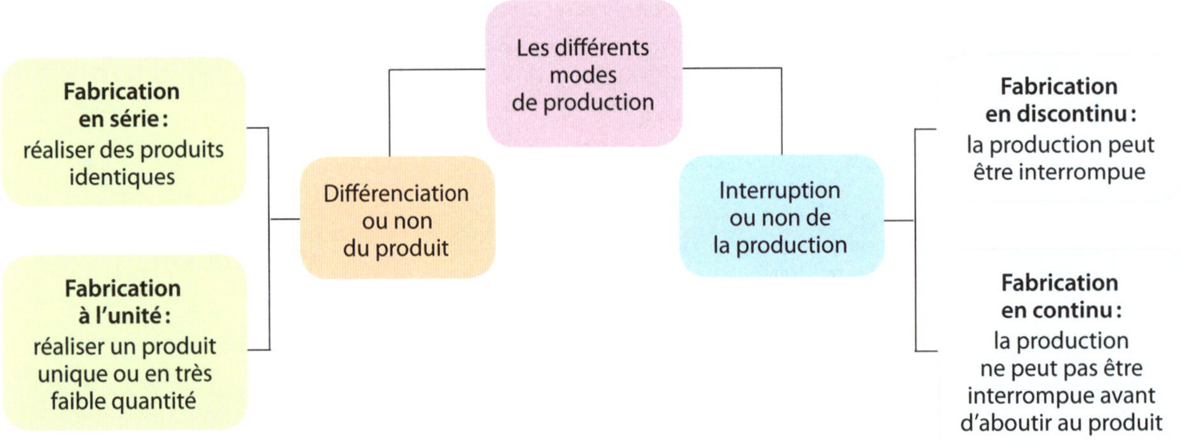

Lire les documents

La lecture des documents permet de repérer (en les surlignant) les informations utiles à la rédaction de la réponse.

DOCUMENT :

Créée en 1937, l'entreprise Isover est aujourd'hui le leader mondial de l'isolation dans le monde. Son produit phare est la laine de verre. En France, Isover comprend 900 salariés et trois sites industriels dédiés à la production de la laine de verre : Orange (84), Chalon-sur-Saône (71) et Chemillé (49). L'usine Isover d'Orange fonctionne sans interruption 365 jours par an avec cinq équipes qui font fonctionner le four électrique de 133 m² 24 heures sur 24 pour produire 120 000 tonnes de laine de verre par an. Le four alimente trois lignes de production qui vont produire des rouleaux de laine de verre (75 %), des panneaux de laine de verre (13 %) ou de la laine de verre à souffler (12 %). Ces produits sont destinés essentiellement au marché de l'habitat et distribués chez des revendeurs (Point P, Leroy Merlin, Castorama...). L'usine Isover conçoit également des isolants sur mesure en faible quantité pour l'industrie de pointe comme l'aéronautique ou le TGV.

Rédiger la réponse

Il est nécessaire de définir les termes et/ou de rappeler les éléments du cours avant de rédiger la réponse concernant le mode de production choisi.

DOCUMENT :

L'entreprise Isover conçoit et produit de la laine de verre, un produit destiné à l'isolation. Le mode de production est la méthode de fabrication retenue par l'organisation selon la nature du produit qui consiste à produire à l'unité, en série, de manière continue ou en discontinu.

La fabrication de la laine de verre est réalisée sans interruption dans un four électrique. Il s'agit d'une fabrication en continu en raison de la nature du produit. Ensuite, Isover adopte des modes de production qui diffèrent selon la quantité à produire. Elle fabrique en série de la laine de verre destinée à l'isolation de l'habitat et à l'unité ou en très faible quantité des isolants destinés à des marchés plus spécifiques et techniques comme l'aéronautique.

Fiche méthode

12 Identifier le rôle des technologies numériques dans la production

Comprendre la question et mobiliser ses connaissances

QUESTION :

Identifiez le rôle des technologies numériques dans la production.

Après avoir lu la question, il s'agit de se rappeler les éléments du cours permettant d'y répondre.

L'organisation intègre les technologies numériques dans ses activités pour optimiser ses processus de production.

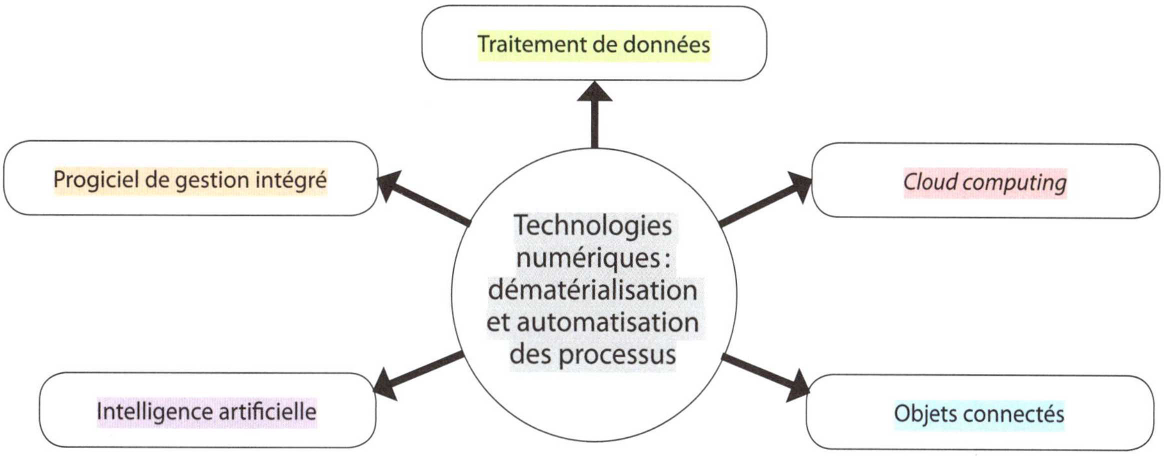

Lire les documents

La lecture des documents permet de repérer (en les surlignant) les informations utiles à la rédaction de la réponse.

DOCUMENT :

La Warner Bros, une des plus grandes sociétés de production et de distribution au monde dans le cinéma et la télévision, a signé un contrat avec la start-up Cinelytic, spécialisée dans l'élaboration d'intelligences artificielles. Cinelytic développe des intelligences artificielles dont l'objectif est d'automatiser des décisions cinématographiques, comme la meilleure date de sortie d'un film.

La jeune société a recours au *machine learning* (apprentissage automatique) en se basant sur un historique des performances commerciales des films sortis en salle. Un décideur peut ainsi mesurer la probabilité de rencontrer le succès en fonction de l'acteur choisi pour le rôle principal et selon le scénario retenu.

Ce système permet de réduire les tâches répétitives de faible valeur et de se concentrer plutôt sur des activités à forte valeur ajoutée, comme la communication du film. Il permet aussi de calculer en quelques secondes ce qui prenait des jours à évaluer par l'homme en ce qui concerne l'évaluation d'un budget de film.

Rédiger la réponse

Il est nécessaire de définir les termes et/ou rappeler les éléments du cours avant de rédiger la réponse propre aux organisations étudiées.

RÉPONSE :

La Warner Bros, une société de production de films, a intégré les technologies numériques dans ses processus de productions cinématographiques afin de les optimiser. En effet, elle s'est associée à une jeune entreprise, Cinelytic, qui utilise l'intelligence artificielle pour estimer le succès potentiel d'un film à partir de données comme les acteurs ou le scénario, définir sa rentabilité et élaborer le budget global nécessaire à sa production. Ce système permet également de prévoir la meilleure date de sortie du film.

Fiche méthode

13 Distinguer et justifier le type d'organisation du travail

Organisation du travail rigide

- **Division horizontale du travail** (spécialisation)
- **Division verticale du travail** (ligne hiérarchique)
- **Salaire au rendement** pour améliorer la productivité

Organisation du travail souple

- **Polyvalence** favorisant l'enrichissement des tâches
- ***Lean management*** pour réduire les gaspillages
- **Production en « juste-à-temps »** favorisant la flexibilité et la réactivité

Comprendre la question et mobiliser ses connaissances

QUESTION :

Distinguez et justifiez le type d'organisation du travail choisi.

Après avoir lu la question, il s'agit de se rappeler les éléments du cours permettant d'y répondre.

Afin d'atteindre ses objectifs, toute association, entreprise ou administration va mettre en place une organisation du travail plus ou moins souple ou rigide.

Lire le document

La lecture des documents permet de repérer (en les surlignant) les informations utiles à la rédaction de la réponse.

DOCUMENT :

À la caisse primaire d'Assurance maladie (CPAM) des Yvelines, les codes de l'entreprise traditionnelle ont disparu, comme les horaires rigides pour les salariés et la pyramide des chefs. Le premier outil mobilisé fut le *lean management* dans le but d'accroître l'autonomie des salariés. Les services de la CPAM ont été formés à cette démarche qui prône la chasse au gaspillage, l'élimination des tâches superflues, la maîtrise des délais, la réduction des coûts de fonctionnement… Chaque collaborateur a été invité à améliorer tout ce qui pouvait l'être dans son environnement. Cette démarche a permis de réduire les délais de paiement des indemnités aux assurés. Ensuite, deux niveaux de hiérarchie ont été supprimés pour passer de six à quatre. Les salariés ont pu avoir de nouvelles responsabilités, comme devenir parrain ou marraine pour faciliter l'intégration des nouveaux salariés ou encore participer à l'évaluation de leurs collègues. La plateforme de services de 65 personnes, chargée de répondre aux appels téléphoniques et aux e-mails, gère elle-même son organisation. Un salarié a eu l'idée d'instaurer une gestion autonome des plannings quotidiens et des horaires, devenus variables. Les salariés ont pu concilier leurs contraintes personnelles : commencer plus tard, partir tôt pour aller chercher leurs enfants à l'école… Ce service qui affichait un turnover et un absentéisme records a amélioré sa réactivité et le taux d'appels décrochés est passé de 75 % à 90,2 %.

Rédiger la réponse

Il est nécessaire de définir les termes et/ou de rappeler les éléments du cours avant de rédiger la réponse concernant le type d'organisation du travail choisi par l'organisation.

DOCUMENT :

Pour atteindre ses objectifs, la CPAM des Yvelines a mis en place une nouvelle organisation du travail. Elle a choisi une organisation du travail souple en ayant recours au *lean management*. Grâce à cela, elle a pu faire la chasse au gaspillage, réaliser des économies et réduire les délais de traitement des dossiers. Elle a aussi amélioré la flexibilité et la réactivité de son fonctionnement en supprimant des niveaux hiérarchiques et en accordant davantage d'autonomie et de responsabilités à ses salariés. En enrichissant leurs tâches avec des missions de parrainage ou d'évaluation, ses salariés sont davantage polyvalents. Cette organisation du travail a permis d'améliorer la performance de la CPAM des Yvelines.

Fiche méthode

14 Décrire les mécanismes de coordination

Comprendre la question et mobiliser ses connaissances

QUESTION :

Décrivez les mécanismes de coordination mis en place.

Après avoir lu la question, il s'agit de se rappeler les éléments du cours permettant d'y répondre.
Pour assurer une cohérence de son activité, l'organisation installe une coordination du travail :

Les six mécanismes de coordination	
	Ajustement mutuel : la coordination est effectuée par communication informelle.
	Supervision directe : la coordination est réalisée par un responsable qui donne des ordres à ses subordonnés.
	Standardisation des procédés de travail : la coordination est effectuée grâce à des procédures de travail définies avec précision.
	Standardisation des résultats : la coordination est effectuée par la fixation d'objectifs à atteindre.
	Standardisation des qualifications : la coordination est réalisée par les qualifications de celui qui exécute le travail et qui lui permettent d'exécuter son travail en autonomie.
	Standardisation des normes : la coordination est réalisée par les normes auxquelles adhèrent les membres de l'organisation.

Lire le document

La lecture des documents permet de repérer (en les surlignant) les informations utiles à la rédaction de la réponse.

DOCUMENT :

Depuis son ouverture, le cabinet médical de pédiatrie de Saint-Cyr-l'École s'est développé et se compose aujourd'hui d'une équipe médicale de sept personnes et administrative de quatre personnes. Il est dirigé par deux pédiatres associés qui exercent du lundi au samedi. L'équipe médicale s'est étoffée de nouveaux membres : un ostéopathe, une psychologue, une sophrologue, un nutritionniste et une consultante en lactation. Ainsi, lors de chaque consultation, à la demande du patient ou sur conseil du pédiatre, une consultation avec un de ces spécialistes peut être effectuée. L'emploi du temps du personnel administratif, réparti sur des matinées ou sur des après-midi durant toute la semaine, est fixé par les deux pédiatres. Ainsi, une secrétaire est toujours disponible pendant l'ouverture du cabinet et il y a un chevauchement des horaires le midi afin de pouvoir échanger sur les urgences à traiter. À chaque consultation, la procédure est identique : le patient est accueilli par une secrétaire qui prend les mesures (poids, taille), remplit le carnet de santé, saisit les données dans le dossier informatisé et prépare la consultation. Cette organisation optimise le fonctionnement du cabinet.

Rédiger la réponse

Il est nécessaire de définir les termes et/ou de rappeler les éléments du cours avant de rédiger la réponse concernant le type d'organisation du travail choisi par l'organisation.

DOCUMENT :

Pour assurer une cohérence de son travail, le cabinet médical a mis en place des mécanismes de coordination. Les pédiatres coordonnent essentiellement le travail de l'équipe administrative par supervision directe. Pour sa part, l'équipe administrative se coordonne le plus souvent par ajustement mutuel. La coordination du travail au sein du cabinet est également réalisée grâce à des procédures de travail définies avec précision et il existe aussi une standardisation des qualifications qui permet à l'équipe médicale d'exercer son activité en toute autonomie.

Fiche méthode

15 Identifier les choix de financement possibles

Comprendre la question et mobiliser ses connaissances

QUESTION :

Après avoir lu la question, il s'agit de se rappeler les éléments du cours permettant d'y répondre.

Pour développer son activité, l'organisation a des besoins de financement qui sont liés à son cycle d'exploitation ou à son cycle d'investissement :

Cycle d'exploitation		Cycle d'investissement	
Besoins de financement à court terme		Besoins de financement à long terme	
Ressources internes : – autofinancement – diminution des stocks	**Ressources internes :** – découvert bancaire – allonger les délais de règlement fournisseurs – raccourcir les délais de règlement clients	**Ressources internes :** – autofinancement – augmentation de capital	**Ressources internes :** – subvention – emprunt – crédit-bail – financement participatif

Lire les documents

La lecture des documents permet de repérer (en les surlignant) les informations utiles à la rédaction de la réponse.

DOCUMENT :

En 2010, le groupe Unilever délocalise sa production d'infusions de l'usine Fralib près de Marseille en Pologne. En 2014, après 1 336 jours de lutte, des salariés décident de reprendre l'entreprise en créant une SCOP (société coopérative et participative) où les salariés sont des associés majoritaires. La coopérative SCOOP TI (ex-Fralib) est créée et vend ses produits sous les marques 1 336 (en souvenir des jours de grève) et SCOOP TI. L'affaire tourne, mais en 2019, le besoin de trésorerie se situe entre 1,5 et 2 millions d'euros. Pour y remédier, la coopérative décide d'allonger les délais de règlement de ses fournisseurs et de réduire ses stocks de produits. Au démarrage de la SCOP, l'entreprise a fait appel au capital versé par les coopérateurs, ce qui a représenté un total de 3 millions d'euros, et au Crédit Mutuel, qui a accordé un emprunt à la SCOP de 200 000,00 euros. Mais ce capital a fondu rapidement du fait des investissements et la SCOP lance en 2017 une campagne de financement participatif. Avec plus de 2 300 contributeurs, la SCOP recueille 279 000,00 euros en 2019. Les associés espèrent que la SCOP deviendra bénéficiaire en 2020.

Rédiger la réponse

Il est nécessaire de définir les termes et/ou de rappeler les éléments du cours avant de rédiger la réponse concernant le type d'organisation du travail choisi par l'organisation.

RÉPONSE :

Pour assurer ses activités et son fonctionnement, la SCOP a des besoins de financement à sa création et lors de son développement. Elle doit alors choisir des solutions de financement adaptées. La SCOP a des besoins de financement liés à ses investissements qu'elle finance grâce à des ressources internes (apports de ses associés qui s'élèvent à 3 millions d'euros) et à des ressources externes (emprunt de 200 000,00 euros du Crédit Mutuel et financement participatif de 279 000,00 euros). La SCOP a également des besoins de financement liés à son cycle d'exploitation (besoin de trésorerie de presque 2 millions d'euros) qu'elle finance par des ressources internes (diminution des stocks) et des ressources externes (allongement des délais de règlement de ses fournisseurs).

Fiche méthode

16 Repérer les moyens d'une politique de management des compétences et d'adaptation aux besoins de l'organisation

Comprendre la question et mobiliser ses connaissances

QUESTION :

Repérez les moyens d'une politique de management des compétences et d'adaptation aux besoins de l'organisation.

Après avoir lu la question, il s'agit de se rappeler les éléments du cours permettant d'y répondre.

Dans la démarche de GPEC, l'organisation met en œuvre des moyens pour ajuster ses ressources humaines à ses besoins sur le plan quantitatif et sur le plan qualitatif :

Ressources prévisionnelles
Prévision des RH sur trois à cinq ans à partir des RH actuelles en tenant compte des départs prévisibles

Besoins anticipés
Anticipation des besoins en RH sur trois à cinq ans en fonction des choix stratégiques et des évolutions du marché

Comparaison des besoins par rapport aux ressources sur le plan quantitatif (effectif) et qualitatif (qualifications/compétences)

Mesures d'ajustement sur le plan quantitatif
Mobilité, recrutement, licenciement, flexibilité du temps de travail et des effectifs...

Mesures d'ajustement sur le plan qualitatif
Promotion, formation, tutorat, flexibilité des compétences...

Lire les documents

La lecture des documents permet de repérer (en les surlignant) les informations utiles à la rédaction de la réponse.

DOCUMENT :

Le Club Med a une activité saisonnière qui génère, dans ses villages de vacances des cinq continents, une rotation deux fois par an de son personnel. De plus, la très grande majorité du personnel est en CDD et 40 % des effectifs ne reviennent pas après une première saison. L'un des enjeux du Club Med est d'améliorer la mobilité de ses salariés afin que ces derniers fassent carrière au sein du groupe et deviennent des ambassadeurs de l'entreprise. Chaque année, à l'automne, le Club Med lance une vaste campagne de recrutement pour la saison hiver. Le groupe recherche plus de 2 000 personnes dans plus de 100 métiers dont 1 800 seront affectés sur l'un des 18 villages alpins de septembre à février. Afin de faciliter l'insertion professionnelle des jeunes et leur accès à l'emploi, le Club Med a notamment recours à l'alternance et à des dispositifs qui permettent de former 150 demandeurs d'emploi peu qualifiés ou peu expérimentés avec Pôle emploi pour les métiers d'employé de chambre, de restaurant, de commis de cuisine, d'employé plonge et de magasinier.

Rédiger la réponse

Il est nécessaire de définir les termes et/ou de rappeler les éléments du cours avant de rédiger la réponse concernant les moyens d'une politique de management des compétences et d'adaptation aux besoins.

DOCUMENT :

Le Club Med propose des séjours tout compris dans ses villages de vacances. Afin d'organiser son activité, il met en œuvre une démarche d'anticipation de ses besoins en ressources humaines sur le plan quantitatif et qualitatif pour les comparer aux ressources disponibles prévisibles et procéder aux ajustements nécessaires.

Chaque année, le Club Med, du fait de son activité saisonnière, a des besoins importants en ressources humaines sur le plan quantitatif et qualitatif. En effet, la majorité de son personnel est en CDD et 40 % des effectifs ne reviennent pas la saison suivante. Il a donc mis en place des mesures quantitatives comme des vastes campagnes de recrutement, le recours à l'alternance ou la mobilité au sein du groupe. Il met également en place des mesures qualitatives comme la formation.

Fiche méthode

17 Identifier les différents acteurs de l'organisation et leurs intérêts respectifs

Acteurs internes de l'organisation

- Propriétaires/actionnaires
- Dirigeants
- Salariés
- Représentants des salariés
- Syndicats

Lire la consigne et les documents

QUESTION :

Quels sont les différents acteurs de l'organisation et quels sont leurs intérêts ?

DOCUMENT :

L'entreprise Fabre, spécialisée dans la fabrication de meubles, est détenue par deux associés, Thomas et Vincent. Ces derniers dirigent ensemble l'entreprise et leur rôle est d'assurer son développement en recherchant de nouveaux clients et de nouveaux marchés. En tant qu'associés, ils perçoivent les bénéfices réalisés par l'entreprise, ils ont donc tout intérêt à ce que l'entreprise fasse le plus de ventes possible tout en s'assurant de la satisfaction de leurs clients, ce qui permettra de les fidéliser. L'entreprise compte 25 cadres dont la finalité est de fixer des objectifs, organiser le travail des équipes, contrôler les résultats et les faire remonter aux deux dirigeants. Ils ont intérêt à ce que les équipes soient performantes, ils doivent aussi s'assurer de fidéliser les collaborateurs et éviter tout conflit entre les salariés et entre ces derniers et les dirigeants. L'entreprise compte aussi 50 salariés qui sont chargés de fabriquer les meubles et de les vendre. Les salariés ont intérêt à travailler dans les meilleures conditions possibles avec un salaire correspondant à leur travail et à leurs compétences. Les salariés sont représentés par un délégué du personnel qui fait part aux dirigeants de toute réclamation individuelle ou collective en matière d'application de la réglementation du travail (Code du travail, salaires, conditions de travail…). Son rôle est de représenter au mieux les intérêts des salariés.

Rédiger la réponse

1. **Lire le document.**
2. **Lister les différents acteurs internes à l'organisation.**
3. **Identifier leur rôle.**
4. **Identifier leurs intérêts respectifs.**
5. **Classer ces différentes informations dans un tableau à double entrée.**

RÉPONSE :

La lecture du document permet de repérer (en les surlignant) les informations utiles à la rédaction de la réponse.

Acteurs	Rôles	Intérêts
Associés	– Diriger l'entreprise – Rechercher de nouveaux clients et de nouveaux marchés	– Maximiser les bénéfices – Satisfaire les clients et les fidéliser
Cadres	– Fixer des objectifs – Organiser le travail des équipes – Contrôler les résultats et les faire remonter aux deux dirigeants	– Assurer la performance des équipes – Fidéliser les collaborateurs – Éviter tout conflit entre les salariés et entre les salariés et les dirigeants
Salariés	– Fabriquer et vendre des meubles	– Travailler dans de bonnes conditions – Percevoir un salaire correspondant à leur travail et à leurs compétences
Délégué du personnel	– Transmettre aux dirigeants toute réclamation individuelle ou collective en matière d'application de la réglementation du travail (Code du travail, salaires, conditions de travail…)	– Représenter les intérêts des salariés

Fiche méthode

18 Repérer les styles de direction et apprécier le degré de concentration du pouvoir de décision

Styles de direction

- Style autoritaire
- Style paternaliste
- Style consultatif
- Style participatif

\+ Degré de concentration du pouvoir –

Lire la consigne et les documents

QUESTION :

Quel est le style de direction du dirigeant de l'organisation et le degré de concentration du pouvoir de décision ?

DOCUMENT :

L'entreprise Laurens, spécialisée dans la fabrication de montres connectées, est dirigée par Yannis Salabert. Depuis quelques années, il a mis en place des groupes de travail autour de différents projets pour encourager les salariés à proposer des idées et pour les inciter à participer activement à la prise de décisions.

Ces groupes de travail sont très autonomes, ils peuvent par exemple prendre de véritables décisions concernant la fabrication ou la commercialisation des montres connectées. Les salariés se sentent ainsi très motivés et très impliqués dans le développement de l'activité de l'entreprise.

D'autre part, chaque année, les salariés perçoivent une part des bénéfices réalisés par l'entreprise.

Rédiger la réponse

1. **Lire le document.**
2. **Évaluer le degré d'autonomie des salariés sur une échelle de 1 à 4.**
3. **Évaluer le degré de responsabilité des salariés sur une échelle de 1 à 4.**
4. **Évaluer le degré d'implication des salariés dans la prise de décision sur une échelle de 1 à 4.**
5. **Évaluer le degré de participation des salariés aux résultats de l'entreprise sur une échelle de 1 à 4.**
6. **Classer ces différentes informations dans un tableau à double entrée.**
7. **Conclure sur le style de direction du dirigeant de l'organisation et sur le degré de concentration du pouvoir.**

RÉPONSE :

La lecture du document permet de repérer (en les surlignant) les informations utiles à la rédaction de la réponse.

	Style autoritaire	Style paternaliste	Style consultatif	Style participatif
Degré de concentration du pouvoir	+ + +	+ +	+ –	–
	1	2	3	4
Autonomie des salariés				x
Responsabilité des salariés				x
Implication des salariés dans la prise de décision				x
Participation des salariés aux résultats				x

CONCLUSION :

Le style de direction de Yannis Salabert est participatif et le pouvoir est très déconcentré.
En effet, les salariés travaillent de façon autonome, ont des responsabilités, peuvent prendre des décisions et perçoivent un intéressement aux bénéfices de l'entreprise.

Fiche méthode

19 Identifier les modes de coopération

Mode de coopération
- Groupes de projet
- Réunions
- Techniques de créativité
- Communautés de pratique
- Outils collaboratifs

Lire la consigne et les documents

La coopération est un mode de relation où les individus participent volontairement à un travail commun dans le but d'atteindre des objectifs en mettant en commun leurs compétences.

QUESTION :

Quels sont les modes de coopération mis en œuvre dans l'organisation ?

DOCUMENT :

La start-up français X-treme propose des vêtements techniques pour le sport intégrant de nouvelles technologies : des bonnets connectés, des vêtements de running totalement imperméables au vent et à la pluie ou encore des vêtements thermorégulateurs pour le ski. L'entreprise emploie des ingénieurs, des spécialistes du marketing et des webmasters. En ce moment, trois groupes travaillent sur trois projets différents : un maillot de bain anti-UV, des sous-vêtements anti-transpirants et des semelles connectées. Dans ces groupes-projets formés de collaborateurs de différents métiers ayant des compétences diverses, chacun donne des idées et propose des solutions. Cette intelligence collective permet de travailler en coopération et de créer de véritables synergies, c'est-à-dire que le résultat du groupe de travail sera plus important que si chacun avait travaillé de son côté et qu'on avait réuni leur travail à la fin. Elle permet aussi de motiver davantage les salariés et de renforcer la cohésion dans le groupe.

Les dirigeants de X-treme ont aussi l'habitude de faire travailler leurs salariés en utilisant des techniques de créativité, notamment le *brainstorming*, qui réunit un groupe de personnes qui vont chacune faire part de leurs idées sur un sujet. L'avantage de cette technique est qu'elle permet à chaque participant de proposer des idées et de rebondir sur l'idée d'un autre. Cette technique de créativité permet aussi de résoudre ensemble des problèmes.

Rédiger la réponse

1. **Lire le document.**
2. **Repérer les différents modes de coopération.**
3. **Décrire le fonctionnement du mode de coopération.**
4. **Citer les avantages du mode de coopération.**
5. **Classer ces différentes informations dans un tableau à double entrée.**

RÉPONSE :

La lecture du document permet de repérer (en les surlignant) les informations utiles à la rédaction de la réponse.

Mode de coopération	Fonctionnement du mode de coopération	Avantages du mode de coopération
Groupes de projet	Groupe de travail réunissant différents métiers et différentes compétences pour travailler ensemble autour d'un projet commun	– Création de synergies – Motivation des salariés – Cohésion de l'équipe
Techniques de créativité	*Brainstorming* : réunion de personnes qui proposent des idées sur un sujet donné	– Propositions et partage d'idées – Résolution de problèmes

Fiche méthode

20 Distinguer les facteurs de motivation

Facteurs de motivation

- **Facteurs internes :** contenu du travail, bien-être et plaisir au travail, reconnaissance, accomplissement personnel, responsabilités, promotion
- **Facteurs externes :** récompenses ou sanctions, conditions de travail, relations interpersonnelles…

Lire la consigne et les documents

QUESTION :

Quels sont les facteurs de motivation des salariés ?

DOCUMENT :

Interview de Bruno Hernandez, chef de rayon chez Carrefour.

Comment concevez-vous votre métier de chef de rayon ?

Bruno Hernandez : J'aime le travail bien fait ! J'ai plaisir à travailler quand le rayon dont je m'occupe est propre et quand les produits sont bien rangés. Je suis soucieux des détails et je contrôle souvent dans la journée la bonne tenue du rayon, c'est essentiel pour moi ! Parfois, je suis le seul à voir tous ces détails, ni le chef de secteur ni le directeur du magasin ne les remarquent, mais ce n'est pas important, je ne travaille pas pour la hiérarchie, je travaille pour être en accord avec ma conscience professionnelle. Et quand je vois que mon rayon fait partie des plus performants du magasin, je suis récompensé !

Vous n'avez aucune prime quand votre rayon dépasse les objectifs fixés ?

Si, quand même, je ne travaille pas que pour la gloire ! Si mon rayon dépasse les objectifs mensuels de plus de 110 %, j'ai une prime de 90 euros.

Rédiger la réponse

1. **Lire le document.**
2. **Identifier les différents facteurs de motivation du salarié.**
3. **Préciser s'il s'agit de facteurs de motivation internes ou de facteurs de motivation externes.**
4. **Classer ces différentes informations dans un tableau à double entrée**

RÉPONSE :

La lecture du document permet de repérer (en les surlignant) les informations utiles à la rédaction de la réponse.

Facteurs de motivation	Facteurs internes	Facteurs externes
Plaisir du travail bien fait	x	
Conscience professionnelle	x	
Recherche de la performance	x	
Prime sur objectifs		x

Fiche méthode

21 Décrire l'apport des technologies numériques aux relations entre l'organisation, ses clients ou ses usagers

Technologies numériques

- Connaissance des clients et des usagers
- Connaissance du comportement du consommateur numérique
- Gestion de la relation client

Lire la consigne et les documents

QUESTION :

Quel est l'apport des technologies numériques dans la relation avec les usagers et les clients ?

DOCUMENT :

« Nous voyons dans le digital une formidable opportunité pour réinventer la banque dans toutes ses facettes. Notre conviction est que le digital va augmenter la relation humaine et de confiance tissée historiquement avec nos clients », annonce Laurent Goutard, directeur de la Banque de détail Société Générale.

La Société Générale est en train de réinventer la relation bancaire autour d'un modèle de banque omnicanale alliant le meilleur de l'humain et du digital. La banque multiplie les nouveaux services web et mobiles pour offrir à ses clients plus d'autonomie, de simplicité et de conseils et les aider à gérer efficacement leur budget. Pour prévenir le client d'opérations ou d'événements à venir (prélèvements, dépenses, solde, prêt immobilier, cartes, sécurité…), la Société Générale propose à ses clients une quarantaine d'alertes personnalisées et gratuites. Par exemple, en cas de dépassement de seuil, les clients seront alertés et pourront relever le plafond de leur carte bancaire en toute autonomie et de manière quasi immédiate.

Désormais, les clients ont le choix d'utiliser leur canal préféré (téléphone, Internet ou agence) pour souscrire un crédit à la consommation. Ce choix leur sera également proposé prochainement pour ouvrir un livret d'épargne ou contracter une assurance. Ces opérations peuvent se faire de manière totalement dématérialisée grâce à la gestion électronique de documents et la signature électronique. Plus de simplicité et d'efficacité à la clé. Les clients seront aussi beaucoup plus autonomes.

Source : www.societegenerale.com

Rédiger la réponse

1. **Lire le document.**
2. **Repérer comment les nouvelles technologies du numérique permettent à la Société Générale d'améliorer la gestion de sa relation client et identifier les avantages pour le client.**

RÉPONSE :

La digitalisation de la Société Générale permet de multiplier les services auprès de sa clientèle :

– aider les clients à gérer leur budget ;

– avertir les clients pour les prévenir d'opérations ou d'événements ;

– souscription à des prêts, à des assurances ou ouverture de livrets d'épargne en ligne sur Internet ou par téléphone ;

– gestion électronique de documents ;

– signature électronique.

Les avantages pour le client sont : plus de rapidité, d'efficacité et d'autonomie.

Fiche méthode

22 Distinguer les différentes modalités de communication

Communication globale de l'organisation

- Communication interne
- Communication externe
- Communication financière

Lire la consigne et les documents

QUESTION :

Quelles sont les différentes modalités de communication de l'organisation ?

DOCUMENT :

Maeva est une enseigne de vente de produits cosmétiques bio qui compte 110 salariés. Maeva a créé depuis l'an dernier un réseau social d'entreprise qui lui permet d'envoyer des informations à ses salariés, qui permet aux salariés de communiquer entre eux et qui leur permet aussi de proposer des idées ou des pistes de développement à la direction. Pour communiquer auprès de ses clients Maeva envoie des SMS, des e-mailings et poste chaque jour des publications sur ses comptes Twitter, Facebook et Instagram. Elle envoie aussi chaque mois une *newsletter* à ses abonnés. Une fois par an, Maeva communique son chiffre d'affaires à ses salariés et sur les réseaux sociaux.

Rédiger la réponse

1. **Lire le document.**
2. **Identifier les différentes modalités de communication de l'entreprise.**
3. **Préciser s'il s'agit de modalités de communication internes, externes ou de communication financière.**
4. **Classer ces différentes informations dans un tableau à double entrée.**

RÉPONSE :

La lecture du document permet de repérer (en les surlignant) les informations utiles à la rédaction de la réponse.

Modalités de communication	Communication interne	Communication externe	Communication financière
Réseau social d'entreprise	x		
SMS		x	
E-mailing		x	
Réseaux sociaux		x	
Communication du CA			x

Lexique

A

Algorithme : ensemble d'opérations devant être suivies dans l'ordre pour résoudre un problème.

Approche marketing anticipatrice : consiste à définir une offre qui répond à un besoin non encore identifié.

Approche marketing créative : consiste à proposer une offre qui crée un nouveau besoin non encore exprimé.

Approche marketing médiatrice : consiste à faire participer le consommateur à l'élaboration de l'offre.

Approche marketing réactive : consiste à proposer une offre qui répond à un besoin exprimé et existant.

Attitudes : ensemble des éléments conatifs, cognitifs et affectifs d'évaluation personnelle dont dispose un individu à l'égard d'une marque ou d'un produit.

Automatisation des processus : consiste à faire exécuter des tâches par des machines avec une intervention humaine nulle ou partielle.

Avantage concurrentiel : permet à l'entreprise de créer davantage de valeur que ses concurrents.

B

Besoin : état de tension ou de désir ressenti par un individu (pyramide de Maslow).

BFR : besoin en fonds de roulement = actif circulant – passif circulant. Si le BFR est négatif, c'est une ressource en fonds de roulement.

Big data : ensemble des données récoltées par les organisations.

Bilan fonctionnel : créé à partir du bilan comptable, le bilan fonctionnel fait apparaître les cycles d'investissement, de financement et d'exploitation de l'entreprise.

C

Chaîne de blocs (*blockchain*) : technologie de stockage et de transmission d'informations, transparente et sécurisée, fonctionnant sans intermédiaire ni organe de contrôle.

Charges directes : charges directement imputables à un coût (coût d'achat, de production, de revient).

Charges fixes : charges indépendantes de l'activité de l'entreprise.

Charges indirectes : charges concernant plusieurs coûts qui doivent être retraitées pour être affectées à un coût en fonction d'une unité d'œuvre choisie.

Charges variables : charges dépendantes de l'activité de l'entreprise.

Coalition d'individus : regroupements de personnes ayant des aspirations disparates, des attentes différentes et contradictoires.

Communication : transmission d'un message d'un émetteur vers un récepteur à travers un canal.

Communication commerciale : modalité de communication externe qui permet de démontrer les qualités du produit, de la marque, faire connaître et vendre le produit.

Communication externe : actions de communication qui s'adressent aux parties prenantes externes de l'organisation (clients, fournisseurs, associés, banquiers, associations, médias, « grand public »…).

Communication financière : actions de communication pour satisfaire les besoins d'information financière des parties prenantes sur la santé, la stratégie et la performance de l'organisation.

Communication globale : harmonisation des actions de communication interne et externe d'une organisation.

Communication institutionnelle : modalité de communication externe qui permet de promouvoir l'organisation, transmettre une image positive et communiquer sur ses valeurs et ses performances.

Communication interne : actions de communication dirigées vers les membres de l'organisation (salariés, direction, comité d'entreprise…).

Compétences : combinaison du savoir, du savoir-faire et du savoir-être dans une situation de travail donnée.

Compétences : ressources (connaissances, capacités, comportements) mobilisées par une personne afin d'atteindre des résultats dans une situation professionnelle. Il y a trois catégories de compétences – savoirs, savoir-faire, savoir-être – développées dans une logique d'adaptation et d'employabilité.

Compétences distinctives : compétences difficilement imitables permettant à l'entreprise de se différencier de ses concurrents.

Consommateur et usager : un consommateur est une personne physique qui consomme des produits et services afin de satisfaire ses besoins. Un usager est une personne qui utilise un service public.

Consommation responsable : mode de consommation qui vise à respecter l'environnement.

Contre-pouvoir : individu ou groupe d'individus pouvant influencer la réalisation des objectifs de l'entreprise (inclut les concurrents et les parties prenantes d'une entreprise).

Coopération : mode de relation où les individus participent volontairement à un travail commun dans le but d'atteindre des objectifs en partageant leurs compétences. Les modes d'action coopératifs sont : les groupes-projets, les réunions, les techniques de créativité, les communautés de pratique.

Création de valeur : flux financiers permettant de garantir une rentabilité pour les entreprises privées ou un équilibre budgétaire (couverture des coûts) pour les organisations publiques et les organisations de la société civile.

Croissance conjointe : augmentation de la taille d'une entreprise par l'association avec d'autres organisations.

Croissance externe : augmentation de la taille d'une entreprise par l'acquisition d'une autre entreprise pour accélérer son propre développement.

Croissance interne : augmentation de la taille d'une entreprise par ses propres moyens.

Culture d'organisation : la culture d'organisation peut être définie comme un ensemble de valeurs, de mythes, de rituels et de symboles qui participent à la cohérence de tous les acteurs internes à l'entreprise en suscitant leur adhésion et leur permettant de se reconnaître et de se mobiliser autour d'objectifs communs.

Cycle d'exploitation : ensemble des opérations relatives à l'activité de

Lexique

l'entreprise (des achats à la vente).

Cycle d'investissement : biens matériels et immatériels qui vont rester durablement dans l'entreprise dans le but d'améliorer son activité.

Cycle de financement : financement supérieur à un an qui provient de l'entreprise ou d'un agent extérieur.

D

Décision stratégique : décision prise par l'entreprise en vue de réaliser ses objectifs afin d'assurer sa rentabilité, son développement, sa pérennité.

Démarche entrepreneuriale : volonté d'une ou plusieurs personnes de créer ou de reprendre une entreprise.

Démarche managériale : capacité du manager à gérer de manière optimale les compétences et ressources de l'entreprise pour assurer sa pérennité.

Démarche marketing : consiste à concevoir une offre qui répond aux besoins exprimés ou non des clients ou usagers.

Démarche stratégique : façon de mettre en œuvre la stratégie, qui est différente selon qu'il s'agit d'une PME ou d'une grande entreprise, d'une entreprise mono ou multi-activités.

Dématérialisation : consiste à remplacer les supports matériels par des supports immatériels informatisés.

Démocratie participative : elle désigne l'ensemble des procédures, instruments et dispositifs qui favorisent l'implication directe des citoyens dans la gouvernance. Elle peut prendre plusieurs formes, selon le degré d'implication des citoyens.

Déontologie : elle renvoie à l'étude des devoirs et de ce qu'il convient de réaliser dans l'exercice d'une profession. Le Code de déontologie spécifie les bonnes et les mauvaises pratiques.

Diagramme de flux : représentation graphique d'un processus.

Différenciation : consiste, pour une entreprise, à proposer une offre dont la valeur est différente de celle des offres des concurrents pour se démarquer d'eux (soit une offre haut de gamme, soit une offre low cost).

Digitalisation de la relation client : la GRC est un ensemble de techniques et d'actions ayant pour but d'optimiser la relation avec le client et ainsi de le fidéliser. On parle de GRC digitalisée lorsque la relation client passe par des canaux digitalisés : Internet, réseaux sociaux, chats…

Discrimination : elle consiste à distinguer une personne ou un groupe des autres, et à lui appliquer un traitement spécifique, sans lien objectif (ex. : discrimination par l'âge, l'état de santé, le sexe).

Diversification : consiste, pour une entreprise, à offrir de nouveaux produits ou services en s'engageant dans de nouveaux domaines d'activité stratégique.

Domaine d'activité stratégique (DAS) : sous-partie d'une entreprise qui se confronte à un marché spécifique, des conditions concurrentielles spécifiques, et qui doit mener une stratégie concurrentielle particulière.

Domination par les coûts : consiste, pour une entreprise, à réduire les coûts pour proposer des prix plus bas que ceux de la concurrence pour une offre de même valeur.

Données ouvertes : données auxquelles l'accès est totalement public et libre de droit, au même titre que l'exploitation et la réutilisation.

Données personnelles : informations permettant d'identifier une personne (adresse IP, localisation, nom, prénom, numéro de téléphone, âge, sexe, numéro de Sécurité sociale, empreinte digitale, plaque d'immatriculation…).

Droit à la déconnexion : droit donné à chaque travailleur de ne pas se connecter aux outils numériques et de ne pas être contactable par son employeur en dehors de son temps de travail.

Dynamique de groupe : Kurt Lewin définit la dynamique de groupe comme un système d'interdépendance entre les membres d'un groupe, dont la cohésion est assurée par un sentiment d'appartenance, des solidarités, des échanges et des décisions communes. Le rôle du leader est essentiel à cette dynamique.

E

Économie collaborative (ou économie du partage) : repose sur le partage ou l'échange entre particuliers de biens ou de services par l'intermédiaire d'une plateforme numérique de mise en relation.

Économie de la fonctionnalité : l'économie de la fonctionnalité remplace la notion de vente du bien par celle de la vente de l'usage du bien.

Écosystème d'affaires : ensemble d'acteurs de différentes natures (entreprises, administrations, associations, individus…) issus de différents domaines d'activités qui interagissent à travers différentes relations sur un territoire commun.

Écosystème d'innovation : ensemble d'acteurs (organisations, entreprises, start-up, universités, investisseurs, personnes ressources…) qui interagissent en faveur de l'innovation.

Enrichissement des tâches : le salarié réalise des tâches d'un contenu plus qualifié et responsable.

Équilibre financier : stabilité du rapport entre les ressources financières et les emplois d'une entreprise. La règle de l'équilibre financier minimum exige que les capitaux permanents soient suffisants pour financer les actifs à long terme. Cela implique que le fonds de roulement soit positif.

Équité : sentiment de justice par rapport à une situation donnée, qui fait référence à une approche identique pour tous.

E-réputation : réputation que possède une marque ou une organisation sur Internet.

Éthique : c'est une branche de la philosophie. Elle se préoccupe des principes propres à guider les choix humains en définissant des différences entre les bons et les mauvais comportements dans le cadre général de leur vie sociale.

Éthique des affaires : elle se préoccupe des principes séparant les bons des mauvais comportements dans le cadre spécifique de la vie des organisations.

Étude de marché : menée ponctuellement, l'étude de marche consiste à récolter des informations sur les caractéristiques du marché.

Externalisation : stratégie aussi appelée outsourcing, qui correspond au transfert d'activités d'une entreprise vers un prestataire externe spécialisé (par exemple un sous-traitant).

Lexique

F

Facteurs clés de succès (FCS) : éléments à caractère commercial ou technologique que l'entreprise doit maîtriser pour réussir dans une activité donnée.

Facteurs externes (extrinsèques) de la motivation : le salarié agit sous l'influence d'une circonstance extérieure à lui, une punition ou une récompense.

Facteurs internes (intrinsèques) de la motivation : le salarié agit uniquement pour son intérêt et le plaisir qu'il trouve à réaliser une tâche, sans attente de récompense autre. Il est motivé par un besoin de reconnaissance, le fait d'être valorisé, le plaisir du travail accompli, le sens du travail bien fait ou de la performance.

Finalité : raison d'exister de l'entreprise.

Finalité économique : permet de garantir la pérennité de l'entreprise, et dépend de sa capacité à dégager des profits.

Finalité sociale : concerne l'impact sur la société (formation, emplois…).

Finalité sociétale : concerne la prise en compte des préoccupations sociales et environnementales dans ses activités, et dans ses interactions avec les parties prenantes.

Flexibilité : capacité de l'organisation du travail à s'adapter pour mieux répondre aux sollicitations de son environnement.

Flexibilité du travail : mode de gestion des ressources humaines permettant à l'organisation d'adapter rapidement ses ressources humaines aux variations de son activité et à son environnement.

Flux de travaux (*)* : représentent l'ensemble des tâches nécessaires et les acteurs impliqués dans la réalisation d'un processus.

Flux physiques : transfert de matières, de fournitures, de biens ou services aux différents acteurs internes et externes de l'organisation.

Flux poussés : pilotage de la production à partir de prévisions de demande favorisant la constitution de stocks aux différents stades de la production.

Flux tendus : pilotage de la production qui réduit les stocks et les délais de fabrication pour satisfaire la demande au moment où elle se manifeste et dans la quantité demandée.

Focalisation : consiste, pour une entreprise, à proposer une offre qui ne s'adresse qu'à une partie de la clientèle pour éviter la confrontation directe avec la concurrence. Elle se limite à un segment de marché très spécifique.

Formation : investissement immatériel réalisé par une organisation pour maintenir et développer les compétences de ses salariés.

FR : fonds de roulement = emplois stables – ressources stables.

Frein : pulsion négative qui empêche l'achat (peur, doute, inhibition).

G

Gestion du cycle de vie des produits : actions consistant à prendre en compte le développement durable dans le processus de production des produits et lors de la fin de vie des produits.

Gestion prévisionnelle des emplois et des compétences (GPEC) : démarche qui vise à adapter les ressources humaines aux besoins des entreprises.

Grappe d'entreprises (*cluster*) : réseau d'entreprises et d'institutions (universités, centres de recherche, organisations professionnelles…) d'un même domaine d'activité ancrées sur un même territoire qui établissent des relations de différentes natures (coopération, partenariat…).

H

Hyper-connectivité : état d'un individu qui est constamment connecté aux outils digitaux ou numériques.

I

Identité numérique : ensemble des contenus publiés sur des médias numériques (sites Internet, blogs, forums, réseaux sociaux, commentaires…).

Indicateur : critère d'évaluation permettant de suivre l'état d'avancement des résultats par rapport aux objectifs fixés.

Indicateur de création de valeur : donnée chiffrée qui permet de mesurer la création de valeur d'une organisation dans le cadre de son activité.

Information économique et financière : elle est au cœur du bon fonctionnement des marchés financiers au travers de la production et la communication des comptes et des principales informations financières des entreprises.

Informatique en nuage (*cloud computing*) : permet d'accéder à un ensemble de données à distance via Internet. Cela désigne le stockage et l'accès aux données par l'intermédiaire d'Internet plutôt que via le disque dur d'un ordinateur.

Innovation : recherche de l'amélioration de l'existant, ou création d'une nouveauté commercialisable.

Innovation de procédé : méthode de production ou de distribution nouvelle ou sensiblement améliorée.

Innovation de produits (bien ou service) : création d'un produit nouveau (bien ou service) ou amélioration importante d'un produit déjà existant ou intégration d'un nouveau service à l'offre de biens.

Intégration : consiste à regrouper des activités au sein d'une même entreprise pour maîtriser le savoir-faire technique, commercial ou financier, et accroître la productivité.

Intelligence artificielle : ensemble de techniques mises en œuvre pour simuler l'intelligence humaine.

Intérêts convergents : relations partenariales entre les acteurs internes.

Intérêts divergents : relations conflictuelles entre les acteurs internes.

Internationalisation : consiste, pour une entreprise, à se développer au-delà de son marché national d'origine. Elle peut aller de l'exportation à l'investissement direct dans une unité de fabrication ou commercialisation à l'étranger.

L

***Lean management* :** (*lean* : « maigre, sans gras ») participation de l'ensemble des salariés à la lutte contre le gaspillage en éliminant toutes les activités non rentables de l'entreprise.

Ligne hiérarchique : cadres assurant la liaison entre la direction générale et les exécutants.

Logistique : ensemble des activités qui gèrent les flux physiques et les flux d'informations tout au long de la chaîne de production.

M

Macro-environnement : environnement global de l'entreprise constitué des

Lexique

facteurs qui influencent l'entreprise aux niveaux politique, économique, social, technologique, légal, écologique.

Marque employeur : stratégie de l'image de marque de l'organisation à l'égard des salariés actuels ou potentiels avec pour objectif d'attirer et de fidéliser les talents.

Mécanismes de contrôle : permettent d'évaluer les résultats réalisés en les comparants aux objectifs et aux standards prédéterminés. L'analyse des écarts par rapport aux prévisions montre si on doit mettre en œuvre des mesures correctrices.

Mécanismes de coordination du travail : modes de répartition des tâches entre les membres de l'organisation visant à assurer la cohérence de l'ensemble du travail.

Mécanismes de coordination : permettent l'articulation des tâches qui ont été divisées et réparties. Il en existe cinq : supervision directe, standardisation des tâches, standardisation des compétences, standardisation des résultats, ajustement mutuel.

Mécénat : soutien matériel apporté, sans contrepartie directe de la part du bénéficiaire, à une œuvre ou à une personne pour l'exercice d'activités présentant un intérêt général.

Méthode du coût complet : méthode consistant à calculer le coût de revient d'un produit à partir des charges directes et indirectes et en mettant en évidence le coût d'achat des matières et le coût de production des produits.

Méthode du coût spécifique : méthode consistant à mettre en évidence la marge sur coût variable, la marge sur coût spécifique puis le résultat d'un produit à partir de la distinction entre charges variables et charges fixes.

Méthode PESTEL : outil d'analyse de l'environnement, qui permet de répartir les influences en six grandes catégories (politique, économique, sociologique, technologique, écologique, légal).

Micro-environnement : environnement immédiat de l'entreprise constitué des différents partenaires de l'entreprise sur son marché (concurrents, client, fournisseurs, produits de substitution…).

Mobilité : changement apporté aux conditions de travail du salarié (catégorie professionnelle, fonction, lieu de travail…).

Mode de production : méthode de fabrication selon la nature du produit qui consiste à produire à l'unité, en série, de manière continue ou en discontinu.

Modèle économique (business model) : a pour fonction de décrire la manière dont l'organisation crée de la valeur pour assurer sa pérennité.

Modes d'organisation du travail : ensemble des méthodes permettant de partager les tâches, de communiquer et de manager au sein d'une entreprise.

Modes de consommation : ensemble des usages et pratiques en termes d'achat de produits ou de services.

Motivation des salariés : fruit d'un ensemble d'actions menées par l'entreprise pour influencer le comportement des salariés et les inciter à s'investir pleinement et efficacement dans la réalisation et l'aboutissement de leurs tâches.

Motivation d'achat : raison poussant le consommateur à acheter un produit (oblative, hédoniste, auto-expression).

Mouvement locavore : consiste à privilégier les producteurs locaux dans ses choix de consommation.

N

Normes comptables : ce sont toutes les règles qui définissent la gestion de la comptabilité d'une entreprise et qui améliorent la visibilité et la clarté de ses résultats.

O

Objet connecté : objet équipé d'un capteur ou d'une puce qui peut recevoir et transmettre des données et/ou des instructions en se connectant à un réseau.

Organisation civique : organisation qui contribue à la vie de la collectivité par des actions de mécénat ou la mise en œuvre d'une démocratie participative.

Organisation du travail rigide : organisation dans laquelle le pouvoir est centralisé avec une division du travail importante et généralement associée à un environnement stable.

Organisation du travail souple : organisation dans laquelle le pouvoir est décentralisé avec un faible nombre de niveaux hiérarchiques et généralement associée à un environnement instable et incertain.

P

Partenariat : association entre deux ou plusieurs entreprises qui décident de coopérer pour réaliser un objectif commun.

Partie prenante : individu ou groupe d'individus pouvant affecter ou être affecté par l'activité de l'entreprise.

Performance : capacité d'une organisation à atteindre les objectifs qu'elle s'était fixés.

Plan d'affaires (business plan) : plan de développement détaillant le projet de création d'une entreprise ou d'une activité permettant d'informer les parties prenantes.

Plateformes d'intermédiation : site Internet qui permet la rencontre d'une offre et d'une demande de manière dématérialisée.

Polyvalence : aptitude d'un salarié à effectuer des activités différentes au sein d'une même organisation.

Pouvoir : capacité d'une personne à obtenir d'une autre personne qu'elle fasse quelque chose qu'elle n'aurait pas fait sans son intervention.

Pouvoir centralisé : la direction générale prend seule toutes les décisions dans l'organisation.

Pouvoir décentralisé : la direction générale délègue la prise de décision tout au long de la ligne hiérarchique. Il nécessite un système de contrôle (reporting).

Processus d'achat : il comprend toutes les étapes d'un achat depuis la prise de conscience du besoin jusqu'à l'achat lui-même.

Processus : enchaînement ordonné d'activités interactives, qui permettent de transformer des éléments d'entrée en éléments de sortie.

Productivité : organisation de la production qui permet à une entreprise d'utiliser au mieux les ressources dont elle dispose pour fabriquer des biens et des services.

Q

Qualifications : aptitude d'un salarié à exercer un emploi selon ses fonctions, ses diplômes et son expérience.

Lexique

Qualité de vie au travail : sentiment de bien-être au travail perçu par les salariés et qui dépend des conditions de travail, de l'ambiance générale, de l'intérêt au travail, de l'autonomie et de la responsabilisation de chacun.

R

Réactivité : capacité de l'organisation du travail à répondre rapidement à la demande.

Recrutement : permet de répondre à un besoin quantitatif ou qualitatif de ressources humaines de l'organisation.

Relation de partenariat : association entre deux ou plusieurs organisations qui décident de coopérer en vue de réaliser un objectif commun.

Réseau d'acteurs : ensemble d'acteurs qui entretiennent des relations afin d'accomplir des actions dans un intérêt commun qu'il serait difficile à réaliser de façon individuelle.

Réseaux sociaux : sites Internet et applications mobiles qui permettent aux utilisateurs de se constituer un réseau de relations et qui favorisent les interactions sociales (Facebook, Instagram, Twitter…).

Ressources : actifs, tangibles ou intangibles, détenus par l'entreprise qui lui permettent de mener à bien son activité.

Ressources intangibles : ressources matérielles (physiques, humaines, financières).

Ressources tangibles : ressources immatérielles (technologiques, organisationnelles, mercatiques).

RGPD : le règlement général sur la protection des données du 25 mai 2018 est un règlement européen qui renforce l'encadrement des pratiques en matière de collecte et d'utilisation des données à caractère personnel des utilisateurs.

S

Satisfaction : niveau de conformité de l'individu suite à la correspondance entre le travail et ses attentes (sa rémunération, type de travail, relations humaines…).

Spécialisation : consiste, pour une entreprise, à se concentrer sur un domaine d'activité stratégique.

Spécialisation des postes : le salarié réalise un nombre réduit de tâches répétitives.

Stratégie : consiste à déterminer les finalités et les objectifs de l'entreprise à long terme, de mettre en place les actions et d'affecter les ressources nécessaires pour les atteindre.

Stratégie d'implantation : décision prise par une organisation de s'installer sur un territoire en fonction des ressources locales qu'il lui offre.

Stratégie de communication : ensemble des actions de communication qui vont développer l'adhésion du personnel aux objectifs de l'organisation et renforcer son image.

Stratégie délibérée : stratégie planifiée et formalisée, qui implique que les cadres doivent veiller à appliquer les décisions retenues.

Stratégie effective : combinaison de la stratégie délibérée et de la stratégie émergente.

Stratégie émergente : stratégie qui se décide au jour le jour, sans formalisme, en fonction des contraintes et des opportunités de l'environnement, dans un contexte où l'information est limitée et où la nécessité d'adaptation est permanente.

Structure : combinaison d'éléments et de mécanismes qui permettent de répartir, coordonner et contrôler les activités de l'entreprise, afin d'atteindre avec efficacité et efficience les objectifs stratégiques.

Styles de direction : façon d'exercer le pouvoir pour un dirigeant d'entreprise. Rensis Likert distingue quatre grands styles de direction : autoritaire, paternaliste, consultatif et participatif.

Styles de management : différentes manières dont un dirigeant peut manager ses collaborateurs. Il en existe quatre : autoritaire, paternaliste, consultatif, participatif.

Supply chain management : ensemble des ressources et méthodes destinées à piloter le plus efficacement possible la chaîne globale d'approvisionnement du fournisseur jusqu'au client final.

Système d'information : ensemble organisé de ressources qui permet de collecter, stocker, traiter et distribuer de l'information.

T

Tableau de bord : outil d'évaluation de l'entreprise, comportant plusieurs indicateurs, qui permet d'avoir une vision synthétique de la situation de l'entreprise.

Talent : combinaison rare de compétences rares.

Télétravail : consiste à travailler pour son employeur depuis son domicile ou tout lieu autre que les locaux de l'entreprise.

Territoire : espace géographique limité sur lequel interagissent différents acteurs économiques.

TN : trésorerie nette = FR – BFR ou trésorerie active – trésorerie passive.

Traces numériques : ensemble des informations enregistrées sur l'activité ou l'identité des utilisateurs soit automatiquement, soit par le biais d'un dépôt intentionnel.

Transformation digitale : consiste pour une organisation à intégrer les technologies digitales dans l'ensemble de ses activités. La transformation digitale se traduit par une automatisation des processus et une dématérialisation.

Transparence : fait de transmettre des informations et de rendre compte d'une activité dans l'objectif d'établir une relation de confiance.

Travail collaboratif : organisation du travail fondée sur la collaboration de nombreuses personnes, notamment grâce aux technologies de l'information et de la communication.

Travail indépendant : les travailleurs indépendants exercent à leur compte une activité économique.

V

Valeur ajoutée : indicateur économique de création de richesse d'une entreprise qui mesure le supplément de valeur qu'elle est capable d'apporter à un bien ou à un service provenant d'un tiers grâce à son activité.

Veille marketing ou commerciale : ensemble des moyens permettant à l'organisation de collecter de manière permanente des informations sur son marché.

Crédits photographiques

Couverture : © Rawpixel.com - shutterstock.com; **p. 5 :** © Pascal SITTLER/REA; **p. 6 :** lightpoet - stock.adobe.com; **p. 8, doc. 4 :** © Rognan; **doc. 6 :** Marcin - stock.adobe.com; **p. 10 : doc. 2 haut :** mahod84 - stock.adobe.com; **doc. 2 bas :** Le Do - stock.adobe.com; **p. 11 :** muratart - stock.adobe.com; **p. 12 :** Monique Pouzet - stock.adobe.com; **p. 13 :** vania_zhukevych - stock.adobe.com; **p. 15 :** Keitma - shutterstock.com; **bas :** © Lime; **p. 16, doc. 2 :** AA+W - stock.adobe.com, mahod84 - stock.adobe.com, NicoElNino - stock.adobe.com, helivideo - stock.adobe.com; **p. 18, doc. 5 gauche :** nexusby - stock.adobe.com; **doc. 5 droite :** Daniel Berkmann - stock.adobe.com; **doc. 7 :** Ljupco Smokovski - stock.adobe.com; JuanCi Studio - stock.adobe.com; Ansario - shutterstock.com; bongkarn - stock.adobe.com; ARTYOORAN - shutterstock.com; **p. 21 :** © Freegan Pony; **p. 22 :** M.studio - stock.adobe.com; **p. 23 :** Studio Laure - stock.adobe.com; **p. 24 :** RMC42 - stock.adobe.com; **p. 25 :** Prostock-studio - stock.adobe.com; **p. 27 :** Carl DeAbreu Photography - shutterstock.com; p. Michael Nivelet - stock.adobe.com; **p. 32 :** Wolfilser - stock.adobe.com; **p. 35 :** catinsyrup - stock.adobe.com; **p. 37 :** Rido - stock.adobe.com; **p. 40 :** Racle Fotodesign - stock.adobe.com; **p. 44 milieu :** Coloures-Pic - stock.adobe.com; bas : Andrey Popov - stock.adobe.com; **p. 45 :** Guillaume Besnard - stock.adobe.com; **p. 47 :** Frederic Legrand - COMEO - shutterstock.com; **p. 49 :** Francois - stock.adobe.com; **p. 52, doc. 6 :** Nestor Rizhniak - shutterstock.com; **p. 56 :** Przemysław Szabłowsk - stock.adobe.com; **p 58 :** maskalin - stock.adobe.com; M.studio - stock.adobe.com; alarico - shutterstock.com; Ververidis Vasilis - shutterstock.com; **p. 59 :** Delphotostock - stock.adobe.com; **p. 60 :** EdNurg - stock.adobe.com; **p. 61 :** D.Bond - shutterstock.com; **p. 63 :** bnenin - stock.adobe.com; **p. 64 :** © innocent; **p. 66 :** sonyakamoz - stock.adobe.com; **p. 68, doc. 10 :** Dash - stock.adobe.com; **doc. 11 :** Talaj - stock.adobe.com; **p. 70 :** airborne77 - stock.adobe.com; **p. 72 :** karika - stock.adobe.com; **p. 73 haut :** puhhha - stock.adobe.com; **bas :** Agave Studio - stock.adobe.com; **p. 74 :** coco - stock.adobe.com; **p. 77 :** Subbotina Anna - shutterstock.com; **p. 80, doc. 7 :** Valua Vitaly - stock.adobe.com; **p. 82 :** rvlsoft - shutterstock.com; **p. 84 :** ZRyzner - shutterstock.com; **p. 85 :** joey333 - stock.adobe.com; **p. 87 :** metamorworks - stock.adobe.com; **p. 88 :** kanpisut - stock.adobe.com; **p. 90 :** everettovrk - stock.adobe.com; © DR CLB; **p. 92, doc. 7 :** ivanko80 - stock.adobe.com; **doc. 8 :** W PRODUCTION - stock.adobe.com; Tof Locoste - stock.adobe.com; auremar - stock.adobe.com; Ilyafs - shutterstock.com; deagreez - stock.adobe.com; Syda Productions - stock.adobe.com; **p. 94 :** metamorworks - stock.adobe.com; **p. 96 :** xartproduction - stock.adobe.com; © BlaBlaCar; .shock - stock.adobe.com; Prostock-studio - stock.adobe.com; **p. 97 :** valeriy eydlin - shutterstock.com; **p. 98 :** cate_89 - shutterstock.com; **p. 105 :** Photomario - shutterstock.com; **p. 106 :** © Decathlon; **p. 108 :** © Decathlon; **p. 110 :** auremar - stock.adobe.com; **p. 112 :** Sundry Photography - shutterstock.com; **p. 113 :** Ricochet64 - stock.adobe.com; **p. 114 :** Ricochet64 - stock.adobe.com; **p. 115 :** © BlaBlaCar; **p. 117 :** Valua Vitaly - stock.adobe.com; **p. 118 : doc. 1 :** Maksym Povozniuk- stock.adobe.com; **doc. 4 :** chinnarach - stock.adobe.com; **p. 122 :** sylv1rob1 - shutterstock.com; **p. 123 :** sylv1rob1 - shutterstock.com; p. 124 : Photocreo Bednarek - stock.adobe.com; p. 125 : vadim_key - stock.adobe.com; p. 127 : sylv1rob1 - shutterstock.com; **p. 128, doc. 1 :** sylv1rob1 - shutterstock.com; **doc. 2 :** Hadrian - shutterstock.com; **p. 130 :** .shock - stock.adobe.com; **p. 132 :** © Darty; **p. 134 :** Anatolii - stock.adobe.com; p. 135 : ricochet64 - shutterstock.com; **p. 136 :** strichfiguren.de - stock.adobe.com; **p. 137 : doc. 1 :** Africa Studio - shutterstock.com; **doc. 3 :** Vantage - stock.adobe.com; **p. 139 :** © Orange; **p. 146 :** © Orange; **p. 151 :** Kiev.Victor - shutterstock.com; **p. 157 :** © Danone; **p. 158 :** Natali - stock.adobe.com; **p. 160, doc. 3 :** Maksym Povozniuk - stock.adobe.com; **p. 162 :** karelnoppe - stock.adobe.com; **p. 166 :** Frederic Legrand - COMEO - shutterstock.com; **p. 169 :** ricochet64 - shutterstock.com; **p. 170 :** master130 - stock.adobe.com; **p. 174 :** elenabsl - stock.adobe.com; **p. 175 :** viewimage - shutterstock.com; **p. 176, doc. 1 :** hyperstocker - stock.adobe.com; **doc. 2 :** hyperstocker - stock.adobe.com; **p. 177 :** Julien Eichinger - stock.adobe.com; **p. 179 :** mavoimages - stock.adobe.com; **p. 187 :** Mymemo - stock.adobe.com; **p. 189 :** Gorodenkoff - stock.adobe.com; **p. 191 :** Skycolors - shutterstock.com; **p. 192, doc. 1 :** EQRoy - shutterstock.com; **doc. 2 :** Lars - stock.adobe.com; **p. 194 :** ColorX - shutterstock.com; **p. 196 :** Jeffry Surianto - shutterstock.com; **p. 199 :** philippe Devanne - stock.adobe.com; **p. 200 :** Sebastian stocking - shutterstock.com; **p. 201 :** mmphoto - stock.adobe.com.oo

Édition : Julie Besné, Florence Penaud
Conception maquette : Anne-Danielle Naname
Conception couverture : Vincent Rioult
Mise en pages : Julie Fabioux
Fabrication : Christine Aubert, Laura Milhomme

ISBN : 978-2-09-167048-5

IMPRIM'VERT
N° projet : 10261494 - Dépôt légal : Avril 2020
Achevé d'imprimer en Italie par L.E.G.O. S.p. A., Lavis (TN)

MIXTE
Papier issu de sources responsables
FSC www.fsc.org FSC® C022030